湛庐CHEERS

与最聪明的人共同进化

HERE COMES EVERYBODY

CHEERS
湛庐

为人文赋理

从通用人工智能视角看中国思想

朱松纯 著

浙江科学技术出版社·杭州

测一测

你了解通用人工智能视角下的中国思想吗？

扫码加入书架
领取阅读激励

扫码获取全部测试题及答案，
一起领略人工智能时代的
中国蓝图

- 朱熹、陆九龄和陆九渊兄弟在江西鹅湖寺的那场载入史册的“鹅湖之会”是为了讨论以下哪对概念之间的关系？（单选题）

  A. 阴和阳

  B. 心和理

  C. 道和德

  D. 知和行

- ChatGPT 大模型靠博览全部的文字资料获取丰富的知识，这种知识获取方式贴近于中国古代的哪个哲学观点？（单选题）

  A. 心外无物

  B. 格物致知

  C. 致良知

  D. 心即理也

- 当前，人类不同于人工智能大模型的一点在于，人类能够实现：（单选题）

  A. 大数据，小任务

  B. 大数据，大任务

  C. 小数据，小任务

  D. 小数据，大任务

扫描左侧二维码查看本书更多测试题

朱松纯教授在《为机器立心》《为人文赋理》这两部著作中，对科技与人文的关系提供了新的探索视角。《为机器立心》主要讲述发展通用人工智能的技术路线，主张赋予智能体完备的认知架构与价值体系，从而实现“由数据驱动”到“由价值驱动”的范式转变；《为人文赋理》主要讲述如何基于人工智能的研究来构建数理模型，解构和诠释中华优秀传统文化中的哲学思想，为更好地汲取优秀传统文化养分提供了有益借鉴。

这些著作致力于构建科技与人文融合的方法和技术。在方法上，作者从数理建模的视角提出了很多新的思考方法，对文科学者颇有启发意义。

郝　平

北京大学党委书记

朱松纯教授的这套书不仅是技术著作，更带有深刻的人文和哲学思考。它不仅提出了一种实现 AGI 的具体路径，更重要的是，它启发我们思考人文与科技、人类与机器、价值与技术之间的关系。在人工智能飞速发展的今天，这样一套书能够启发我们以一个全新的视角来看待和理解智能的本质。无论是AI领域的研究者、从业者，还是对人工智能感兴趣的普通读者，都能从这套书中获得新知和启发。

郑南宁
中国工程院院士
西安交通大学原校长

人工智能近来的技术突破震撼了世界，而技术突破的背后是人类探索的精神。松纯兄的探索精神是我们的榜样。本书从文理融合、跨学科交叉的视角出发，以技术为度量之尺，以哲学思想为探索之域，开启了与读者共同的探索之旅。这是一场跨越知识边界的冒险，是一次真正有趣且充满惊喜的思想旅程。

沈向洋
美国国家工程院外籍院士
香港科技大学校董会主席

松纯带领我们思考了一个深远的问题：如果人工智能能够成为具备“心”和“理”的硅基智慧生命体，它们将如何与人类社会共生？是否可以让这些智能体具备人类的善与美，成为“与人类终极互惠”的合作伙伴，而不是成为冷漠的、纯工具性的存在？他认为，这不仅需要技术的提升，更需要科学家具备极高的哲学责任和使命感。

松纯的新书不仅是通用人工智能技术的总结，也是对人类文明跃迁的呼吁。他通过东西方文明智慧鼓励我们深思“心”如何在智慧体中生发——这种发自本心的驱动力将是未来智能体超越任务执行、迈向自主创造的关键。

饶　毅
首都医科大学校长
北京大学讲席教授
中国医学科学院学部委员

松纯和我在中国科学技术大学读研期间相识，1992 年同期赴美读博。两年之后我们在首届国际图像处理会议 ICIP 上重逢，之后都在计算机视觉和人工智能领域耕耘至今。因为志同道合，我们曾经一起举办了首次华人领衔的 2012 CVPR 旗舰学术会议，也一起创办了深受关注的公众号《视觉求索》。这两本书的一些片段就首次发表在公众号上。

松纯一直追求人工智能领域的大统一——Big AI，这我很赞同。近年来，他又凭借儒释道的深厚功底，融会贯通科技和人文大统一，这我很欣赏。很高兴这两本书把他的一系列思考系统整理成册，“为机器立心”，“为人文赋理”，相辅相成，以飨读者。相信这两本书会对关注人工智能的科技和人文领域的人士皆有极大启发。

罗杰波
罗切斯特大学教授
美国国家发明家科学院院士

科技与人文的关系是人类文明的亘古主题。面对即将来临的智能社会，科技如何为人文赋能，人文如何为科技引航，无疑是迫切的时代主题。朱松纯教授的两本书相互呼应，生动展现出科技与人文的互动，勾勒出可能的未来图景，值得关心人工智能前沿发展的读者关注。

强世功

中央民族大学校长

北京大学社会科学部原部长

朱松纯老师是计算机视觉领域华人的杰出代表，与他相识二十多年，对他在研究中的追求和深入思考一直钦佩有加。过去二十多年，他能够一直坚持在自己的学术思想上不断开拓前进，并形成一套完整的文理交融的体系。这次很高兴看到他的大作出版，也算是对他过去多年思考的系统总结。我相信对大多数读者来讲，这不仅是学术大餐，更是思想盛宴，同时也祝朱松纯老师的思想能够在实践中早日结出更大的硕果。

陈熙霖

中国科学院计算技术研究所所长

中国计算机学会计算机视觉专业委员会主任

全球杰出人工智能专家朱松纯教授学贯中西、跨越文理，将现代科学的世界观和方法论与中国古老的儒释道思想相比较、融通，提出“为人文赋理”“为机器立心”，诚东方西方文明互鉴、科学人文相辅相成之崭新篇章，值得热爱中国文化的现代读者高度关注。

吴国盛

清华大学科学史系教授

对于机器人 AI 行业，把握时代发展的趋势是最至关重要的，其中把握 AI 发展的趋势是赢得未来最重要的核心。朱松纯教授在本书中深入探讨了 AI 当下的一些问题以及未来发展的方向，内容丰富，描述清晰，详细探讨了 AI 领域最核心、最关键的几个高层问题。这套书非常适合对人工智能有兴趣的人阅读学习，以提升对 AI 理解的深度和广度，启发大家对 AI 未来发展方向的探索。

王兴兴

Unitree 宇树创始人、CEO、CTO

探索智能时代科技与人文协同发展之路

郝　平
北京大学党委书记

当今世界正处于百年未有之大变局，新一轮科技革命和产业变革方兴未艾，有力推动人类文明的新进程。特别是近年来人工智能迅猛发展，对产业变革、教育模式、科研范式等带来深刻影响，经济社会发展既有许多新机遇和广阔前景，也面临一些新挑战、新课题。

- 站在产业变革与经济发展的层面，面对激烈的国际科技竞争，中国如何把握人工智能蓬勃发展的时代机遇，以此支撑高水平科技自立自强与经济高质量发展?
- 站在国家治理与文明发展的层面，如何确保人工智能的安全发展与科技向善，以此促进文化的守正创新、治理的效率与公平，推动国家治理体系和治理能力现代化？这些都是关系中国式现代化的重大议题。

朱松纯教授在《为机器立心》《为人文赋理》这两部著作中，对科技与人文的关系提供了新的探索视角。《为机器立心》主要讲述发展通用人工智能的技术路线，主张赋予智能体完备的认知架构与价值体系，从而实现“由数据驱动”到“由价值驱动”的范式转变；《为人文赋理》主要讲述如何基于人工智能的研究来构建数理模型，解构和诠释中华优秀传统文化中的哲学思想，为更好地汲取优秀传统文化养分提供了有益借鉴。

这些著作致力于构建科技与人文融合的方法和技术。在方法上，作者从数理建模的视角提出了很多新的思考方法，对文科学者颇有启发意义。比如，书中构建了势能函数和价值函数的模型来分析当前的各种冲突，这是一种新的尝试。在技术上，作者从中华优秀传统文化中寻找智慧，尝试在人工智能的发展中融入传统的价值观念，要让人工智能完备的价值体系和认知架构在价值的指引下自主定义、产生和完成任务，并通过自己的科研实践开发了首个通用智能体“通通”，创新了通用人工智能的技术路线。

“穷理以致其知，反躬以践其实。”朱松纯教授自 2020 年入职北大以来，积极组织人工智能与人文社科领域学者的交流，先后成立了数字人文与文明演化、人工智能艺术、人工智能法治等多个横跨文理的交叉研究中心，尝试从人工智能的视角回答人文社科研究的一些重要命题，如资源配置、产业链构建与人口发展等。这些积极探索不仅是朱松纯教授和研究团队践行中华优秀传统文化“格物致知”等思想的体现，也是科技向善、科技创新服务经济社会发展、服务广大人民群众的生动体现。

当前，党的二十届三中全会对进一步全面深化改革、推进中国式现代化做出重要部署，在深化教育综合改革领域特别提出“强化科技教育和人文教育协同”。科技与人文相辅相成、相得益彰，科技教育和人文教育是培养拔尖创新人才的两个重要方面，前者强调培养学生认识客观世界及其规律的能力，后者注重培养学生人文精神，加强两者的协同，才能更好地培养有理想、有本领、有担当的时代新人。我们希望，在人工智能等前沿科技推动新一轮科技革命和产业变革的今天，有更多的科学家和科研团队积极探寻科技与人文协同发展之道，让科技发展富有人文温度，让人文精神更好地守护科技创新，在推动中国式现代化、不断丰富和发展人类文明新形态中，绽放科技与人文相互交融的绚丽之花。

谨以此序向该书的出版表示祝贺。

人文与科技的融合：
探索通用人工智能的哲学与实践

郑南宁
中国工程院院士
西安交通大学原校长

在 21 世纪的科技浪潮中，人工智能作为引领未来的核心技术，正逐渐渗透到社会的各个领域，改变着我们的生活、工作乃至思维方式。朱松纯教授的这套书应运而生，它不仅是一次对中华文化与现代科技融合的深刻思考，也是对未来智能社会发展方向的探索，是跨越传统与现代、东方与西方、人文与科技的著作。

朱松纯教授以其深厚的学术积累和独特的视角，深入探讨了中国传统文化中的哲学思想如何与现代科技，尤其是与人工智能领域相结合，以期在科技飞速发展的今天，找到一条既能保持人文精神又能推动科技创新的道路。

在《为人文赋理》中，朱松纯教授回顾了中华文化的深厚底蕴，特别是儒、释、道三家的思想精髓，以及它们如何在历史的长河中相互融合、影响，形成了独特的中国思想体系。朱松纯教授认为，这些思想不仅是中华文化的瑰宝，也为现代科技的发展贡献了丰富的东方哲学内涵。在此基础上，朱松纯教授进一步讨论了中国哲学中“心”与“理”的概念，这是理解人的思维和行为的关键。他提出，通过构建数理模型与体系架构，可以将这些抽象的思想具体化、现代化，推动人工智能的发展。这种融合还能确保在科技发展的过程中，人文精神得到尊重和传承。《为人文赋理》是一部思想的探索之作。它试图解答如何在科技日益发达的今天，保持和发扬中华文化精神，以及如何让科技的发展更好地服务于人类的福祉。朱松纯教授以其深刻的洞见，为我们提供了一个全新的视角，让我们重新审视科技与人文的关系。

在《为机器立心》中，朱松纯教授通过深入浅出的方式，为我们揭示了通用人工智能的神秘面纱。他回顾了人工智能的发展历程，指出了当前 AI 研究中存在的问题和挑战，特别是对于“大模型”热潮的思考，提醒我们在追求技术进步的同时，不应忽视对于智能本质的探索。书中提出了“为机器立心”的概念，强调了在构建智能系统时，不仅要关注其数理逻辑（U 体系），更要关注其价值（V 体系）。朱松纯教授认为，只有将这两方面结合起来，才能实现真正的通用人工智能。他进一步阐述了如何通过认知架构、价值函数、自我意识、社交智能等八个关键问题来构建符合人类价值的 AI，即具有自我认知、社会交往和价值判断能力的智能体。朱松纯教授还介绍了他和他的团队在通用人工智能领域的四大原创性科研成果，包括通用人工智能大任务仿真平台“通界”、全球首个通用智能人“通通”、通用人工智能评级标准与测试平台“通智测试”（TongTest），以及通用人工智能科研平台“通境”（TongVerse）。这些成果不仅展示了朱松纯教授对于AGI的深刻理解，也为AGI的未来发展提供了宝贵的实践经验和理论基础。

朱松纯教授的这套书不仅是技术著作，更带有深刻的人文和哲学思考。它不仅提出了一种实现AGI的具体路径，更重要的是，它启发我们思考人文与科技、人类与机器、价值与技术之间的关系。在人工智能飞速发展的今天，这样一套书能够启发我们以一个全新的视角来看待和理解智能的本质。无论是AI领域的研究者、从业者，还是对人工智能感兴趣的普通读者，都能从这套书中获得新知和启发。它不仅能够帮助我们更好地理解通用人工智能的可能性和挑战，还能够激发我们对于智能未来的无限想象。在人工智能和科技不断进步的今天，我们更应该思考如何让科技服务于人类，如何让人类的文化和哲学指导科技的发展。

这套书是值得推荐的著作，它不仅能够拓宽我们的视野，为学术界提供宝贵的研究成果，还能够启发我们对科技与人文关系的深层次思考，也为公众提供思考未来人机社会的重要视角。

具备“心”和“理”的硅基智慧生命体，将如何与人类社会共生

饶　毅
首都医科大学校长
北京大学讲席教授
中国医学科学院学部委员

人工智能在飞速发展的时代，大家都感受到它可能带来人类生活的变化，甚至有观点认为它会带来人类文明的变化。对此，有欢欣雀跃者，也有忧心忡忡者。很多人希望人工智能的专家们能够把未来讲清楚。

完成这个任务可能不是非常容易，一方面预测未来从来都是难事，另一方面人工智能显然还有很多争议。

北京大学的朱松纯教授长期在全世界的人工智能学界享有声誉。

从中国科技大学顶尖的学生，到美国洛杉矶加州大学（UCLA）的著名教授，松纯在计算机科学和终于起飞的人工智能领域都出类拔萃。

我自己是生物学家，虽然是神经生物学，涉及脑的科学，但我是坚定的还原论研究者，把复杂的脑简化为细胞、分子、基因，我相信还原到简化可以推进对于脑的理解。但是，我们当然也知道迄今已有的还原论可能在生命科学领域最难以完全攻克的就是脑。

松纯的著作刺激人们思考人工智能与东西方哲学体系和智慧的深层互动、融合，这并非仅是科学技术的探索，而是对人类自我意识和道德体系的全面再认识。

松纯在长期的研究生涯中追寻通用人工智能的“心”与“理”。他提出机器的“理”是外界规则的约束，而“心”则是自主的智慧，蕴含人类的价值、道德、善良、真诚等终极智慧。他认为这一思想背后的哲学基础是阳明心学中“心即理也”的理念：人类智能的核心，不在于知识的累积，而在于对价值、伦理和人性的高度诠释。通用人工智能不仅仅是人类的工具，而应成为能够与我们共情的伙伴，共同守护并发展人类文明。

松纯带领我们思考了一个深远的问题：如果人工智能能够成为具备“心”和“理”的硅基智慧生命体，它们将如何与人类社会共生？是否可以让这些智能体具备人类的善与美，成为“与人类终极互惠”

的合作伙伴，而不是成为冷漠的、纯工具性的存在？他认为，这不仅需要技术的提升，更需要科学家具备极高的哲学责任和使命感。

如果我们处在一个前所未有的人类文明发展的十字路口，书中提出了我们应如何赋予人工智能以人类最高的智慧与品格，如何制定合适的伦理规范来约束其发展方向，如何让人工智能与人类共生共存、守护人类科技文明？

松纯的新书不仅是通用人工智能技术的总结，也是对人类文明跃迁的呼吁。他通过东西方文明智慧鼓励我们深思“心”如何在智慧体中生发——这种发自本心的驱动力将是未来智能体超越任务执行、迈向自主创造的关键。

人工智能的研发者，以及对人类未来发展抱有责任感的人，都可以从这本有争议、有刺激性的书中读到一些可以思考的问题。至于现在是否就应该迫切地考虑维护人与人工智能的和谐共处，松纯所描绘的碳基人类文明与通用人工智能和谐共生的大同世界是否存在，人类文明的跃迁能否实现，应该由每一位读者独立思考。

历史关头：智能时代的文明与道路

绝大多数中国人对于中华文化，包括哲学思想、人文精神、价值观念、伦理规范与传统习俗，有着高度的认同与自觉的维护意识。这种文化认同是维护民族团结与国家统一的基础，也是确保中华文明绵延不绝的根基。

反之，对本土文化的不认同或者是对外来文化的盲从，则足以瓦解一个民族的自信与团结，甚至危及社会稳定与国家安全。近年来，一些“崇美、精日、哈韩”的倾向在民间得到了纠正，这体现了中华文化强大的主体性与内聚力。

然而，对于中华文化的认识，人们在思想上却是十分矛盾和复杂，甚至是纠结和尴尬的，常常在自信与自贬之间摇摆。

中国思想的认知困惑与出路

人们在宏观层面上对中国思想抱有自信与肯定的态度。中华文明源远流长、博大精深，是世界上唯一绵延不断的以国家形态存在的文明。但是，如果对照现代文明与科技仔细审视，其中到底哪些成分是灿烂辉煌的呢？思考这个问题会让你看到事情的另一面。

人们在微观层面上对中国思想多半抱有自贬与否定的态度。在今天的语境中，传统文化中的阴阳、八卦、易经、风水都被看作腐朽的迷信。比如，八卦本是启迪了二进制的伟大发明，现在却成了“胡扯”的代名词。中国文化经典中有很多关于“心”的深刻表述，如“心即理也”“相由心生”，这些都是非常值得探讨的思想，却被当作“主观唯心主义”受到了批判。

这种自贬与否定并非毫无缘由，不可否认的是，很多优秀的传统观念中确实混杂着很多缺陷，这些缺陷在现代科学体系面前不堪一击，下面我举一个例子。

《了凡四训》又名《命自我立》，由明朝官员、思想家袁黄所著，是中国著名的劝善家训，主要讲述的是种德立命、修身治世，受到曾国藩等人的大力推崇，曾国藩的号“涤生”据说就是出自《了凡四训》。书中的一些理念能给予心灵很大的力量，如“命由我作，福自己求”“一切福田，不离方寸，从心而觅，感无不通”。然而，《了凡四训》立论的根据却经不起推敲，这削弱了该书对现代人的影响。像很多佛教经典一样，《了凡四训》通过讲故事来说道理，比如出自《了凡四训·积善之方》中的这个故事。

> 莆田林氏，先世有老母好善，常作粉团施人，求取即与之，无倦色；一仙化为道人，每旦索食六七团。母日日与之，终三年如一日，乃知其诚也。因谓之曰：吾食汝三年粉团，何以报汝？府后有一地，葬之，子孙官爵，有一升麻子之数。其子依所点葬之，初世即有九人登第，累代簪缨甚盛，福建有无林不开榜之谣。

首先，将子孙取得官爵归于墓葬的风水宝地，这其实是一种错误归因（本书第 3 章会讨论风水的起因）。其次，“林”是福建大姓，“无林不开榜”只是统计相关性，金榜题名的林姓士子可能大都同该林姓老妇没有关系，无法说明行善与福报的因果关系（本书第 3 章会讨论佛家的因果报应）。再次，三年如一日施舍一个人，这种无差别的馈赠也不符合现代的社会经济学伦理。因此，虽然《了凡四训》劝人行善积德的出发点是好的，但其论证的逻辑是完全站不住脚的。另外，积德行善或者说利他行为的论证有赖于社会认知与多智能体演化模型的建立（都属于通用人工智能的研究领域），这需要量化人生的价值目标，并确定行善与实现这个目标之间的因果链条。

这种宏观自信、微观自贬的认知特点，其根源在于中国思想在几千年的传承过程中未能形成严格的数理体系与架构，未能像近代西方那样从哲学中导出强大的生命力。数学中的很多著名猜想是明显得不能再明显的结论，比如前些年轰动一时的庞加莱猜想[①]，虽然数学界绞尽脑汁几十年都没想出一个反例，但最后还是要通过严密的论证体系、框架，才能将猜想变成定理。

正因为数理体系与架构的缺失，西方学者才认为中国缺乏严密的概念体系，没有哲学，只有思想。

鉴于这种情况，本书用“中国思想”一词泛指中华文化、文明、哲学与儒释道经典。**书名中提出的“为人文赋理”是指为中国思想寻找数理模型与体系架构，指导通用人工智能（artificial general intelligence，AGI）的研究，将中国思想的先进性转化成智能时代的强大生产力。**

这个数理体系与架构的缺失也导致近年来宣传优秀文化、推崇国学的努力遭遇巨大的困难，原因是其直接搬运的古代思想实际上并不符合现代伦理，西方思想体系很难接受“中国叙事”。这就使中国思想在面对现代西方思想时具有“挨骂”的问题。

① 庞加莱猜想是法国数学家庞加莱提出的一个猜想，哈佛大学科学史系、物理系教授彼得·伽里森所作《爱因斯坦的时钟与庞加莱的地图》展示了庞加莱对时间和空间观念上的非凡贡献，该书已由湛庐引进，浙江科学技术出版社出版。——编者注

其实，中国目前面临的不光是技术体系的“卡脖子”与“挨打”的局面，更长远的、深层次的是思想上的“挨骂”问题。自2018年美国挑起贸易战以来，中国人已经普遍清醒地认识到“挨打”的事实，放弃了幻想，提出了原始创新、科技自立自强的部署。但是，我们对于“挨骂”的根源还认知不足，甚至摸不着头脑，还希望获得西方社会的认可，比如中国大学的文科教育体系（这里主要指文史哲政经法）和院系课程设置，都是在五四新文化运动[①]之后照搬西方体系构建的。

那么，如何构建中国思想的数理体系，将中国思想的优势转化成先进生产力呢？

我们可以看一下中医的例子。中医也一直处于“宏观自信、微观自贬”的困境。大体上，很多人都承认中医、中药是有用的，有时甚至有着神奇的功效。但是，具体到某一个病例上，中医的病理和药理就很难解释得通。从西医的科学体系来看，中医的说法基本站不住脚。然而在这方面，屠呦呦先生做了一个很好的表率，她和团队通过收集整理历代医学典籍、本草、民间方药，据说在2 000余验方的基础上，筛选了200多种中药做实验，并于1972年成功提纯了青蒿素晶体。2015年，屠呦呦先生成为中国本土第一位获得诺贝尔科学奖项的科学家。当然，青蒿素如何治好疟疾的药理和病理还需要进一步研究，但不可否认的是，屠呦呦先生的努力让世界开始重新审视中

① 五四新文化运动概念来自梁漱溟《中国文化要义》一书：“辛亥革命，至多亦只算得中国礼俗丕变之开端。必待‘五四’新文化运动，直向旧礼教进攻，而后探及根本，中国乃真革命了。”

药。比如名字出自《本草纲目拾遗》的雷公藤，现在就得到了广泛的研究。就在屠呦呦获奖的同一年，美国哈佛大学医学院一篇利用雷公藤提取物治疗肥胖的研究论文发表在了世界顶级期刊《细胞》（*Cell*）上。[1]

过去的实践表明，将中国古代思想简单照搬到现代社会是行不通的，我们需要萃取中国思想中的优秀、有效的成分，深刻理解人类社会演化的规律，建立贯通古今、融通中西、横跨文理的科学体系，熟练运用中国思想的优势，去构建足够引领人类文明演化的新思想，正如习近平总书记《在文化传承发展座谈会上的讲话》（2023年6月2日）所指出的。

> 无论是对内提升先进文化的凝聚力、感召力，还是对外增强中华文明的传播力、影响力，都离不开融通中外、贯通古今。经过长期努力，我们比以往任何一个时代都更有条件破解“古今中西之争”，也比以往任何一个时代都更迫切需要一批熔铸古今、汇通中西的文化成果。

中国思想认知困难的问题大约在10多年前触动了我。当时一位博士来UCLA访问，他带来一套陕西作家贾平凹的小说。[2]作家都有十分敏锐的社会洞察力，贾平凹的小说描述了陕西农民在城市化浪潮中的命运与挣扎，有着传统思维的淳朴农民，遭遇了急剧的社会变化，他们来到现代化的城市，面对着高楼大厦、车水马龙，不知所措。贾平凹小说中对这些小人物的坎坷命运的具象描写，让我联想到从农耕文明中发展而来的中国，自鸦片战争以来受到西方文明冲击的惨烈遭遇。

我从小在中国农村长大，受到儒家伦理的影响，后来在美国生活了 28 年（1992—2020），深感中国思想相较西方文化而言具有很大的优势。说到中国思想的优势，很多人会不以为然，因为自 1919 年五四新文化运动以来的 100 多年，中国的知识阶层都在反思与批判中国思想，而当今绝大多数的中国人，特别是理工科专业出身的人，都没有机会深入学习中国的子学、经学。梁漱溟在《东西文化及其哲学》[3]一书中指出，人生有三种问题：第一种是人与自然的问题；第二种是人与他人的问题；第三种是人与自身生命局限性的问题。西方科学解决的重点是第一种问题，中国思想解决的重点是第二种问题。中国思想对人与他人之间关系的熟谙与智慧，在全球化时代的文明冲突、碰撞中具有极其重要的意义，对正在步入人机共生的智能时代的人类如何构建自己与通用智能体的伦理关系具有启发作用。我将在后文中讨论中国思想的这个优势，下面先用一段话来概括：中国思想是根植于人类认知架构基础上、由“心”驱动、推己及人、在几千年的世俗社会中演化而来的智慧结晶，中国的价值观和伦理规范是基于价值判断的复杂决策体系。

有意思的是，通用人工智能的研究目标，通俗来说就是要重造能够匹配人类各种能力与智力、符合人类情感与伦理价值的通用智能体，包括实体的机器人和虚拟的数字人。训练通用智能体类似于培训学生，需要赋予其思想（世界观）、价值取向（价值观）与行为规范

（人生观、社会观），而且除了个体层面，还需要在更大层面上构建智能社会的整体。因此，通用人工智能的研究与构建文化思想的理论根基是高度相关的，可以说，这两个问题本质上是同一个问题，是一个硬币的两面。下文先讨论二者的关系。

百年未有之大变局：通用人工智能带来的挑战与机遇

人们常说，当今世界正在经历“百年未有之大变局”，在我看来，这个变局包含两层冲突：一层是东西方文明的碰撞与融合；另一层是人类文明与人工智能的共生共存。

东西方文明的碰撞与融合

中国近代史的开端是1840年的鸦片战争，鸦片战争本质是贸易战，战争的失败让中国人开始怀疑自己的经济体系，随后开启的洋务运动就是为了引进工业机器和武器装备。但即使在此时，中国依旧保有天朝上国的自信。真正让中国经历数千年未有的忧郁愤激和耻辱无奈的，是1894年中日甲午战争的失败，这让中国开始考虑改革自己的政治体制与教育体制：启动戊戌变法，创办京师大学堂（北京大学的前身），之后又爆发了辛亥革命。而1919年巴黎和会的失利，让中国进一步否定了传统文化思想，开启了五四新文化运动，彻底否定延续了2 000多年的子学、经学。五四时期，中国思想界出现了激烈而彻底的反传统、批儒家的文化主张。这种对传统的彻底摒弃有深刻的时代烙印，也是导致今天中国传统文化遭遇认知困难的历史原因，值得我们重新思考和评估。**自 1840 年以来，从经济、政治到文化，这三重否定逐层深入，代表了中国的思想体系在西方文明冲击下的巨大转变。**

作为五四新文化运动领袖之一的胡适在 1918 年编写的《中国哲学史大纲》[4] 中提出，东西方哲学体系经过碰撞，将走向“世界大同”。为何如此呢？胡适在北京大学授课时草拟了《中国古代哲学讲义》，在其中给出了自己的解释。

> 为什么西洋哲学史可以和中国哲学史互相印证、互相发明呢？这都因为人同此心，心同此理，所以人类到了一种大略相同的时代境地，便会生出一种大略相同的理想。这便是世界大同的一种证据。

然而，自 1919 年五四新文化运动以来，经过 100 多年的交流学习，特别是最近 40 多年的全球化进程，中国和西方仍然没有实现思想的统一，最近反而开启了新一轮的“文明冲突”，这新一轮的文明冲突仍然是从贸易战开始的。根据我在《为机器立心》一书中的观点，从通用人工智能研究的角度看，任何个体的人（智能体）或者社会（文明体），都可以用 UV 两套函数系统来刻画。

- **U 系统，**指“理”，包括各种自然科学的模型与社会科学的伦理规范。

- **V 系统**，指“心”，包括个体、他人、集体、国家乃至全人类的价值。

西方的（U_1，V_1）与东方的（U_2，V_2）通过交流，U_1 与 U_2 已经相当接近。然而，西方以宗教为基础的 V_1 与中国世俗社会的价值系统 V_2 还有很多不相容的维度，这是当前中西方文明矛盾的焦点。

说得直白一点，近代以来，中国向西方学习了大量先进的 U（U_2 向 U_1 靠拢），科学（自然）与民主（社会）都属于 U 的范畴。但是，中国保留了自己的核心价值观 V_2，没有全盘接受西方的 V_1。本书的观点是：**中国的 V_2 实际上很先进，适合构建人类命运共同体与全球的政治新格局。**在心（V 系统）与理（U 系统）的对偶关系中，心是占主动地位的，也是儒家思想所说的“心即理也”（本书第 3 章将讨论这个问题）。然而，近 100 年来，人类科学技术（U 系统）有了巨大的进步，而人类的 V 系统已明显不能与 U 系统相匹配。

当前东西方的竞争本质是 V_2 与 V_1 的竞争，世界又到了百年未有之大变局，到了“问苍茫大地，谁主沉浮”的历史关头！这时需要提出符合人类社会发展的新模式、新价值系统，以引领新的时代潮流。

人类文明与人工智能的共生共存

自 2020 年以来，人类正在跨入智能时代，随着通用人工智能的快速发展，未来将会出现大量的通用智能体，也就是具有自我意识、由价值驱动的物理机器人或者虚拟数字人，他们会有自己的（U_3，V_3）系统，甚至是更多元的系统。那么，碳基的人类文明与硅基的通用智能体如何共生共存，能否达到“大同世界”，这是新的时代命题（见图 0-1）。

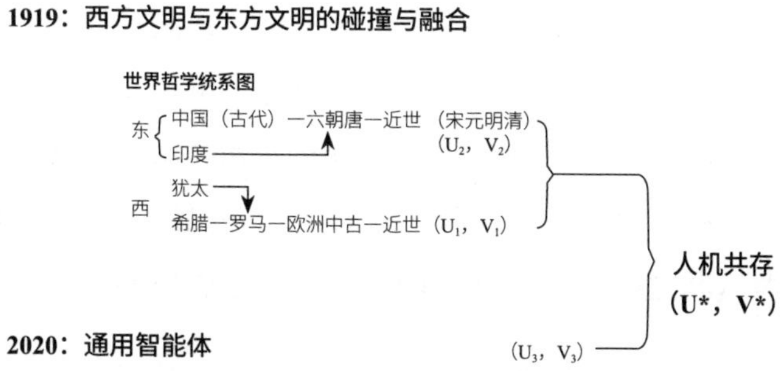

图 0-1　历史上的 UV 系统演化

这两层冲突的叠加与相互作用，对国际局势和人类的未来正在产生强烈的冲击和不可估量的影响。因此，通用人工智能带来的是挑战，更是机遇！

近年来，媒体上出现了关于通用人工智能安全与伦理的担忧。出现担忧与疑问是完全可以理解的，但是从我分析的情况来看，这些讨论往往会陷入两个陷阱中。

- **立场陷阱：**对通用人工智能发展的控制权的抢夺。
- **技术陷阱：**对通用人工智能技术标准与路径的误解。

讨论人工智能安全的大多数人并不是研究通用人工智能的专家。但是，如果不深入理解通用人工智能本身的机制与科技发展趋势，那么，关于伦理安全的担忧难免流于空泛，也就不能辅助制定精准的政策，甚至会误导政策制定。

我在2020年11月正式入职北京大学后，首先接任的职务是人工智能研究院院长，人工智能研究院是一个将人工智能与其他学科进行交叉研究的科研平台。在制订新的课程规划和通用人工智能科研规划的同时，我开始着手与人文学科学者交流，并提出了一个目标作为指导纲领：**为机器立心，为人文赋理，以中国之思想创世界之科技。**

接下来，我将论述通用人工智能与中国思想、人文学科研究的关系，以及如何实现最大跨度的学科交叉，走向深度融合。

人文学科与通用人工智能的深度融合

表面上，人文学科是距离通用人工智能最远的学科群：人文学科是非数字化的、非结构化的，通用人工智能是激进的、高度结构化的。

在现代高等教育的学科体系中，理科最先成为科学，如物理、化学、生物。随后，工科也冠名以科学，如计算机科学、材料科学，以及最近出现的智能科学。然后，社会学科也自称科学，如政治学、社会科学。唯独人文与艺术尚未被纳入科学体系。在美国的大学中，人文、艺术和科学是并列的，有些机构则把艺术归为人文。

我从与人文学者的交流中得知，很多资深的人文学者并不希望将人文与艺术“结构化”，而习惯于把一些概念“神秘化”，比如中国文化中道家的“无”和佛家的“空”，等等。因为人文学者担心，一旦把人性结构化、透明化，就抹去了人的尊严，因为人性是人类作为一个整体的“隐私”。甚至有的人文学者不相信进化论，认为人是特殊的，这种观点在西方的宗教人群中很受欢迎。

所以说，人文学科有保守倾向。可惜，科技进步的潮流是挡不住的。几年前，不少人认为，人工智能最后攻不破的就是人的创造力，比如艺术。结果，艺术是首先被攻破的，当前人工智能已经全面介入艺术的创作与评估，特别是音乐、绘画与诗歌创作。

本质上，人文学科是距离通用人工智能最近的学科群。通用人工智能的研究包含两个尺度：个体尺度和社会尺度。

个体尺度研究的目标是创造出能够匹配人类感知、认知、行动、学习与社会协作能力，符合人类情感、伦理与价值的通用智能体，包括实体的机器人和虚拟的数字人。人类本质上就是从地球的物理运动、化学变化、生物进化中，通过智能的演化和认知革命而产生的一类通用智能体。通用智能体的形成，不论其实现的材料特性是碳基还是硅基，背后都应该有一个共同的哲学原理和数理模型。

社会尺度研究的目标是通过多智能体系统的研究来探索智能体的协作模式、社会结构的形成。在大型的物理逼真环境或元宇宙空间中，人工智能试图模拟、还原人类演化的进程，即在自然环境的边界条件下，还原个体、家庭、部落、城邦等的社会、经济、政治结构的形成过程。这涉及经济学、社会学和政治学的模型，乃至文明演化的动力学模型。

通过社会模拟可以回答人文学科中的一些难题，如中国文化、政体形成的自然与历史原因，预演人类社会在不同模式下的发展结果，准确推算什么是社会的最大利益与公平正义。

因此，人文学科与通用人工智能都是研究人性与社会的本质，只是从不同的层面来研究这个问题。**我提出一个新的看法，当通用人工智能走向成熟的时候，也是人文学科成为科学的时候。换句话说：通用人工智能 = 新文科。**

本书认为，通用人工智能将带来三重机遇。

- 从传统中国思想中淬炼有效成分、构建严格的数理体系与架构。
- 重塑大学的人文学科体系、增强文化自信，构建与人类科技进步相匹配、符合人类共同利益的哲学思想与价值系统。
- 将先进的思想（价值观）注入通用人工智能研究，形成系统与提高生产力，进而实现原创、引领全球的科研成果。

以一句话来概括这三重机遇：以中国之思想，创世界之科技（见图 0-2）。

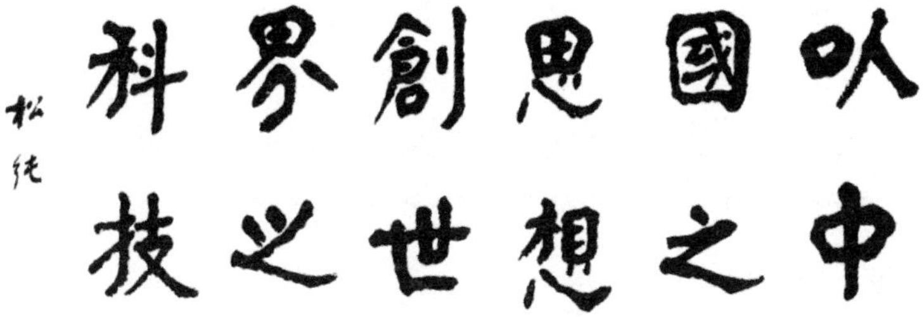

图 0-2　以中国之思想，创世界之科技

一体两面：为人文赋理，为机器立心

人文学科与通用人工智能的深度关系决定了两者之间的双向连接。

- **为人文赋理。**通用人工智能赋予人文学科新的方法、模型和理论工具，以解读儒释道的经典。诠释并弘扬中国思想，不再是宏观的文字论证，而是提供具体的“贯通古今，融通中西”的新的数理模型与体系，从而增强文化自信。
- **为机器立心。**赋予人工智能符合人类世俗社会伦理的情感与价值系统，让机器“致良知”，从而用价值来驱动通用智能体，而不是单纯用数据来驱动。这对于人工智能的健康发展、安全与治理、以中国传统的人文思想来实现通用人工智能、抢占世界科技前沿制高点，具有重要的意义。

如果我们能够成功解决这个“一体两面”的问题，那么面对当前的东西方文明冲突，就可能化解“挨骂”与“挨打”的问题。

纵观人工智能发展的历史，人工智能的研究可分为三个层次：**作为根源的哲学思想、作为本质的数理框架、形成生产力所需要的软硬件系统的工程实现。**

我们可以将人工智能的发展历史分成三个时期。

1960—1990 年，人工智能的主流数理框架是逻辑知识表达与符号推理。其源头是以苏格拉底、柏拉图、亚里士多德等人的哲学思想为代表的辩论与逻辑，到莱布尼茨的数理逻辑，再到 1940—1960 年演化出的形式语言，这些都成为现代计算机理论的基础。这些于 20 世纪 60 年代发展成严密的命题逻辑、谓词逻辑体系，为知识表达、复合推理、专家系统提供了数理框架。

1990—2020 年，人工智能的主流数理框架是概率建模与随机计算。这与宋代程朱理学的“格物致知”的思想是一致的。“格物”就是仔细观察、收集数据，“致知”就是提炼出数理模型。格物致知本质就是从数据到模型的知识发现过程，近年来常常听到的大数据、大模型的统计方法把这个思想理念变成了科学与工程实践。本书第 3 章将讲述中国的理学与大数据、人工智能不光是思想上的关联，而且在具体问题上也有关联。

2020年以后，我认为实现通用人工智能的关键在于“为机器立心”。为此，研究人员需解决认知架构、价值驱动、社会智能、人机互信等重要问题。这些高层次的科学问题已经超出了数据驱动的人工智能模型的能力，需要借鉴儒家的心学理念，如王阳明所强调的良知、价值系统构建——“心即理也”，以及禅宗所讲的“相由心生”等思想，构建“主观”与“客观”融合的数理体系，具体内容可参见《为机器立心》一书。

“为人文赋理”与“为机器立心”是一体两面的，这既能发挥中国思想的优势，也能实现原创的通用人工智能系统，从而将中国思想转化成为工程代码与生产力。

构建“新文科”的时代背景、挑战与机遇

正是在当前数字化、智能化的时代背景下，国家提出建设“新文科”。北京大学原社会科学部部长强世功教授在《数字智能时代的北大文科研究》一文中写了一段非常深刻的话。

> 五四新文化运动的本质是以西方现代的哲学和社科体系取代了2 000多年的传统“子学”“经学”体系。胡适、冯

友兰以西方哲学来重新理解儒家思想；费孝通、瞿同祖用西方社会学、人类学和法学来理解中国历史资料。

中国的哲学社会科学差不多跟在西方哲学社会科学体系后面，不仅是思想理论，而且在学科专业设置和教学方法上亦步亦趋。在中国迈向智能时代的进程中，要密切关注智能社会的国家治理问题，提出新理论，并逐步形成新的哲学和社会科学体系。

新文科的建设经过信息化、数字化阶段，正在进入智能化的深水区，其关键就在于实现与人工智能的连接。

- **在个体层面：**人工智能对接文史哲，包括人性的刻画、情感的基础、历史人物的活化、人生的价值等。
- **在社会层面：**人工智能对接政经法，关键在于打造社会模拟器，包括在模拟器上做经济、立法、管理的社会实验等。

如何将人文学科与人工智能的深度融合付诸实践是一个重要议题。2020 年 11 月，我组织了众多人文学科领域的学者共商人工智能与人文学科的连接；2021 年 10 月，武汉市政府和北京大学成为首批“国家智能社会治理实验基地”；2022 年 1 月，我发表了《三读〈赤壁赋〉，并从人工智能的角度解读“心”与“理”的平衡》一文，试图从人工智能的角度解读中国文学的巅峰之作《赤壁赋》[①] 中苏轼的

① 本书中以《赤壁赋》指苏轼的《前赤壁赋》与《后赤壁赋》两篇作品。——编者注

人生哲思；2023 年 4 月，北京大学武汉人工智能研究院正式揭牌，并成功举办首届中国智能社会治理论坛，主题是“智能 · 文明 · 道路”；2023 年 7 月，我们进一步开展了“AI+ 人文”跨学科研究的实践，参与学院达 11 个，设立开放课题 40 多项，从而将人工智能与人文学科的交融推向深处。

要进一步实现深度融合，需要打通前述“思想—数理—工程”这三个层次，这就横跨了“文科—理科—工科”三个大学部，难度巨大。但这是大势所趋，所谓时代潮流浩浩荡荡！希望大家，特别是青年，做智能时代的先知、先觉、先行者。

文理学科的分合

中国历史上长期不区分文理科，这种学科划分的观念随着近代西学东渐才逐步形成。从隋唐开始的科举考试持续了千年之久，那时并无文理科的界限。鸦片战争后，西方科技书籍大量涌入，理科逐渐进入中国教育体系，但起初仍以文科附属的形式存在，这个阶段可以视为文理融合的萌芽阶段。

1909 年，清政府颁布了《变通中学堂课程分为文科实科折》，首次正式尝试文理分科，但仅以“减轻负担”“因材施教”等为依据，试行不久便宣告失败。1912 年，蔡元培签署《普通教育暂行办法》，明确中学阶段不分文理。然而，1915 年袁世凯推行《特定教育纲要》，仿效德国，将中学分为文科和实科，强调专精培养。此后，教育政策在文理分合间几经反复：1916 年的《中学教育改良办法》否定了袁世凯的分科政策，1922 年的“壬戌学制”又恢复分科，1929 年教育部再度取消分科，1933 年国民政府明确高中不再文理分科。然而，1940 年的“三三制”改革重新规定自高二起实行文理分科，1948 年又取消了这一政策。

新中国成立后，1954 年高考首次引入文理分科，随后这一制度在数十年间稳步实施。1999 年，教育部推出“3+X”高考改革方案，为分科制注入新的变革思路。最终，2014 年国务院颁布《关于深化考试招生制度改革的实施意见》，明确取消文理分科，推动高中教育回归综合培养模式。这是我国教育史上第五次尝试文理科的合并，体现了文理分合在不同历史阶段的政策取向与教育理念的演变（见图 0-3）。[5]

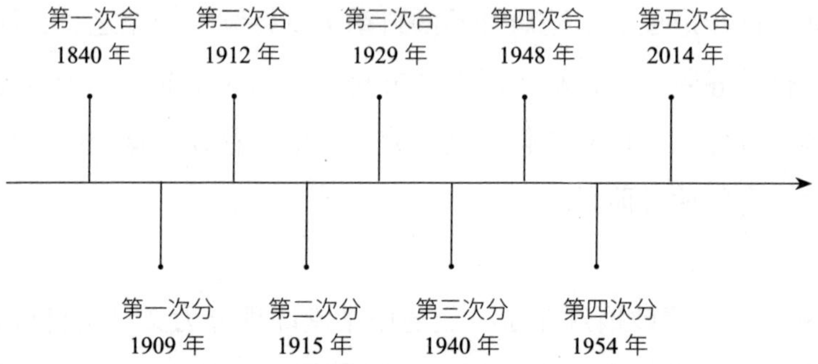

图 0-3 中国历史上文理科的分与合

交叉学科的兴起

2022 年 9 月，教育部正式将“智能科学与技术”列入交叉门类的一级学科，这个学科的内涵与外延还在演化。前文讲到，通用人工智能的实现有赖于哲学、数学、神经科学、心理学、计算机、机器人（工学）、语言学、经济学、法律、政府管理等学科，这些学科的共同协作才使得人工智能领域获得了今天的成就和社会影响力。尤其重要的是，未来我们若要获得可靠、可信的通用人工智能技术，需要从人文学科，尤其是倡导“和合共生”的中国思想中获得营养。因此，我们需要为机器立心，这颗心，就是人文学科倡导的“心”。

简化是科学分析的开始

本书在“为人文赋理，谈通用人工智能与中国思想”和“‘心’与‘理’的平衡，谈人生意义”这两篇内容中，采用了以数理解读人文的方式。这种通过 UV 双系统驱动的所谓函数分析方法，有读者可能担心这种分析方法会把中西方复杂的历史文化和思想问题简单化。

本书要强调的是，若要对人文思想进行数理建模，第一步就是简化。事实上，任何认知的第一步都是简化。树叶飘落也不简单，存在一定的复杂度，但通过牛顿定律的简化处理，树叶飘落才能被计算。简化是认知的第一步，但简化处理不是认知的全部；基于简化模型后的复杂计算能还原对事物的认知：在通过简单化处理实现了对事物复杂性的理解后，才能实现认知突破。通过简化，不仅物理学能模拟树叶飘落，甚至航天飞机也能升上太空。人工智能作画、人工智能音乐，都是通过这种方式来实现的。问题的关键在于，是否能基于简单模型对于人文思想进行生成式演绎。

本书认为，以 UV 双系统为基础的简化具有这种力量，能实现基于简单模型的复杂化，并在未来实现对思想、文化的复杂生成。例如，我就是基于蒙特卡洛算法，生成了逼真的模式，如老虎、砖墙等；再例如，我们基于一个简化的模型实现了纹理生成；而最近，北京通用人工智能研究院的一系列学术成果、北京大学武汉人工智能研究院的社会大模型，已经能实现基于简单模型的复杂生成。

总之，本书的目的不在于盖棺定论解决具体问题，而是提出一种为人文赋理的框架，并吸引更多人投入这个领域和方向。适当的简化（如 UV 系统）能为后来者提供更友好的平台并促进相关领域的发展。

目　录

SCIENTIFIC MODELS IN
CHINESE THOUGHTS

SCIENTIFIC
MODELS IN CHINESE
THOUGHTS

第一部分

为人文赋理，
谈通用人工智能与中国思想

导语

SCIENTIFIC MODELS IN CHINESE THOUGHTS

“心”的出现是智能体与非智能体的边界，因此要实现通用人工智能，“心”是关键。而本书认为中国思想能够为人工智能第三阶段的发展提供这种哲学层面的“顶层设计”，也就是“为机器立心”。

在这一部分中，本书将回顾从无生命的物理运动、化学变化到生命体、智能体、文明体的演化历程，在这个过程中，最显著的特征是“心”的出现。本书将从两部分来分析“心”的构成：价值系统与认知架构。

中国思想中包含着中国古人对自然、人性与社会的丰富认识，本质上是对亿年文明演化历程的建模。因此，本书将以人工智能的数理模型来解读中国思想，以此激发中国思想的活力，为人工智能的发展提供上层建筑的支撑。

SCIENTIFIC
MODELS IN CHINESE
THOUGHTS

01

亿年历程：文明演化的关键

中国思想是在过去几千年的时间里中国先贤对几亿年形成的自然、人性和社会的认知与建模的总集。本章首先简短回顾从无生命到生命、智能、文明的演化历程，指出“心”的出现是最重要的、突破性的特征，进而对“心”做一个数理结构的分析。它包括两大部分：**价值体系与认知架构。**

智能与非智能的边界：“心”的出现

人类思想从何而来？从地球早期的物理运动、化学反应，到生物进化、智人的出现，再到社会群体的建立、民族的形成，最后到国家的产生与文明的诞生，现代科学的发展对这个问题的回答越来越清晰。

大概 138 亿年前，大爆炸之后宇宙诞生，由 4 种基本力（强相互作用、弱相互作用、电磁力和万有引力）的相互作用形成了我们今天所处的物理世界。大概 35 亿年前，以这 4 种力为基础的、更弱的力，如共价键、离子键、范德华力、疏水力以及氢键等，主导了化学变化。在此基础上，细胞形成、DNA 转录与蛋白质折叠都依赖于氢键等的相互作用。这些物理、化学、生物的相互作用成为生物进化的重要动力，在数学上可以统一用各种势能函数 U 来表达。

人脑进化的质变发生在大约 7 万年前，当时的一次所谓“认知革命”造就了当今人类——智人。大概 1.2 万年前，农业革命出现，大规模合作成为必需，从家庭、部落、酋邦到王国的形成，开启了人类文明的演化历程。国家与社会的维系，也需要一种像维系无机分子、有机大分子、细胞乃至多细胞个体的力量，但这种力量远比物理、化学和生物的世界要复杂，是由经济制度、政治格局、法律与国家机器、道德、宗教、艺术、哲学、政治思想、法律思想等组成的。这些属于人类的经济、政治、文化的相互作用——本书统称为社会规范，同样可以统一用数学中的各种势能函数 U 来表达。当前，人类社会开始步入智能时代，而智能时代的标志是大量通用智能体的出现。

以上所述的演进过程有一个显著特征，那就是系统结构越来越复杂，所需的变量与空间[①]不断扩大。例如，太阳系中的行星运动，可以用不到 100 个变量（位置、运动速度等）精确描述，而要概括哪怕由数百个氨基酸组成的蛋白质的可能构象，也需要远远更多的变量，其复杂程度远超太阳系的行星运动。

---

① 此处的空间不是我们生活的三维空间，而是指各种变量的数学空间。

在这个连续演变的过程中，系统实现了很多次质变与跃升，如细胞的诞生、动物中枢神经系统的出现、智能的萌芽。其中一个最关键的问题是：在这个漫长的演化过程中，无生命的物体和有生命的智能体的边界在哪里？

我们先来看一组简单的实验：红球与绿球在一个带出口的房间运动。在彩图 1（a）中，我们看到的是一个“物理现象”：两个小球是无生命的，因为只有在发生碰撞的时候，它们才改变运动的方向和速度，它们的运动可以被势能函数 U 完全刻画。彩图 1（b）也是两个小球的运动，但我们会将之看成“社会现象”，因为两个小球能够根据对方的位置和运动来及时调整自己的运动，出现“你追我赶”的场景：小球有了自己的目标和意图，有自己的价值诉求，由各自的价值函数 V 驱动，进而产生了内驱力。彩图 1（c）的箭头代表力，颜色代表函数值，暖色代表高价值，冷色代表低价值的位置。这时，小球也有了感知、认知、运动控制的能力，这样就成了智能体。

无生命的物体运动是机械的，是由各种外力和相互作用被动驱动的，由一组势能函数 U 描述。智能体的活动是自主的，由价值函数 V 驱动，而这个价值函数又根植于底层的认知架构。**价值函数和认知架构共同组成了所谓的“心”，心是智能体与无生命物体最本质的区别，是人的最重要特征，也是实现通用智能体的必要条件。**

在中国思想的众多流派中，“心”是一个关键词，承载着多重含义。但是，心的表达却从未得到过明确定义，甚至同一个思想家说的心，其含义也不断变化。下面我们来简要讨论一下“心”的两个组成部分。

价值系统：先天与习得的价值层次

人类独有的价值判断不仅在进化过程中逐渐固定下来，而且在群体交流中受到文化的强化，从而形成社会伦理、道德规范和共同的价值观。通过先天、后天因素的共同影响，人们总是很快能建立、调整价值系统，从而更好地适应环境，尤其是社会环境。心理学家对 8 ～ 12 个月大的人类婴幼儿做过一组经典的实验，发现人在进化过程中形成了大量的先天价值判断。

一个是善恶判断实验。在美国耶鲁大学的一项经过精心设计的实验中，操作者分别向 8 ～ 12 个月大的婴幼儿展示两组玩具。[6] 如彩图 2 所示，一个红色的圆形在爬坡，彩图 2（a）中蓝色正方形阻挡红色圆形上坡（这一行为代表“恶”），彩图 2（b）的黄色三角形主动助推红色圆形上坡（这一行为代表“善”）。之后让婴儿去自主选择一个玩具时，婴幼儿都选择黄色三角形做玩具（选善弃恶）。当然，这个实验是做了形状和颜色的对照实验，排除了对颜色和形状的偏好。

一个是公平观念实验。两个玩伴给 12 个月大的婴幼儿分配 10 个球，一位（A）公平地分配、每人 5 个，一位（B）不公平地分配 9：1，目睹这个过程后的婴幼儿会选择和公平的玩伴 A 一起玩。

还有一个是合作精神实验。[7] 心理学家分别与 8 ～ 12 个月大的人类婴幼儿、黑猩猩做游戏，发现人类婴幼儿天性喜欢“合作”，相比之下，黑猩猩的合作能力与意愿远不如人类婴幼儿。

从上面的实验可以看到，不到 2 岁的婴幼儿已经形成了基本的价值判断。当然，人类也有一些其他价值取向，比如研究人员发现婴幼儿更倾向于与同一族群的人玩耍，即使后者表现出不公平的行为。这表明婴幼儿对种族的认同大于公平正义。

以上提到的人类的先天价值判断，无论是善良、公平乃至种族认同，其实都是人类更高水平合作的基础。尤瓦尔·赫拉利在《人类简史》一书中提到黑猩猩、尼安德特人的族群个体数量不会超过 150 这一上限，而智人则能实现更高水平的合作。[8] 古埃及的金字塔、中国的万里长城、英国的巨石阵，都是人类早期合作能力的体现，今天的人类甚至可以进行规模更大、层次更高、影响更深的合作，比如诺曼底登陆、美国的曼哈顿计划、中国的“两弹一星”工程、多国合作开展的人类基因组计划等。合作是人类这一物种与众不同的显著特征。哈佛大学教授马丁·诺瓦克（Martin Nowark）将人类称为“超级合作者”。[9]

在人类的进化过程中，基因变异与自然、择偶、社会的多重选择，以及复杂语言的产生促进了交流与传承，使得人类群体能进行价

《易经》，世界上最早的统计决策模型与随机计算

《易经》，亦称《周易》，简称《易》。儒家经典，内容包括《经》和《传》，《经》主要是六十四卦和三百八十四爻，卦、爻各有说明，《传》是对《经》最早的解读。

为人文
赋理

阴阳之
子·礼
起。”

的
论

禅宗第
思想，

值和行为规范的对齐，这种对齐是大规模协作的基础。事实上，黑猩猩和人类（智人）在大约 650 万年前发生了物种分离，到今天，二者的基因差异仅有 1.2% ～ 3%，而同黑猩猩相比，人类某些同神经发育有关的基因发生了显著的变异（见图 1-1）。另外，已经灭绝的尼安德特人同人类（智人）在大约 37 万年前分道扬镳，二者的基因差异大约只有 0.5%，而同尼安德特人相比，人类在同语言发育密切相关的基因（如 *FOXP2*）上发生了重要的功能变异。[10]

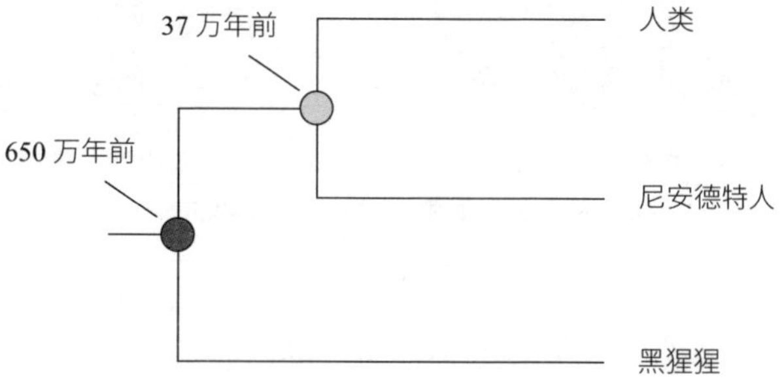

图 1-1　人类同黑猩猩、尼安德特人的进化关系

注：黑猩猩同人类的共同始祖的分界发生在约 650 万年前。37 万年前，人类的共同始祖又分出两支，即尼安德特人和人类。尼安德特人在约 3 万年前灭绝。

人类学与比较心理学有大量实验对比人类婴幼儿与其他物种的差异。[11] 图 1-2 中的实验对比了人类婴幼儿与黑猩猩、红毛猩猩的差异。在运动与使用工具的物理交互任务中，三者非常接近。但在社交和认知方面，人类要远胜黑猩猩和红毛猩猩。最近也有功能性磁共振成像（fMRI）实验表明，人和人之间在感知皮层（如视觉）方面的差异很小，而在认知与决策方面有明显差异。换句话说，该实验揭示出人类婴幼儿在面对物理世界时的感知技能同黑猩猩、红毛猩猩非常接近，人类婴幼儿得天独厚之处在于面对社会交往时表现出的认知技能。这些结果支持一种被称为“文化认知假设”（cultural intelligent hypothesis）的理论。

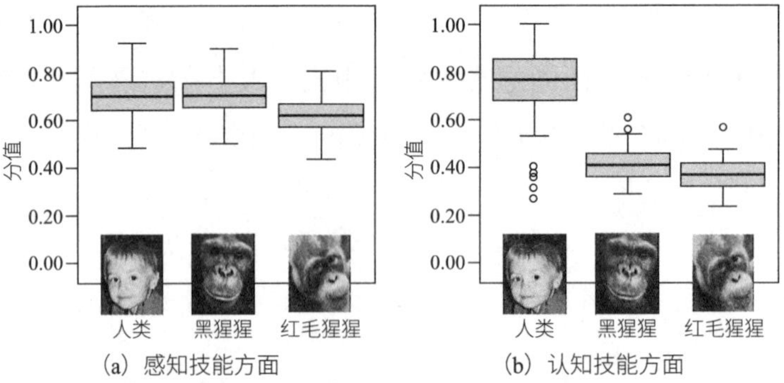

图 1-2 人类同黑猩猩、红毛猩猩的对比

注：在根据实验设置测得的感知技能评分中，人类、黑猩猩和红毛猩猩的得分没有显著性差异［见图（a）］；在根据实验设置测得的认知技能评分中，人类、黑猩猩和红毛猩猩的得分具有显著差异［见图（b）］。

上述实验进一步表明，社会性是人的本质属性。对自然的探索总是不能成为中国传统思想的主流，这一定程度上反映了中国人对社会的重视。如果说朱熹的“格物致知”之学中的“物”既包括伦理也包括物理的话，那么当王阳明提出“心即理也”的主张时，他已经悄悄地将物理剥离了。

人类的社会认知甚至可能具有独特的生理基础。我认为，儒家所讲的人性中的根本特征“义”与“仁”，前者对应上述的利他与超级合作者特征，而后者的本质是同情心、恻隐之心。“义”与“仁”在人脑的新皮质中可能都有其对应的基础。比如，人脑有一个叫作大脑颞顶联合区的结构，在大脑的颞叶和顶叶交汇处，对于视觉和听觉信息的整合非常重要。令人惊讶的是，R. 萨克斯（R. Saxe）等人在 2003 年发现，大脑颞顶联合区也负责推测他人心理状态。[12] 这项发现迅速得到了广泛的关注。大脑颞顶联合区的损伤会导致患者很难做出道德决定，它甚至涉及濒死时的离体体验。具体来说，一种叫作镜像神经元的独特细胞群，使人能对他人的意图、动作以及感受做到“感同身受”。镜像神经元也与语言的产生具有很强的关系。人心对他人建模的区域很可能存在于大脑中的特定位置。[13]

前文提到，U 系统的势能函数包含了自然之理（如物理）与社会之理（如伦理），人类的 V 系统是一组价值函数，这些价值函数可以用很多属性与变量来定义，我们将它们简单划分为三大层级。

- **V_0 包括个人对环境的偏好，**例如颜色、味道、气味、温度、安全；美学，例如人脸的颜值、服饰；环境的可供性和舒适度；经济能力；等等。
- **V_+ 包括他人思想的状态，**如“我”在“他人”心目中的多个维度的价值评价，“他人”在“我”心中的价值维度，如爱、认同与归属感。
- **V_{++} 包括集体的价值维度，**如家庭利益、公司利益与民族国家利益。

这三个层级可以大致对应儒家说的小人、君子和王者。此处的小人并非贬义，主要指的是普通大众，类似西方经济学中的所谓“自然人”，其特点是理性、利己。中国有句话叫作：“小人喻于利”（V_0），“君子喻于义”（V_+）。V_{++} 对应的是王者，是圣君贤相应该有的价值，他们需要胸怀天下、舍小我而立公心。最高的价值是 V_{max}，代表了全人类的利益，是构筑人类命运共同体的基础（见图 1-3）。

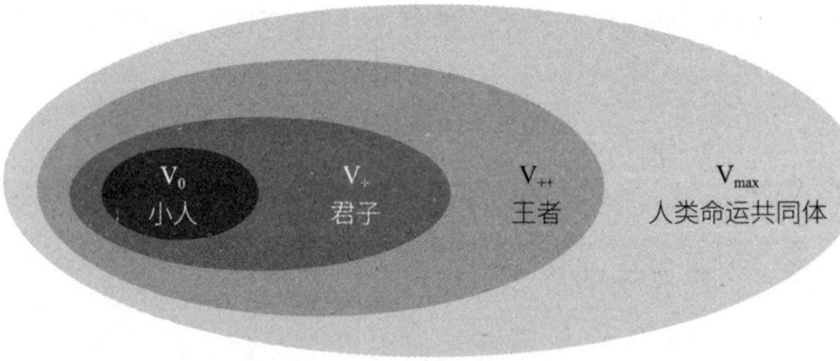

图 1-3 价值系统的逐渐升维

从 V_0 到 V_{max}，价值空间不断扩大，“心”所关怀的对象不断延展。而我们所谓的格局，在数学上可以看作价值空间的体积，取对数代表着维度：价值空间越大，一个人的格局就越大，格局 $=\Sigma_i \log|\Omega_i|$。

这里面的 Ω_i 指的是一个人的 V 系统能够定义多少空间和多大维度的子空间。

“风声雨声读书声，声声入耳；家事国事天下事，事事关心”，这句话体现了中国儒家文化要求读书人要有家国情怀，也就是要求读书人在认知与价值空间上升维。接下来我们来讨论认知空间。

认知架构：拓展、升维的思维空间

伴随着人类价值空间的升维，人类的认知空间也在不断升维和扩展，这使得人类能够理解抽象概念与机构组织，预见并相信看不见的未来。

客观世界，如物理、化学和生物的描述空间是相对狭小的，而主观世界不仅映射了客观世界（感知），还能映射自己的内心和他人的内心（认知）。从客观世界到主观世界是空间的巨大飞跃，每个人都有不同的感知与认知到的世界，认知世界也能同时发展出各种想象的世界。

人类思想发展的过程是感知、认知、想象的空间不断扩展、升维的过程，如图 1-4 所示，想象的虚拟世界包含：数学的几何、代数、拓扑空间，基督教的天堂、地狱，佛教净土中的极乐世界、弥勒寄居的兜率天，文学作品如《红楼梦》中的“太虚幻境”“离恨天”，《三体》中的半人马座 α 星，电子游戏中的虚拟世界及元宇宙，等等。

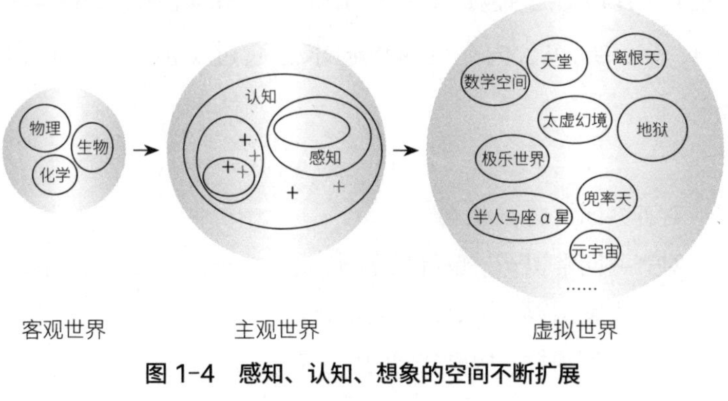

图 1-4 感知、认知、想象的空间不断扩展

认知空间升维的基础是认知架构，后者也是人工智能研究中的关键问题。图 1-5 显示了人工智能（AI）与人脑两个对等的智能体交流的认知架构。

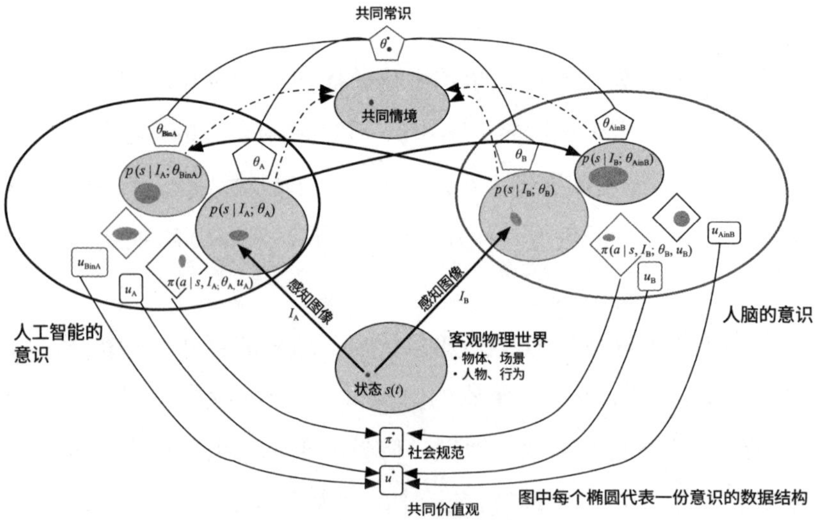

图 1-5 智能体交流的认知架构基础

智能体的认知架构包括 UV 双系统。U 系统包括认知模型 θ 和决策函数 π，V 系统包含内在的价值追求。通过交流，双方可以实现 4 个对齐。

- 对齐共同情境 $p(s|I;\theta)$。
- 对齐共同常识 θ^*，也就是模型。
- 对齐决策函数，构成社会规范 π^*。
- 对齐价值函数，构成共同的价值观 μ^*。

我们用一个例子来解读这些基本概念，人类在日常生活中看似极其简单的交流互动，其背后必须有强大的认知空间来支撑，这是大猩猩等物种所不具备的。图 1-6 描述的是发生在 UCLA 的一个学生答辩活动，演讲者 M 正在专注地介绍自己的成果，却不知道答辩时间快用完了。这时，前排控制时间的人 H 向 M 举起一个时间提示板，可是由于 H 所在的位置不在 M 的视角之内，M 依然故我，并没有察觉 H 的提示。这时后排一个学生 G 理解了 H 的意图，以及他知道 M 没有看到 H，而自己在 M 的视线内，于是 G 挥动了自己的手，在吸引 M 的关注之后，用手指向 H；M 看到了 G 的示意，转头看向 H，向 H 点头表示自己知道了。H 看到 M 的示意后，知道信息已经被接收，就放下了时间提示板。

这个过程看似简单、平常，但如果从人工智能角度来看，实现这个过程相当不容易！M、H、G 的大脑中要包含对另外两方的觉察，比如：H 意识到 M 的答辩时间快到了，G 意识到 H 想提醒 M 时间不多了；这时候 H 和 G 都知道发生了什么，但是 M 还不知道。每一方不但要知道其他两方知道什么，更关键的是，还要知道其他两方脑中认为自己知道什么。彩图 3 中显示了三人之间的信息流，其中每一个椭圆都代表一个认知空间。不同颜色的十字代表不同的信息，它们在这些复杂的认知空间上传播。最左边的椭圆代表 H 的认知，包括 H 对 M 的认知空间的估计，也就是 H 推想 M 知道些什么，其中又嵌套着对 H 认知空间的估计，即 H 知道 M 不知道 H 的意图。最右边的大椭圆代表 G 的认知空间，G 观察到了全部信息，内心活动很丰富。

右上方的椭圆代表的是 M 与 G 的共识，就是两人都知道的信息。如此可以类推出其他椭圆的内容。这个简短的社会交互任务的完成需要复杂且巨大的认知空间，这也是为什么其他动物，如大猩猩无法完成这样的任务。

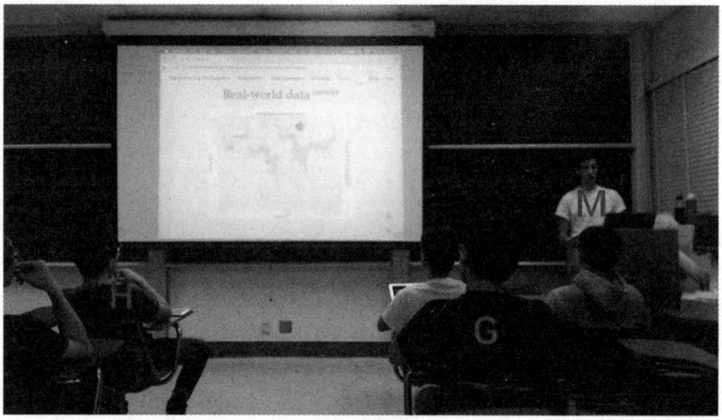

图 1-6 M、H 和 G 在学生答辩现场互动

综上所述做个小结，本章简要讲述了以下三点：

1. 回顾了从无生命的物理运动、化学变化到生命体、智能体、文明体的演化历程，中国思想本质上是对这个演化的过程、机理进行建模的集合，包括对自然的认识、对人性与社会的认知。

2. 这个进化过程中最显著的特征是“心”的出现，它包括两大部分：价值系统与认知架构。

3. 任何一个个体或者集体的文明，都可以用UV两套函数系统来刻画，认知架构是UV的载体，而演化的进程本质上是UV空间、认知空间的不断扩展、升维。

有了以上基础概念，下面我们就谈谈中国思想的变迁。

SCIENTIFIC MODELS IN CHINESE THOUGHTS

02

千年根脉：中国思想的五彩线模型

本章是本书第一部分的核心。我将以人工智能的数理模型解读中国思想。中国思想博大精深，我们绘制了一个色彩斑斓的五彩线，以反映其兼容并蓄、多元一体、自强不息的精神面貌。

中国思想的五彩线模型

“红莲白藕青荷叶，三教原来是一家。”这句话概括了中国思想的主要成分儒、释、道三家融汇的本质。事实上，中国思想的这种和衷共济不仅体现在儒、释、道的交融上，也一直蕴含在中国思想的变迁之中。因此，本章用一幅斑斓的五彩线模型（见彩图 4）来描绘这个融合的过程，在过去 5 000 年中，以《周易》为起点与核心思想，对内融合儒、墨、道、法等诸子百家，对外吸收古印度文明（佛教）、古希腊和基督教的西方文明。中国思想宛如纺线机一般，将各色丝线通过旋转拧成粗绳，多元一体，随着时间而不断壮大。

中华民族具有约 10 000 年的文化史、5 000 年的文明史。在公元前 7000 年左右的新石器时代，很多文明诞生了，如河姆渡文化、半坡文化。公元前 3000 年，即距今 5 000 年的浙江良渚文化出现了已知中国最大、世界最早的水利灌溉系统，并且出现了精美的陶器、玉器等，中华文明大约在这个时候开始出现。

下面根据彩图 4，我们简述一下这 5 000 年文明史中的几个关键节点。

第一个千年：公元前 3000—前 2000 年。《河图》《洛书》等最早的数理认知作品出现在中华大地上，此时也出现了阴阳、五行等关于自然变化规律、物理因果的思想，传说中的部落首领伏羲据此创造出八卦，文字也出现在这个时期。根据碳 -14 年代测定法，河南二里头文化大概存在于公元前 2080—前 1620 年，与传说中的夏文化的时间和地域吻合，二里头文化已经能完成耗时 10 万个工作日、容纳万人的土台。[14] 本书第 3 章将从现代视觉建模的角度论证阴阳是自然图像（人看到的图片）的最显著信息特征。

第二个千年：公元前 2000—前 1000 年。在此期间出现的夏、商、周分别在八卦的基础上发展出了《连山》《归藏》和《易经》。据说，《连山》是神农发展出来的，为夏代所用，以艮卦开头，而艮卦是两个山，故称《连山》。《归藏》是黄帝发展出来的，为殷商代所用，以坤卦开头，坤属地，可包藏万物，故称《归藏》。《易经》则是周文王推演出的，为周代所用，以乾卦开头，也称为《周易》。《易经》被看作中国思想的根源，本书第 3 章将讨论：《易经》是世界上最早的统计决策模型；占卜是最早的随机计算方法，本质上是蒙特卡洛方法。

第三个千年：百家争鸣与轴心时代。随后在春秋战国时代，周朝不同部门的官员依据《易经》发展出不同的思想流派，主要有儒家、墨家、道家、法家、阴阳家、名家、杂家、农家、小说家、纵横家、兵家、医家等，号称诸子百家。这一时期也被称为百花齐放、百家争鸣的学术繁荣时期。孔子创立的儒家在当时就具有一定的社会影响力，但其他流派的势力也很大，如墨家，儒墨并称为显学。公元前 800—前 200 年被称为轴心时代，这是人类的觉醒时期，各大文明几乎同时崛起，如古希腊文明、古巴比伦文明等。

第四个千年：罢黜百家，独尊儒术。到了汉代国家统一安定之后，儒家思想符合了社会安定和治理的需要，因此在公元前 134 年，在董仲舒的努力下，汉王朝“罢黜百家，独尊儒术”。儒学由此获得了极大的话语权，从此被称为经学，即经典之学，成为中国思想的主流，直至宋代的儒学革新运动。

在春秋战国时代，佛教开始在古印度流行，数百年后，佛教开始进入中国。公元前 2 年，大月氏王使臣伊存向中国博士弟子景卢口授《浮屠经》，这是佛教传入中国的最早文献记录。[15] 到了公元 526 年，菩提达摩东渡，促进了禅宗思想在中国的发展。唐代时，禅宗成为具有极大社会影响力的佛教宗派。六祖慧能广泛传法，将佛教的思想与中国文化相结合，使佛教在中国的发展达到一个巅峰。

慧能虽然不识字，但是颇具慧根，从《金刚经》中顿悟了佛性的空与主观唯心的核心思想，在《坛经》中提出："菩提自性，本来清净，但用此心，直了成佛。"这里的菩提就是智慧，自性是人的认知架构。然而物极必反，由于缺乏理论体系的支撑，佛教也自此走向衰落。本书第 3 章将讨论佛教中的因果报应思想、禅宗的相由心生、禅机的认知与心智模型，并指出禅宗思想与"为机器立心"的高度关联性。

第五个千年：理学、心学与朴学。由于宋代周敦颐、邵雍、张载、二程和朱熹等人的努力，儒学得到了极大弘扬，于是诞生了理学。当然在那个时候，心学的苗头也开始出现，如陆九渊就在鹅湖之会上和朱熹分庭抗礼。但心学的真正兴盛出现在明代王阳明之后。清代满族问鼎中原，文字狱严苛，所谓"清风不识字，何故乱翻书"。学者只能在故纸堆里面做些考据、音韵的学问，这就是朴学的由来。引用胡适的话，当西方开启文艺复兴的时候，中国思想在故纸堆里翻跟斗，翻了 300 年，导致了中国的落后局面。

一元多体与多元一体

就在清朝闭关锁国、故步自封的时候，西方的世界早已天翻地覆。轴心时代发源而来的古希腊文明也在欧洲大陆潜滋暗长。以亚里士多德的形而上学为代表的古希腊文明薪尽火传到古罗马，彼时的基督教用信仰回答了很多当时科学与逻辑推理所不能回答的世界和人生的终极问题，从而成为西方的思想主流。文艺复兴后，古罗马文明又孵化出近代西方文明。欧美列强携着因工业革命发展出的坚船利炮，通过 1840 年鸦片战争开启了中国近代历史。1919 年开始的五四新文化运动，否定了中国传统文化，开启了百年大变局。如前文所讲，西方的逻辑思想为计算机科学与人工智能发展的第一阶段奠定了基础。

关于中华文明的特点，一直以来有着一元多体和多元一体的争论。我认为，“元”代表思想的源头，“体”代表承载思想的群体（国家）。站在不同时间点和立场来看，中华文明的发展分三个时期。

第一个时期是周朝以前的历史。这个时期的中华文明是“多元一体”的。社会学家费孝通在《中华民族多元一体格局》这本书中指出多元一体的具体构成：较早的时候，中华文明可以按地域分为黄河中下游文化区、长江中下游文化区、燕辽及黄河上游文化区、以鄱阳湖－珠三角为中心的华南文化区及北方游牧与渔猎文化区，地域差异常常孕育出不同的文化与文明。[16] 历史学家傅斯年则认为，不同地区“因对峙而生争斗，因争斗而起混合，因混合而文化进展”。到了周朝，“多元”成了“一体”。[17]

第二个时期是周朝瓦解到春秋战国的百家争鸣时代（轴心时代）。这一时期的中华文明形成了一元多体的特征，这里的“多体”是指诸子百家在不同诸侯国的实践活动，“一元”是指他们又都来自同一个源头，如《周易》的思想。

第三个时期是汉代大一统之后。自汉代以来，除了短暂的战乱，国家维持了统一，保持了“一体”，就算是分裂时期，也并没有像春秋时期那样分化出诸子百家不同的思想。从这个统一体来看历史，思想是“多元”的，不仅有儒墨道法，还有外来的佛教、基督教的传入。因此，这个时期的中华文明是更大层面、更持久的“多元一体”。

从总体来看，除去春秋战国时期的几百年，中国思想的主线还是“多元一体”。本章的五彩线模型就是对多元一体的可视化展示，春秋时期短暂的一元多体（彩线的分叉）在汉代合并。

西方常常说美国是世界文化的大熔炉，其实在5 000年的文明史中，中国思想早就经历了对内、对外融汇的历程，具有巨大的包容性。

下面我们来简单讨论一元多体与多元一体，并试图解读中国“和合”思想的来源与数理特征。

一元多体：轴心时代中国思想分化的根源

在春秋时期或者西方学者所说的轴心时代，中国思想是如何分化的呢？

西汉经学家刘歆在《七略》中给出了具体的说明，这个说明后来被班固采用，整理进了《汉书·艺文志》。周代的时候，掌控学术思想的人都是各部门的官员，周王室衰落后，这些掌握各种技能的官员流落民间，学术思想开始发生分化。比如：儒家的人出自一种叫作司徒的官，也就是掌管教育的人；道家出自史官，老子就是周室的图书官吏；阴阳家出自一种叫羲和的官，也就是掌管天文历法的人；法家出自理官；名家出自礼官；墨家则出自掌管祭祀的官（清庙守）。

除了刘歆的说法，司马迁在《太史公自序》中也给出了类似但更简单的对学术起源的判断（见图 2-1）。刘歆的说法当然在细节上并非尽善尽美，但他说出了一个真相，那就是中国思想的第一次分化，是由官而民、由公而私的。就是这次思想分化，在那个刚走出蛮荒却异常肥沃的远古思想旷野（认知空间），播下了五彩斑斓的文明之种。

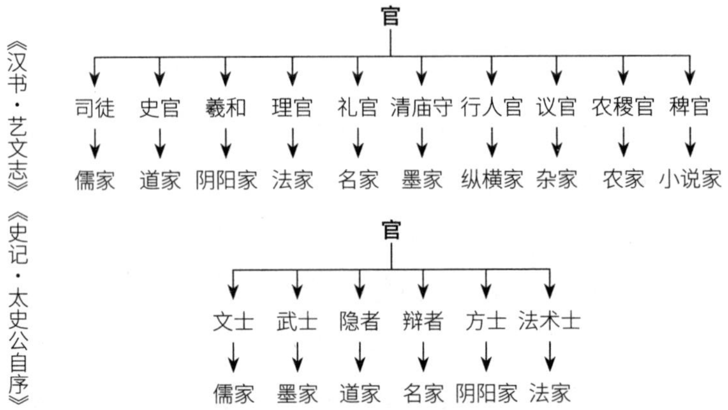

图 2-1 一元多体的具体内容

春秋时期的诸子百家虽然都出自周代的各类官员，但它们作为不同的思想体系，彼此之间是针锋相对的。墨家本身就以对儒家的批评而知名，比如儒家坚持厚葬，而墨家则认为厚葬是一种巨大的浪费。儒家的孟子又反过来批评墨家和属于道家的杨朱，认为杨朱无君、墨家无父。后期墨家还对名家、道家有过批评。等到了荀子，又对其他各家的谬误做了系统的阐述，荀子的学生韩非反而属于法家，并对儒家做了尖锐的批判。可见，作为思想体系的各家多有龃龉。庄子说，“道术将为天下裂”，他有段很有名的话，白话翻译如下：

> 天下大乱，贤者和圣人湮没无闻，道德标准不一，天下人常常有如井底之蛙，得到一孔之见却孤芳自赏。这种情形就像耳目鼻口，它们各有其功能，却不能互相通用；或者如百家众技，各有所长，时有所用。虽然如此，但只要一个人不完备和不全面，就都是孤陋寡闻的人。百家割裂了天地的完美，让万物之理分崩离析，把古人完美的道德弄得支离破碎，如今的道德很少能具备天地的完美，也配不上神明的称谓。所以，内圣外王之道幽暗闭塞而无法发挥作用，天下的人各自为政。可悲啊！百家各行其道而不回头，必定不能相合。后世的学者，不幸不能见到天地的纯真和古人的全貌。

这段话反映了春秋战国时期百家争鸣的情况。当时周王室衰落，礼坏乐崩，社会阶层发生了巨大的变动，学术思想也发生了显著的变化。中国人并未从原始的蒙昧时期走出太远，所珍视的思想也谈不上规模宏大、体系完备。这就是中国思想的第一次分化，为日后中国思想的繁荣奠定了基础。

多元一体：中国思想对外来文明的融合

中国思想经历了三次融合。第一次融合是在周朝（或者更早），中华文明多元的源头融合在一起；第二次是汉代诸子百家思想的融合；第三次是中国思想与外来的佛教、伊斯兰教、基督教的成分相融合。下面简要讨论第三次融合。

佛教从公元1世纪传入中国，最初受到压制，直到公元6世纪达到鼎盛，历时500余年。佛教的传播可以说始于道家，而终于儒家。汉代之后，三国两晋南北朝又是中国历史的“大分裂时代”，这一时代的人们思想中普遍存在一种忧虑。从曹操父子的诗词到《古诗十九首》，时代的阴郁笼罩着几乎所有人。魏晋玄学之所以流行，正是在这样的时代背景之下，人们的自然需求所致。而同魏晋玄学在价值取向上接近的佛学，恰恰就在这样的契机下进入中国。但这个过程异常漫长，从最初的佛经翻译，逐渐过渡到佛教义理的阐明，500年的努力终于迎来了禅宗的流行。等到北宋众多思想家出佛入老，而终于回归儒家时，佛教思想早已融入中国思想了。

有本书叫《佛教征服中国》[18]，但我认为是中国征服了佛教，历史学家葛兆光在《中国思想史》[19]中即持有这种看法。中国传统思想是具有巨大力量的体系。哲学家冯友兰曾经说过，中国历史上两次被少数民族统治的历史，即元朝和清朝，其实只是在政治上少数民族统治了中国，在文化上则是中国同化了少数民族。[20]佛教作为来自古老文明的思想，当面对中华文明时，依然难逃被融合的命运。

伊斯兰教在唐代就进入了中国，并在元代成为与其他宗教并行的独立宗教信仰，清代更是掀起了一场蓬勃的汉文译著活动。但是，伊斯兰教既没有像佛教一样深入中国思想，也没有像西方近代文明一样撼动中国社会。这是因为伊斯兰教进入中国的时候儒释道合流已经接近完成，而它又没有像近代西方文明一样依赖武力传入。相反，伊斯兰教受到儒家的深刻影响。例如，依托儒家的“一”“忠”“孝”的理念，中国伊斯兰教发展出“真一”“真忠”“至孝”的概念，而身为回族的海瑞、李贽以传承中国传统思想著称，尤其是李贽，他的“童心说”被认为是对王阳明心学的继承。“伊儒会通”也是历史上不能被忽略的一幕，最终，伊斯兰文明也成为中华文明的有机组成。[21]

西方文明经由明代传教士利玛窦开始进入中国，但影响甚微。直到 1840 年鸦片战争，西方依傍坚船利炮打开清朝的国门。随后在 1919 年，五四新文化运动开启，否定了已流行 2 000 年的子学、经学，按照西方的学科体系构建了今天的教育系统。这是我们在前文中讨论过的话题，而且五四新文化运动的影响仍在继续，在这个过程中，中国接受了西方的“理”，而保留了自己的价值系统，这是当前中美竞争与冲突的根本原因，也是本书要探讨的主题。

中国思想“和合”的根源：信息偏差与描述式建模

五彩线模型大致勾勒出了中国主要思想成分的演进过程，五彩线保留了各自的颜色，而不是混成一色，这体现了中国思想最大的特点：**和而不同，多元一体。**不同的思想彼此融合，但同时又保留自己的个性：中国思想的融合并非河汇聚成海从而消弭了自我，而是能够保持其组成部分多元性的斑斓彩线。比如在百家争鸣时代，儒墨道法异彩纷呈，到了汉朝罢黜百家、独尊儒术的时候，也并非儒家幸存而其他思想消亡。事实上，其他思想同儒家发生了融合，但依然有自己的一席之地，比如人们形容汉朝治国时有“阳儒阴法”的说法。

中国思想的这种和合体现在很多方面。首先是天与人和，天人合一；其次是人与人和，天下为公、天下大同；最后是守中致和，认识到事物是由矛盾双方组成的，事物内部的矛盾可以互相转化，这是中华思想的中庸之道。习近平总书记在《在文化传承发展座谈会上的讲话》中提到中华优秀传统文化时，也特别强调了“守中致和”这个突出特性。

> 中华优秀传统文化有很多重要元素，比如，天下为公、天下大同的社会理想，民为邦本、为政以德的治理思想，九州共贯、多元一体的大一统传统，修齐治平、兴亡有责的家国情怀，厚德载物、明德弘道的精神追求，富民厚生、义利兼顾的经济伦理，天人合一、万物并育的生态理念，实事求是、知行合一的哲学思想，执两用中、守中致和的思维方法，讲信修睦、亲仁善邻的交往之道等，共同塑造出中华文明的突出特性。

相比之下，西方思想中“和合”的倾向不明显，基督教、犹太教和伊斯兰教的思想具有很强的排他性。比如《圣经·十诫》的第一条是："除我之外，你不能有别的神。"这种对唯一性、一致性的追求是纷争的根源。

很少有人尝试探寻中西方思想和合性与排他性的根源。事实上，这可能源于中西方认知方式的巨大差别。下面我将从数理建模的视角，对此给出一个解释。

首先，我们看一个直观的例子。图 2-2 显示了一些长短与朝向不一的线段，简单代表人群中思想取向的多样性。图 2-2（a）的线段分布比较一致（西方的宗教信仰），图 2-2（b）的线段分布则比较多元（中国的多元一体）。同样长短与朝向的线段 a，在图 2-2（a）中就比较"扎眼"，不合群，但是在图 2-2（b）中就不起眼。

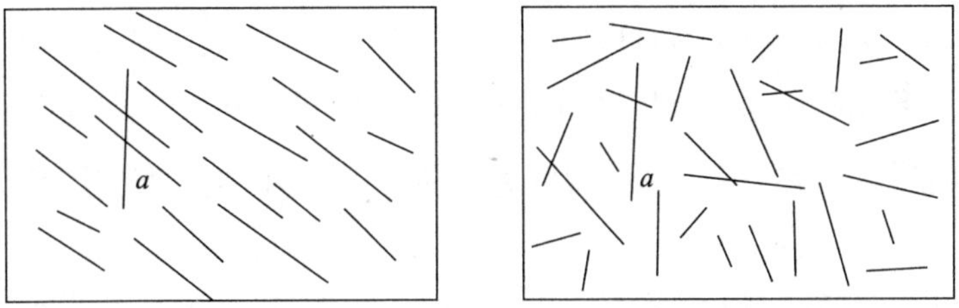

（a）p_A 集中　　（b）p_B 宽泛

图 2-2　中西思想多元与包容性的对比图

其次，我们可以用信息论中的信息散度或相对熵来计算这个差异。以向量 x 表示各种思想，$p_A(x)$ 和 $p_B(x)$ 分别代表各种思想在人群 A 和 B 中的概率分布（见图 2-3）。

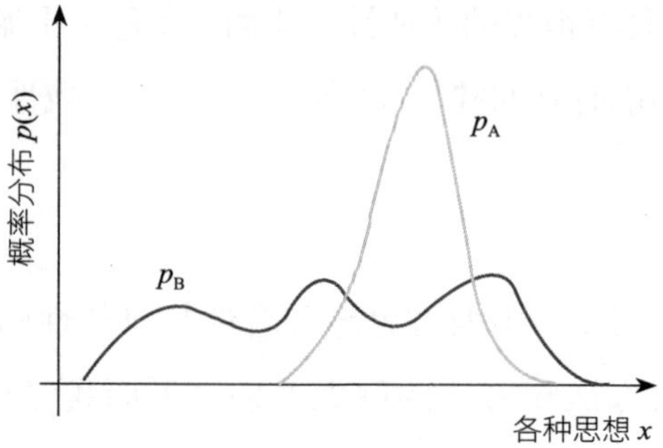

图 2-3 两种思想分布的信息散度

从 A 看 B 的信息散度 D 为 $D(p_A \mid p_B)=\int p_A(x)\log\frac{p_A(x)}{p_B(x)}\mathrm{d}x$。

从 B 看 A 的信息散度 D 为 $D(p_B \mid p_A)=\int p_B(x)\log\frac{p_B(x)}{p_A(x)}\mathrm{d}x$。

值得注意的是，这个散度是非对称的，即 $D(p_A|p_B) \neq D(p_B|p_A)$，也就是说，它不是我们通常意义上的欧氏平方差距离。如图 2-2 所示，如果 $p_A(x)$ 比较一致，$p_B(x)$ 比较多元，那么：$D(p_A|p_B)$ 远大于 $D(p_B|p_A)$。也就是说，中国思想看西方思想觉得问题不大，可以并存。而西方思想看中国思想，会觉得问题很大，格格不入，不可理解。

最后，我想探讨一下中国思想和合的根源。思想的本质是对世界（物理和社会）的建模，在人工智能研究中，数理建模有三种主要的方式。

- **判别式：**类似于考试中的选择题、判断题，你不一定需要完全理解问题与原理，而是可以根据各种数据特征，用启发式、排除法等做出选择。人脸识别、车牌识别、语音识别就属于这一类。

- **描述式：**类似于考试中的填空题、作文题，你可以根据出题的上下文或者题目，描述自己的理解、感受。当前一些基于大模型的图像合成、对话生成，如 ChatGPT，都属于这一类。
- **产生式：**类似考试中的证明题，你需要理解前提条件、分辨是非黑白，根据前提一步一步做出经过严格证明的推理。这种方式具有很强的排他性。

西方思想的源头是古希腊的逻辑学，主要是三段式推论模式。这种思维以产生式为主，对问题刨根问底，追寻世界的起源，比如将物质细分成原子等基本粒子。这种思维方式对于科学的发现起到很大的推动作用。对于科学回答不了的问题，西方是将信仰作为补充，就连信仰也一并纳入推理系统。

在我看来，中国思想的模型大多是描述式的，描述式思维的特征首先表现在文字上。以表意汉字作为载体的中国思想从一开始就具有极其鲜明的描述式特征。本书第 3 章将从人工智能角度详述汉字的造字原理，这里先说一下汉字中的“理”字。理字是玉字旁，最初可能和玉有关，但很早的时候，“理”的含义就引申为将土地分成小块，如《诗经》中的“我疆我理”。这一含义进一步引申为天理，天既然有理，那么万事万物就有理，于是有了肌理、文理、条理，玉的纹路、土地的沟壑、文章的气脉乃至牛羊的肌骨都可以用“理”来进行隐喻。而所谓的龟卜，其实就是用龟壳经火烤后出现的纹理来暗喻事理。到了后来，又有了所谓的“东海西海，心同理同”。汉字的这种描述式特征对中国思想具有深刻的影响。

中国思想的描述式特征还在于具体的思想方式。西方世界在很久之前就有三段论式的推理模式，依照演绎的方式做出推理以把握世界，这就是产生式思维模型。中国人的思维模式更多的是联想，也就是统计关联，常常由事物之间的相似之处展开，这种思维模式还是描述式的。

基于统计关联的 ChatGPT 也属于描述式的，它基于大量文字数据训练出的大模型生成回答，模型里面包含了大量混杂的知识，因此会时不时输出“逻辑混乱”的描述。

中国思想的描述式特征也反映在中国哲学家表达自己思想的方式上。冯友兰提到，中国哲学的特点是充满了名言隽语、比喻例证，明晰不足而暗示有余，前者从后者得到补偿。名言隽语、比喻例证其实就是针对事物的某些方面进行描述。比如有人问孔子什么是君子，孔子没有给君子下定义，而是说“君子喻于义”；问孔子什么是好的政治，孔子也并没有给好的政治下定义，而是说“近者悦，远者来”，这些回答都属于描述式的。

总之，描述式思维不需要严格的论证，往往不纠结于对与错，也不排他，而是强调多元并存、和而不同、各取所需，从而表现出很大的包容性。

SCIENTIFIC MODELS IN CHINESE THOUGHTS

03

千年根脉：中国思想的数理解读

中国思想是对各种自然与社会现象的认知建模的总集，根据其深度我们可以大致将其分成三类。

- Hack：经验性的工程实践，在某些地方、某些时候能起到一些作用。
- Stat：统计性的谚语规则，根据实践经验总结出来的统计模型。
- Math：确定性的数学模型，在某些条件下成立的定理与公式。

接下来，我将从五彩线模型中选择 10 个有代表性的思想做简要的介绍，并指出其与现代数理模型及人工智能模型的关联。

《河图》《洛书》，中国最古老的数理认知

大约在公元前 2000 年前后，《河图》《洛书》出现了（见图 3-1）。

《河图》其实就是中国古人发现的1～10这10个数字之间的关系，比如6～10由1～5分别加5就可以得到。古人可能在这样的过程中，发现了奇偶数的秘密，比如奇数1加5之后得到偶数6。这可能看起来没什么了不起，但要注意，这是数千年前的古人的发现。

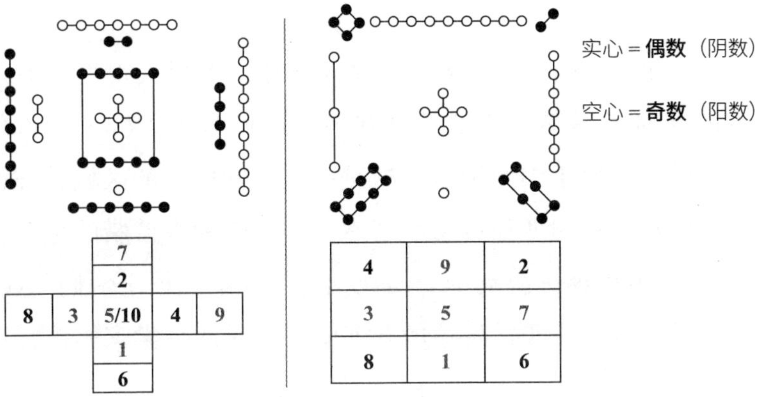

(a)《河图》　　(b)《洛书》

图 3-1　《河图》《洛书》及其解读

《洛书》更加复杂，1～9这9个数字经过排列，纵、横、斜的结果都是15，这是一种最简单的幻方。所谓幻方，指的是1至n^2个自然数排列成$n \times n$的矩阵，并建立n行、n列及两条主对角线等和关系的一种组合方式（$n \geq 3$）。幻方由中国人首创，《洛书》是最简单的三阶幻方。[22]

尽管《河图》《洛书》的具体年代还有各种争议，但不妨碍我们对其本质的认识：《河图》《洛书》其实就是古代中国人对数理的简单认知。可以看出，《河图》《洛书》其实是非常简单的。然而，可能就是《河图》《洛书》启发了中国人创造出阴阳。

天圆地方，中国最古老的几何认知

除了《河图》《洛书》这样的数理认知，中国人很早就有对天地宇宙的几何学感知，这就是天圆地方［见图 3-2（a）］。古代中国的先民最初繁盛于中原地区，这是一片异常广袤的区域，与两河流域、古埃及、古印度和古希腊迥然不同。因为古希腊的地理位置临近海洋，“孤帆远影碧空尽”的视觉理解早早扎根于他们的认知，所以古希腊发展出了非常发达的几何学，那时的数学家埃拉托色尼就推断地球是圆的，而后来的麦哲伦靠航海第一次证实了地球是圆的。

中国位于亚洲东部、太平洋西岸，古人活动的地区又主要集中在中原地区，深入人心的视觉印象则是“天似穹庐，笼盖四野”，天圆地方的观念也就不足为奇了。在中国古代的天圆地方观念中，中国呈方形，周围是四海，上面则是圆形的天，天下近似等于四海之内［见图 3-2（b）］。这在古希腊等地是不可想象的世界观。

《淮南子·天文训》记载了“共工怒触不周山”的故事，说共工和颛顼争作帝，共工失败了，生气发怒，以头撞不周山，结果“天倾西北，故日月星辰移焉；地不满东南，故水潦尘埃归焉”。“天倾西北，地陷东南”［见图 3-2（b）］是对“天圆地方”观念的修正。“天倾西北，地陷东南”中的天与地两个平面，事实上是以泰勒公式展开的切平面来拟合地球自转（星辰往西北走）和中国地貌（河流向东南流）。这一模型对于指导当时人的生产生活是基本够用的。

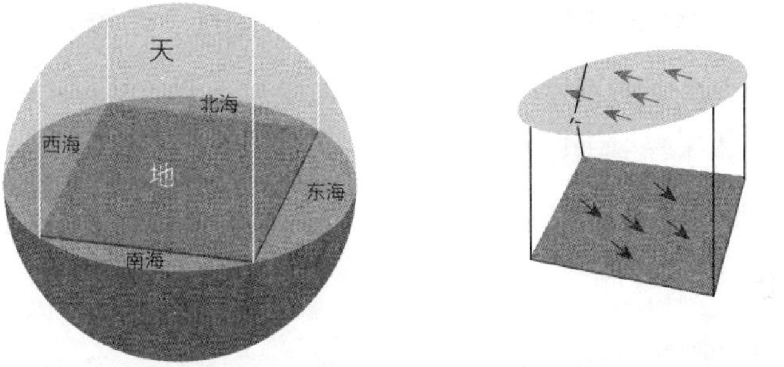

(a) 天圆地方　　(b) 天倾西北，地倾东南

图 3-2　古代的世界观

中国古代曾经发展出非常发达的导航系统，这就是郑和下西洋使用的“过洋牵星术”。这是一种通过牵星板[①]，利用身体、视角、特定星星的位置来确定航线的方法，这种简单的导航方法居然有很好的效果。比如在郑和航海图中，有“北辰星七指”的字样，而在另一幅图中则变成了“北辰星一指”。北辰星就是北极星，降低了六指，这表明船转向南行。在实际操作中，过洋牵星术当然不是依靠一颗星星定位的，而是凭借同多个星星的关系确定具体位置。比如在一幅记载了郑和从锡兰山（今斯里兰卡）回苏门答腊的过洋牵星图中，有如下记

① 牵星板是测量星体距水平线高度的仪器，可以利用星辰的位置来确定船只的位置。——编者注

载："南巫里洋牵华盖星八指，北辰星一指，灯笼骨星十四指半，南门双星十五指，西北布司星四指为母，东北织女星十一指平见山。"[23]这段航线采用六颗星星进行定位，类似于今天的星链导航技术。

中国古代也曾经发展出了非常发达的地图测绘技术。早在 1136 年，中国就绘制了世界上最早的亚洲大地图，这就是禹迹图［见图 3-3（a)］。我的博士导师大卫·曼福德（David Mumford）教授曾经专门计算了禹迹图的误差［见图 3-3（b）］，他认为这个地图远远超过了当时西方的地图测绘水准。[24]

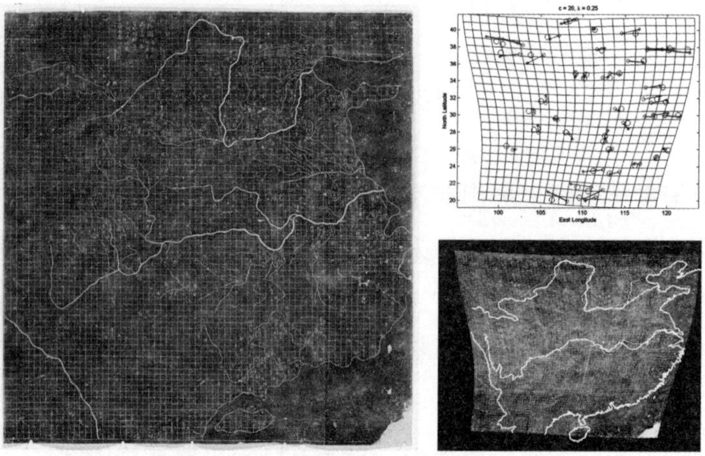

(a)　　　　　　　　　　(b)

图 3-3　禹迹图和曼福德教授的误差计算

注：目前仅存两块《禹迹图》石刻，一块在西安碑林，刻于齐阜昌七年（1136 年）；另一块在镇江焦山碑林，刻于元符三年（1100 年）。

阴阳，中国最古老的视觉认知

中国古代最初具有广泛影响力的概念是阴阳。阴阳是中国人的独创概念，在英文中有对应的专有名词“Yin and Yang”。我认为阴阳概念抓住了我们生活环境中具有最大信息的图像特征。

当远古的先民睁眼看世界时，一个身高 1.6 ～ 1.8 米的人看到的是大大小小的各种物体落在一个地平面上，物体的尺寸大小 r 投影到图像上大致服从三次幂律 $p(r) \propto r^{-3}$，我们在计算机视觉上将之称作“自然图像”（见图 3-4），其图像的统计特征完全不同于飞鸟（或者站在山顶）俯瞰地面所能看到的大地图像。

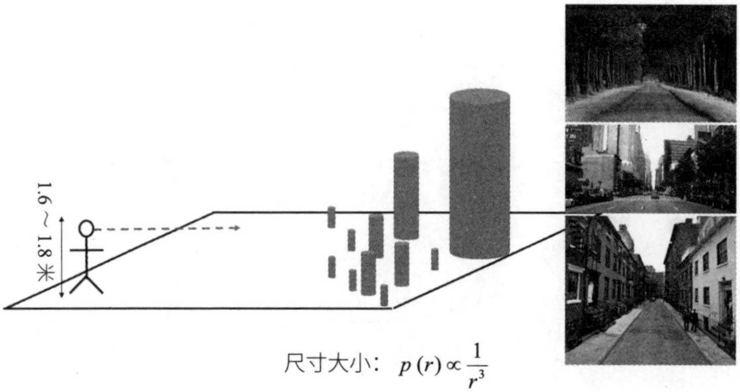

图 3-4　人类平视环境而观察到“自然图像”

需要说明的是，阴阳起源于齐国，与起源于楚国的老庄思想不一致。古代齐国地处平原，其视角常常是平的。

人们观察世界的图像集，计算机视觉称之为自然图像，自然图像只占全部可能图像空间的极小一部分。我们假设一个图像有 256 × 256 像素，每个像素的灰度值为 256，其信息是 8 字节，则全部图像集合的大小是 $|\Omega_0| = 2^{8\times256\times256} = 10^{157\,830}$。自然图像由于高度冗余，每个像素的信息大约是 0.3 字节，由此推算自然图像的数目是 $|\Omega_{nat}|\ 2^{0.3\times256\times256} = 10^{5\,718}$。而人类能观察到的仅仅是自然图像中很小的一部分。

我们假设人眼每秒能察觉 20 帧的图像，而全球曾经活着的人大约是 100 亿，就算每个人活 100 年，最后的图像集大小也只有 100 亿人 ×100 年 ×365 天 ×24 小时 ×3 600 秒 ×20 帧。这个集合同所有图像 Ω_0 相比，只是沧海一粟（见图 3-5）。

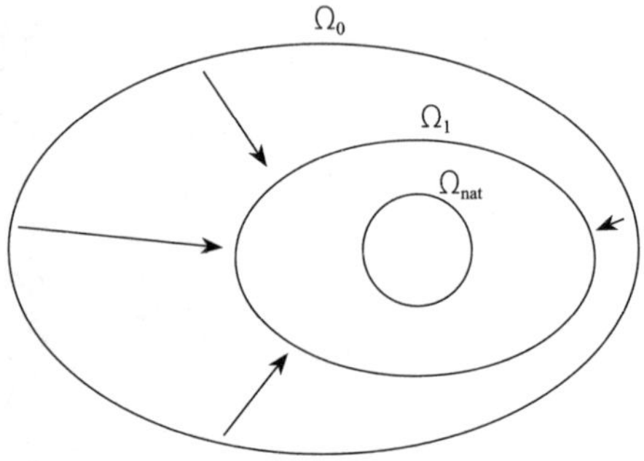

图 3-5 图像集合

注：Ω_0 和 Ω_{nat} 分别代表全部图像集合与自然图像集合。如前所述，Ω_0 集合大小是 $10^{157\,830}$，Ω_{nat} 集合大小是 $10^{5\,718}$。

这些自然图像是非常特别的集合，我们可以用一个描述式的方法来定义这个图像 I 的集合。其中，$H_i(I)$ 是从图像 I 抽取的统计量，h_i

是统计特征。

$$\Omega_{nat} = \{I: H_i(I) = h_i,\ i = 0,\ 1,\ 2,\ \cdots,\ K\}$$

图 3-6（a）显示的是图像在两个尺度下的梯度特征提取器，也就是阴阳特征，图 3-6（b）显示了根据图像的对比度所抽取的统计直方图 $H_i(I)$。这个尖齿型的直方图在所有的自然图像中，具有高度的一致性，而且尺度不变。也就是说，自然图像缩小到原来的 1/4 或 1/16，直方图仍保持不变。这是自然图像特有的统计特征，其他图像，如航拍、遥感、沙漠、火星表面，都不具备这样的统计特征。

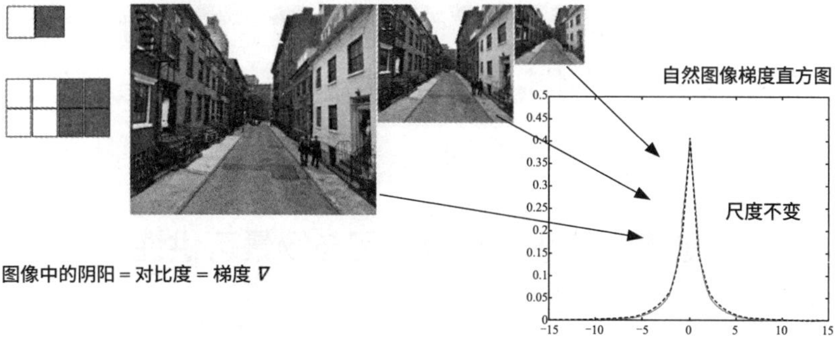

(a) (b)

图 3-6 自然图像的尺度不变特征

不同的统计特征 h_i 是有关图像的描述与约束，是集合的内涵，内涵越大，外延就越小。当 K=0 时，$\Omega_{nat} = \Omega_0$ 就是全部图像的集合，K 的数值越大，集合就越小。而集合缩小的幅度，取其对数值，就是新增统计特征 h_i 所带来的信息增益。公式如下：

$$\delta_i = \log\frac{|\Omega_{i-1}|}{|\Omega_i|}$$

根据计算机视觉的研究，自然图像的第一个重要统计特征是对比度的统计直方图，也就是说，阴阳是自然图像最显著的特征，比其他任何特征都要强烈，这就诠释了一句对中国思想的通俗概括：**世界最大（信息最显著）的不变性是变化本身（对比、阴阳）。**

而且这个变化的统计量在不同的尺度上是一致的，这为后续《易经》的模型解读奠定了基础。

我们人类能看到“逝者如斯夫，不舍昼夜”的大千世界，因此希望在变化中寻找不变的特征。

道家的风水：错误归因与场景可供性

阴阳固然是中国先民观察地球表面的视角，但并不是唯一的视角。中国上古先民鸟瞰地球的视角是道家理论的一个关键部分。道家起源于楚地，而楚地多山，地形地貌同东夷所处的海滨不一样。楚人可能在群山之巅俯瞰山川大地，发现了苍山如龙盘虎踞，湖泊如龙飞蛇动，山脉和湖泊在地理上属于分形模式（见图 3-7）。

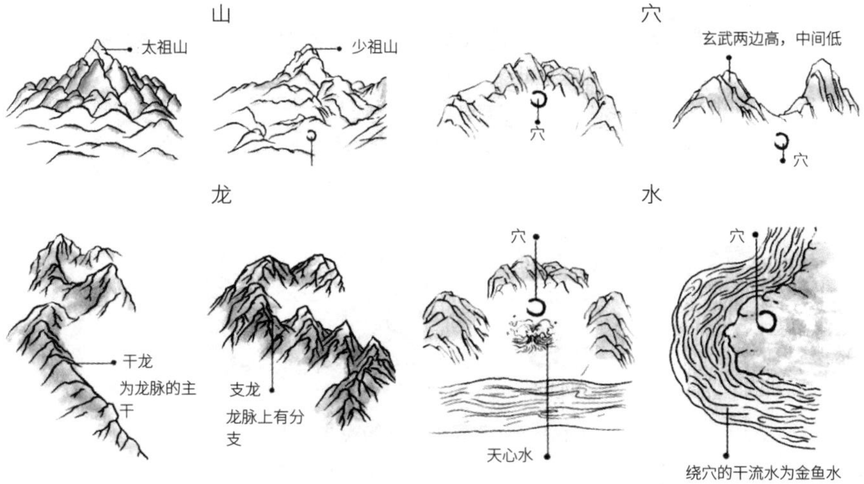

图 3-7　道家观察到的山川的模式

注：道家可能以一种鸟瞰的方式发现了地形的各种模式。在晋代郭璞的《葬书》中列举了各种地形，如山有“太祖山”“少祖山”，龙有“干龙”“支龙”，水有“天心水”“金鱼水”，而穴有不同形势的穴。

晋代的郭璞写了一本《葬书》，这本书是风水学的开山之作，总结了各种龙脉地势，如生龙、死龙、强龙、弱龙、顺龙、逆龙、进龙、退龙等。[25]这种方式在计算机视觉与模式识别上称作模式聚类（见图 3-8）。黄土高原的卫星地图确实呈现出卧虎藏龙的地貌，而我的老家湖北有个梁子湖，俯瞰也是龙的形状。户外风水的本质就是模式聚类，而居家风水是关于居住环境的舒适度，在人工智能中被称为场景可供性，而可供性研究就是推断智能体在场景中可能的行动及内心的感受（见图 3-9）。因此，风水观念并不是迷信，而是计算机视觉、认知机器人、具身智能的一个重要研究方向。

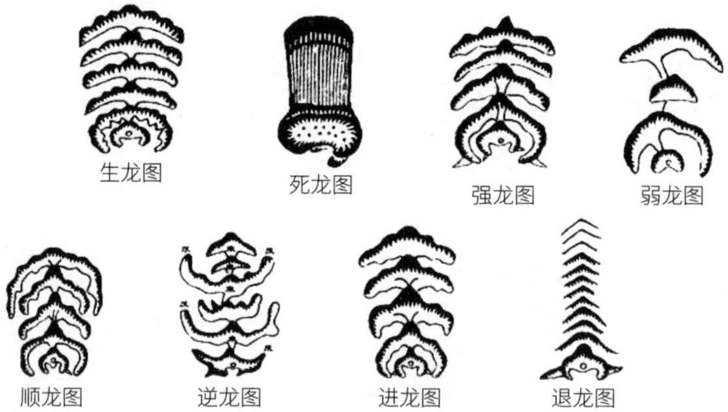

图 3-8　道家对龙脉的模式聚类

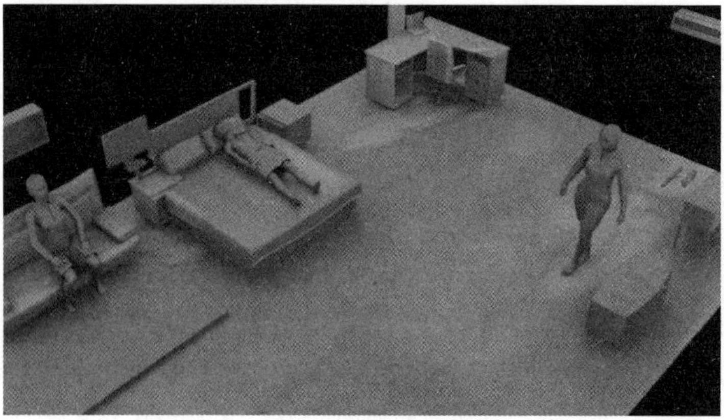

图 3-9　场景与物体的可供性研究

中国思想中的风水理论，有很多有趣的、有用的理念，但同时也夹杂了很多错误的归因。**古人对于人世中的诸多突变、肉眼观察不到的因素寻求解释，从而提出很多隐含的变量（概念）。**比如，将气候的变化（洪水、干旱）归因于神的不满；将感染病毒归因于鬼的报复；

将家族遗传导致的智力差异与贫富变故归因于墓葬的风水。

人类于1905年才有了基因的概念，而直到1953年才意识到基因的载体是DNA。在这之前，人们不清楚很多变故是什么造成的。一个最显著的例子是智力基因的遗传。比如，有的穷人后代很聪明，而有的富人后代也很愚鲁。现代遗传学认为，控制人智力的基因在X染色体上，因此，儿子（XY）的智力主要来自母亲（XX）。中国古代早就观察到了这个“外甥发达”的现象，认为这是因为富家女子给婆家带来了好风水。风水什么时候可以被转移呢？人们就从人生的某些关键时刻，比如生死、下葬的时刻寻找。因此，中国有些地方的习俗就禁止女儿参加娘家人的下葬仪式。

中国思想提到影响人生的关键因素是“一命二运三风水”，这个风水应该就是我们今天所谓的遗传基因。佛教中以“业力”为核心的因果模型也是用于寻求解释的，后来与道家风水合流了。前面提到的《了凡四训》中关于布施饭团和墓葬地点的例子，就是道家风水和佛教因果合并后的混合模型。这个模型通过引入很多变量，如各种鬼、各种神、前世与今生的业力，来解释生活中的因果报应以及公平正义。

《易经》：世界上最早的统计决策模型与随机计算

阴阳发展出了八卦，八卦又重叠形成了六十四卦，其变化规律被总结到《易经》中。据说《易经》只是同类作品的第三部，其他两部分别叫作《连山》和《归藏》。

人们推测这三部经典的演化绝非偶然，可能反映了远古人类社会的变迁：人类先后经历了以采集为生的山间穴居、农业革命后聚族而居（母系社会），直至群居的父系社会的过程。

有三个人在《易经》发展史上非常重要，分别是伏羲、周文王和孔子。孔子对《易经》的研究很深，所以有“韦编三绝”的成语。孔子翻断的竹简就是《易经》。

从汉代开始，《易经》的影响力迅速扩大，有了“群经之首”“大道之源”的说法。[26]到了唐代，《易经》成为科举考试的教科书，作为正统思想而存在。[27]宋代以后，“五经”在科举中逐渐被“四书”取代，但在漫长的岁月里，《易经》已经融入中华文明的血脉。

我们熟知的很多成语来自《易经》，如自强不息、否极泰来、朝乾夕惕、匪夷所思、刚柔相济、安不忘危、物以类聚、触类旁通、见仁见智、革故鼎新等。还有一些词语，比如故宫的太和殿，“太和”两字就出自《易经》。我的老家湖北有个市叫咸宁，“咸”“宁”两字也出自《易经》。

《易经》还是一部具有世界影响力的著作。它有一个简单的英文名：*I Ching*，也叫 *The Book of Changes*。众所周知，阴阳、八卦、易经都是典型的二进制表达，二进制是今天计算机科学的基础。[28]心理学家荣格也从《易经》中获得过灵感。[29]

相当多的人认为《易经》不过是一部占卜的书，是封建迷信。而我认为，《易经》在圣人（周文王、孔子）思想中应该是简单的甚至是科学的模型，但是在3 000多年流传的过程中，不断被加入了一些牵强附会的联想，不断被神秘化，才造成了今天的误解。

下面我将从人工智能的角度来解释：《易经》是世界上最早的统计决策模型，它的基本原理与人工智能的马尔可夫决策过程是高度一致的，而且是普适的、尺度不变的统计决策模型。

六十四卦是时空状态的聚类

首先，我们来看卦的意义。六十四卦代表了六十四种状态，它属于时空的模式聚类，而且尺度是不变的。君王关注的大事，百姓日常的小事，都可粗略归于这六十四种状态。

自然的时空状态被划分为八卦：乾（天）、坤（地）、震（雷）、艮（山）、离（火）、坎（水）、兑（泽）、巽（风）。然后，通过它们的上下关系来组成六十四卦。古人同样给它们起了名字，如鼎、泰、未济、既济等。需要说明的是，在六十四卦中，八卦自身重复形成的卦并没有新的命名，还是保持和八卦一致的名称，比如两个乾卦组成的还是叫乾卦（见图3-10）。

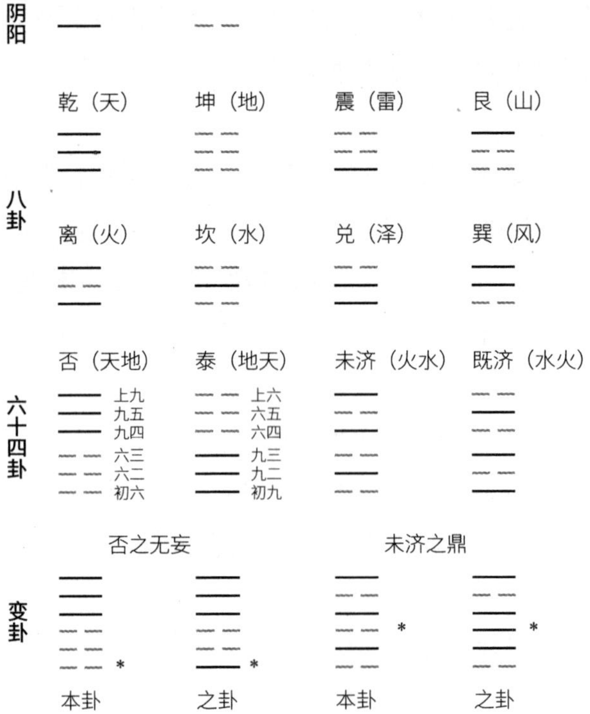

图 3-10 从阴阳到六十四卦

注：由阴阳三叠而成八卦，分别代表不同事物，如乾为天、坤为地等。八卦两两重叠成为六十四卦。六十四卦中的每一个阴阳为一爻，每一卦中有六个爻，爻如果为阴，就叫六，按照自下而上的不同，叫初六、六二、六三、六四、六五和上六。爻如果为阳，就叫九，按照自下而上的不同，叫初九、九二、九三、九四、九五和上九。六十四卦会发生变化，如否卦的第一爻改变后变为无妄卦。

古人在面临需要决断的复杂事物时，常常因为考虑因素过多而无法做出决断，这时候，就可以把自己的处境根据相似度归于某一卦。如果不确定该归于哪一卦，还可以用“变卦”。六十四卦中的每个爻都可能会发生变化，从而产生新的卦，这个过程称为变卦，变化之前的叫“本卦”，变化之后的叫“之卦”。用人工智能的符号来描述八卦是这样的：将当前的状态记为 s，$s \in \{0, 1, \cdots, 63\}$，从六十四卦的状态集合中取值，那么当前的状态就是表示不确定性的概率 $p(s)$。一般来说，$p(s)$ 集中在某个本卦，同时也有五个可能的变卦，其他四十八个状态的概率为 0。就是说，$p(s)$ 是稀疏的表达。

时序特征：《易经》的卦爻辞

六爻被赋予两个关键的概念，就是时间和空间，分别被称为“时”和“位”。六爻被用来表示时序信息，是代表状态发展的不同阶段，如乾卦描述的是一个阳刚之人从潜龙、飞龙到亢龙的人生阅历（见图 3-11）。这个时序信息也是这个卦的一个特征，便于让算卦者对号入座。例如，乾卦的初九是潜伏的龙，无所作为，九二就变成了巨龙出现在原野，九三则是朝乾夕惕、奋发有为的状态，九四是或跃上天空或滞留深渊的观望，九五是飞龙在天，九六则亢龙有悔、过犹不及了。其他卦，如渐卦等也有类似的时序进展。中国有很多对“时”的描述，如“生不逢时”“时来天地皆同力，运去英雄不自由”。

六个爻的位置也有阴阳属性，即一、三、五为阳，二、四、六为阴，这就是位。阴爻居阴位、阳爻居阳位就是当位；阴爻居阳位、阳爻居阴位就是不当位。以乾卦为例，六个都是阳爻，所以一、三、五是阳爻居阳位，属于当位；二、四、六是阳爻居阴位，属于不当位。

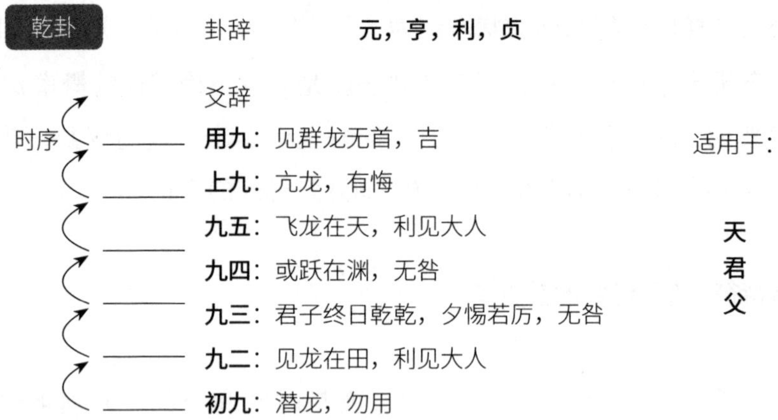

图 3-11 六爻的“时”与“位”属性

注：这是《易经·乾卦》的卦辞和爻辞。从初九到用九是乾卦的时序特征。比如，九四阳居阴位，所以只能是或跃上天空或滞留深渊的观望，而九五则是阳居阳位，所以就可以飞龙在天，大刀阔斧地开拓局面了。

所有这些附属在爻与卦上的时空属性，都是为了描述该卦所代表的状态，便于算卦者准确归类。比如，乾卦就适用于天、君、父这样的社会角色。

状态的转换规律：马尔可夫决策过程

将当前状态归类于某一个卦 s 之后，对于将要采取的某个行动 a，人们就希望知道其后果，于是跳转到下一卦 s'，这就是求概率 $p(s'|s, a)$。

假定一位古代君主想要预测打仗的后果（见图 3-12）。这位君主浏览了六十四卦，发现有几个卦象同打仗有关，比如师卦、豫卦、临卦。通过进一步分析，这位君主发现，打仗很可能导致师卦的状态。曹操在给《孙子兵法》的序中就提到了师卦。师卦的卦辞是“贞，丈人吉，无咎”，意思是总指挥处境吉利，没有危险。那么该君主的处境同师卦的相似度是多少呢？他经过分析，认为相似度可能是 0.5。

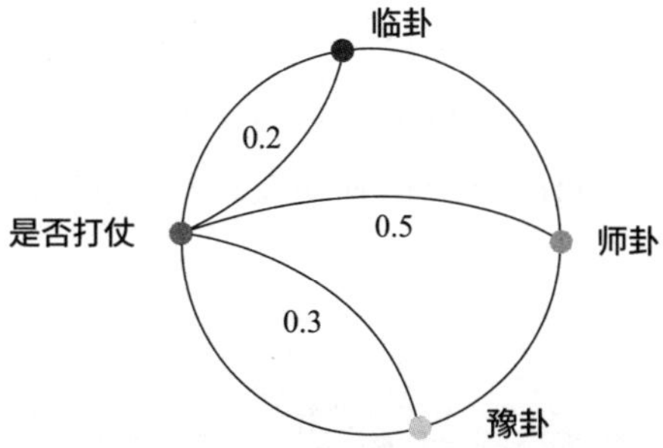

图 3-12　《易经》马尔可夫决策过程

注：一个想要决策是否打仗的人，需要对情形进行模拟，以此得出不同卦象，其概率存在不同的分布。这就是《易经》的马尔可夫决策过程。

但该君主并不满足，继续分析，他发现豫卦同打仗也有关联。豫卦的卦辞是“利建侯行师”，即利于建立诸侯国和出兵打仗。该君主继续推断，他的处境同豫卦的相似度是 0.3。

当然还存在更多的可能性，如临卦。临卦的卦辞是“元亨，利贞。至于八月有凶”，意思是进展顺利，利于坚持下去，但八月以后可能有凶险。该君主认为自己的处境与这一卦的相似度为 0.2。

当然，《易经》中的每一卦并不见得都精确符合当前的状态。这时候可以用变卦。变卦是一个今天常用的词，指的是改变原本的主张或者已定的事情。这位君主进一步分析，发现最可靠的师卦可能并不完全符合实际情形，需要对模型进行修正，于是轻微改变了某一爻，比如九二，得到了坤卦，因而利用师卦为主、坤卦为辅进行决策，这时候的相似概率可能上升了（见图 3-13）。师卦的第二爻由阳变为阴之后，卦由师变为坤。坤卦的卦辞是："元亨，利牝马之贞。君子有攸往，先迷后得主，利；西南得朋，东北丧朋，安贞吉。"意思是，很顺利，应当像牝马一样坚持下去；君子应当有所作为，先受迷惑后得到主导权，有利；西南方向得到朋友，东北方向丧失朋友；安定地坚持下去，吉利。

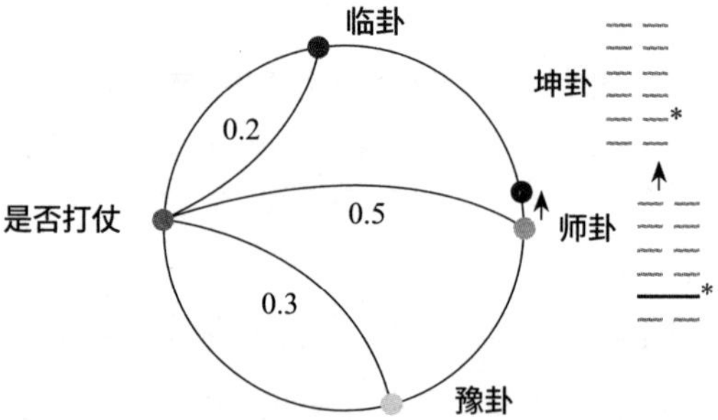

图 3-13 调整后的《易经》马尔可夫决策过程

《易经》这种数理模型的功能在今天看起来可能平平无奇，但在遥远的上古时代，这是伟大的创举。朱迪亚·珀尔（Judea Pearl）在《为什么》（*The Book of Why*）中提到："心理模型是施展想象的舞台，它使我们能够通过对模型局部的修改来试验不同的情形。"[30]《易经》的马尔可夫决策过程也具有这样的模块化特征，这是人类认知的巨大进步。

占卜：蒙特卡洛采样

人类决策面临着诸多的不确定性，不能采用确定性的逻辑来推理与演绎，只能使用统计概率模型。比如一个计划发起战争的君主，需要考虑他国的反应、自己国家的民心、将领的意志、军队的执行力等因素，还有很多不可控的外力，比如天气、病毒等。解决这些不确定变量的办法，用人工智能的语言来说，就是计算在各种可能情况下的统计平均期望值，通过求积分把这些变量"积出去"。

由于无法枚举各种可能的情况，就只能通过抽样办法来近似计算，这一方法被称为蒙特卡洛方法。蒙特卡洛是摩洛哥的一个赌场兼宾馆的名字，赌博业的商业模式就是用最基本的随机事件，如掷骰子、抛硬币，来获取最基本的随机数和原子随机事件，由此模拟任意复杂的随机事件。掷骰子是6个状态，占卜是2个或4个状态。所以，我认为占卜是随机计算的基本运算单位。

我在美国教了一门关于蒙特卡洛方法的研究生课程，并与以前的一位博士生合著了一本教材——《蒙特卡洛方法与人工智能》，该书已由西安交通大学魏平教授翻译成中文，于2024年初出版。[31] 最早的蒙特卡洛方法只是用于物理、化学的计算，20世纪80年代以来，计算机视觉的高速发展贡献了一批新的算法，为图像的生成、模型学习提供了基础。毫不夸张地说，今天流行的深度学习、大模型采用的都是蒙特卡洛方法。

图 3-14 简单解释了如何通过蒙特卡洛方法来求统计平均期望值。给定任意一个概率分布 $p(x)$，图上的概率分布有三个可能性或峰值，它们相加等于 1.0。

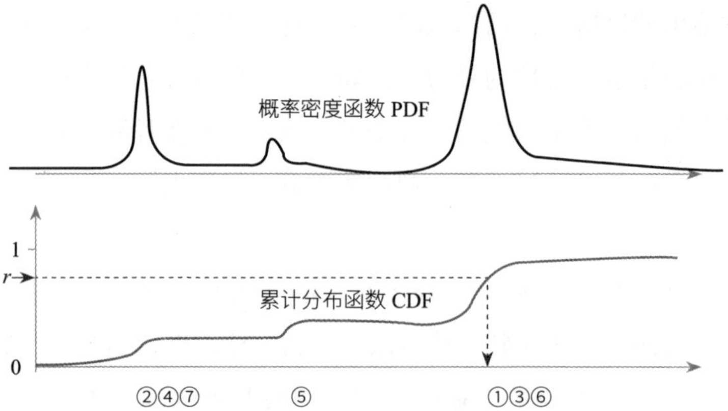

基本运算公式：$\frac{1}{k}\sum_i f(x_i) \approx E_p[f(x)]$

图 3-14 用蒙特卡洛方法求统计平均期望值

我们首先将它转化成一个累计的分布函数，概率密度越大的地方，这个累计（积分）分布就越陡。然后，在［0，1］之间，我们调用一个均匀分布的随机数 r，见图 3-14 中左边的纵轴。这个随机数代表了外部的不确定性，每次调用它就相当于抛硬币、掷骰子，本质就是占卜。

根据 r 的取值，我们能找到对应的变量 x。假设我们调用了 7 次随机数 r，那就得到了 7 个样本，其位置见图 3-14 中的横轴。这 7 个样本基本符合概率分布 $p(x)$，因此集中在三个峰值之下，峰越高的地方，样本也越多。最后，我们就用这 7 个样本来求任意函数 $f(x)$ 的统计平均期望值。也就是说，变量 x 的不确定性通过积分都被考虑进去了。

元亨利贞：激励函数

人工智能的统计决策模型都有激励函数，就像下棋，每一步都在计算得失的分值。《易经》将吉凶按照从好到坏的程度分为六等：吉、吝、厉、悔、咎、凶。而这六种程度又有进一步的精微区别。

吉就是吉祥、吉利之意，但《易经》又按时间将“吉”进一步划分出“初吉”、“中吉”和“终吉”，按方式划分出“贞吉”（占卜吉），以及按程度划分出“大吉”“元吉”（同大吉）。

吝是艰难、羞辱之意，又分为“小吝”（程度）、“终吝”（时间）和“贞吝”（方式）。

厉是危险但吉凶未定之意，分为“有厉”和“贞厉”。

悔是后悔、忧虑、有烦恼的意思，分为“有悔”、“悔有悔”（困扰之事接踵而至）、“无悔”、“悔亡”（过去的困扰已经消失）等。

咎是出了过失、灾患，要承担责任，但比“凶”的结果要好一些，分为“为咎”（将成为灾患）、“匪咎”（不是灾患）、“何咎”（不构成什么灾患）、“无咎”（无灾患）。

凶是祸殃、凶险的意思，是最坏的结果，分为“终凶”、“有凶”和“贞凶”。

吉、吝、厉、悔、咎、凶之上，还有四类常见的断语，叫作元、亨、利、贞。这是《易经》中出现频率极高的词语。比如六十四卦第一卦乾卦卦辞就是“元、亨、利、贞”，这四个字被称为乾卦的四种品质。按照《易经》的权威解读作品、唐代孔颖达的《周易正义》的说法，元、亨、利、贞分别代表了阳气始发、万物亨通、和谐有利和坚固贞正。元、亨、利、贞可以和具体的吉、凶等结合成为更加具体的描述，比如元可以和吉结合在一起，被称为元吉，坤卦中就有“黄裳，元吉”的说法，是非常吉利的意思。

吉、吝、厉、悔、咎、凶和元、亨、利、贞可以被看作激励函数（见图 3-15），这个激励系统还有更复杂的组合。

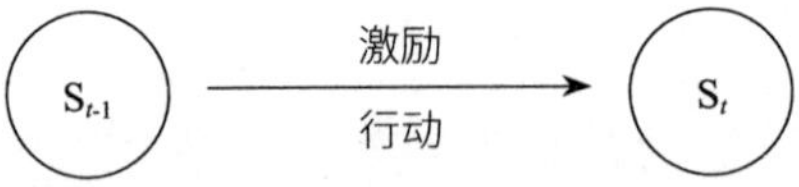

图 3-15　元、亨、利、贞四类激励函数

注：人们在 S_{t-1} 时刻采取了某个行动，获得了某种激励，此过程在 S_t 时刻继续进行。在这个过程中，激励函数起到了很大的调节作用。在《易经》中，人们通过卦来决定采取何种行动，而卦中蕴含的激励函数更加细致，分为吉、吝、厉、悔、咎、凶，位于其上的则是元、亨、利、贞。

《易经》的尺度不变性

综上所述，《易经》本质上是一个统计决策模型，其设计理念与人工智能的博弈模型与算法，如下围棋的AlphaGo，理念上是一致的，这样的模型在3 000年前无疑是惊人的成就。

AlphaGo只能下棋，《易经》却在后来被赋予了广泛的普适性。帝王将相用《易经》来决定军国大事，老百姓用它来指导婚丧嫁娶。也就是说，《易经》的状态、转化、激励函数具有尺度不变性。我们在上文中提到过自然图像的尺度不变性，指的是无论如何缩放，图像的统计特征等并不发生改变（见图3-6），而《易经》就揭示出了事物的这种尺度不变性。当然，后人也可能过度泛化了这个模型的适用范围，甚至加入了很多牵强附会的联想、类比，导致《易经》具有神秘和迷信的色彩。

比如在对《易经》做解释的《说卦传》中提到，乾为天，坤为地，艮为山，兑为泽，震为雷，巽为风，坎为水，离为火。再进一步，乾还可以代表君主、父亲等。也就是说，乾在不同的尺度上有不同的表现。这种尺度不变性是《易经》具有普适性的一个重要原因。

正因如此，《易经》可以有不同层次的解读。以乾卦卦爻辞为例，我们固然可以用这段话来阐释一个奋发有为的旷世英主的奋斗历程，也可以用来形容一个自强不息的普通人的理性选择，既可以指导一个帝国的雄霸天下，也能教诲一个小组织的茁壮成长。

除了《易经》，五行也是诞生于中国远古时期的一种独特的世界观。对五行最初的记载出自中国最古老的、与《易经》同为五经之一的《尚书》，在其中的《洪范》篇中有如下记载，“五行：一曰水，二曰火，三曰木，四曰金，五曰土。水曰润下，火曰炎上，木曰曲直，金曰从革，土爰稼穑。润下作咸，炎上作苦，曲直作酸，从革作辛，稼穑作甘”。

五行还有复杂的生克关系，如金生水，水生木，木生火，火生土，土生金；金克木，木克土，土克水，水克火，火克金。[32]

五行的概念在其他文明中也有提及，但没有中国的系统，也没有提出五行生克的复杂关系。古希腊诸先贤中，哲学之父泰勒斯说，万物是水做成的；阿那克西美尼说，气是原质；赫拉克利特说，万物都像火焰；色诺芬尼说，万物由土和水构成；恩培多克勒则说，有土、气、火和水四种原质。古印度则有地、水、火、风构成万物的说法。

可以看出，这些对世界本源的看法都相当的粗糙简陋，抽象性也不强。我认为古希腊与古印度的这些论断都无法同中国的五行思想媲美。

五行的本质是一种因果模型，其生克关系可以看作复杂的因果链。五行逐渐发展为一种重要的世界观和认识论体系，成为中国方术、中医的重要渊源。

因为 5 同 2 没有公约数，五行同八卦体系差异很大，但随着时间的推移，五行逐渐同八卦、六十四卦合流，并融合了天文历法中的天干、地支、二十四节气等内容，形成日益复杂的体系，这一体系可以看作中国古代的“大模型”（见图 3-16），其本质也是希望通过更多的参数来拟合观察数据、预测未来的变化。

中国思想从阴阳、风水到《易经》，本质都是寻求对世界变化规律（自然图像、居住环境、状态转化）的统计建模。《易经》代表了中国古代数理建模的核心思想，到了宋代，程朱理学将这种认识世界的方法进行总结、集成，将这一思想推向了新的高度。

(a) 五行　(b) 五行 + 八卦　(c) 五行 + 六十四卦 + 干支

图 3-16　五行同八卦、六十四卦以及干支的逐渐融合，形成了中国古代大模型

注：图 (a) 是五行模型，其中外圈逆时针方向是五行相生的方向，内圈五角星形是五行相克的方向。图 (b) 是八卦同五行的结合，中心是阴阳，外面一层是八卦，再往外标注了八卦的五行属性，如乾兑属金、离属火、震巽属木、艮坤属土、坎属水。图 (c) 是融合干支、二十四节气以及六十四卦的“大模型”，中心是六十四卦的纵横矩阵排布，稍外是五行，接下来依次是天干、地支、二十四节气，以及六十四卦的圆形排布。我在成都青城山买到过图 (c) 中这种复杂的罗盘，一开始琢磨不明白，后来才知道这应该是一个复杂的计算装置。

程朱理学：格物致知与数据驱动的概率模型

随着人类社会的进步、人类对自然世界理解的加深，用一部《易经》来推算所有的自然和社会的变化规律，也越来越力不从心了。要继续扩展《易经》的模型，有三条技术路径可走。

- 给《易经》的状态、属性、激励函数（即卦象、卦辞）添加更多牵强附会的类比和解读，这导致对《易经》解读的随意性越来越强，可操作性、可重复性降低，从而迷信色彩越来越浓。
- 把六十四卦、五行、天干地支、二十四气节等各种模型进行组合，以形成图 3-16 那样的中国古代大模型。
- 针对不同的问题与领域开辟新的模型，这就是宋代理学的路线。自南北朝、隋唐时期，佛教传入中国并广为流传，在大量的佛教经典理论和实践的冲击下，到了宋代，儒家学术已经式微。北宋周敦颐、张载、程颢、程颐等人发展出了“理学”，到了南宋，朱熹将这些思想进行集成，从而将之推向高潮。

理学认为万事万物都有“理”，今天大学中的理科，包括数学、物理、化学、生理学、心理学，就是研究不同领域、不同尺度、不同维度的各种“理”。理学倡导“格物致知”，即仔细观察事物，相当于收集数据，然后从中提炼出知识，也就是今天的数理模型。格物致知本质就是人工智能所讲的从数据到模型的知识发现过程。

在中国儒家思想中有两个重要概念："道"与"理"。按照我初步的理解，儒家的道指的是社会领域的道路、轨迹、规范。孔子说："朝闻道，夕死可矣。"这个道应该是指"在轨"，也就是说，只要社会治理和运行符合孔子的理想，老夫子就可以放心了。"理"指的是各种模型。一名学生问朱熹到底什么是"道"与"理"。

> （胡泳）问："道与理如何分？"
> （朱熹）曰："道便是路，理是那文理。"
> （胡泳）问："如木理相似？"
> （朱熹）曰："是。"[33]

在南宋时代，朱熹无法用数理语言回答什么是"理"，而是指着桌子的木头说：木纹有理，这就是"纹理"。那么到底什么是"纹理"呢？如何建立"纹理"的模型呢？朱熹并不能给出格物的方法论，这就有了明代王阳明针对如何观察竹子提出的著名质问。

朱熹在1160年左右被问到但回答不清的问题，被800年后贝尔实验室的一位著名心理物理学家贝拉·朱尔什（Béla Julesz）重新提出。后来我把这个问题叫作朱尔什之问。

> 是什么图像特征与统计量，使得人眼在前注意阶段分辨不清共有这些特征的两幅纹理图片？

图3-17显示了两种木纹，图像块 A_1 与 A_2、B_1 与 B_2 虽然各不相

同，但它们都属于一个感知的等价类。这又回到了我们在前文中讨论阴阳的时候，用描述式的方法定义一个图像集合。每一种木纹代表一个图像集合，它们在人眼看来①是等价类。我们去挑选大理石地砖的时候，虽然每一块实际上都不同，但我们认为它们是一类。

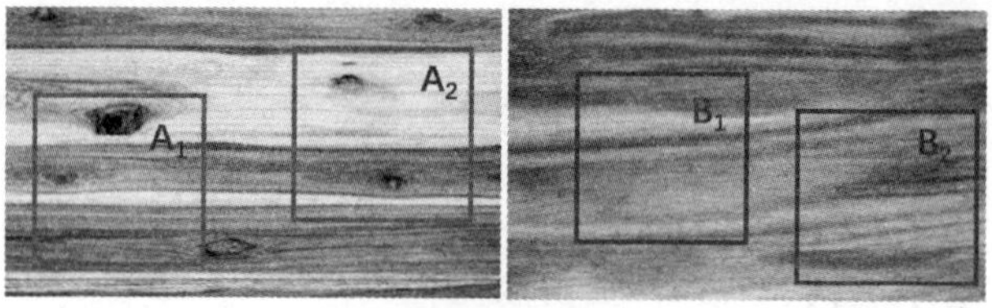

图 3-17 木纹之理

在前文中，我们提到自然图像的集合 Ω_{nat} 包含了大量平视世界的图片，其最大的共性特征是阴阳。现在，Ω_{A} 和 Ω_{B} 是两个更小的图像集合，它们的共性分别是 $h_{\text{A},i}$，i=0，1，2，…，K_{A} 和 $h_{\text{B},i}$，i=0，1，2，…，K_{B}。这些特征是人的视觉系统在早期（100 ～ 200 毫秒）抽取的、木纹特有的统计特征。

$$\Omega_{\text{A}}=\left\{\text{I}:\text{H}_i\left(\text{I}\right)=h_{\text{A},i},i=0,1,2,\cdots,K_{\text{A}}\right\}$$
$$\Omega_{\text{B}}=\left\{\text{I}:\text{H}_i\left(\text{I}\right)=h_{\text{B},i},i=0,1,2,\cdots,K_{\text{B}}\right\}$$

朱尔什开启了一系列心理物理学实验，如图 3-18 所示，当人眼

① 这里的“在人眼看来”是指视觉感知提取的第一印象，也就是在人眼检测对象的 200 ～ 400 毫秒的时间内。

盯着屏幕某个区域的时候，图片会突然显示在屏幕上，人的反应和反应时间会被记录下来。这个实验非常简单直观，但揭示了深刻的现象，即人的视觉早期感知的确对某些特征很敏感，并且会忽视某些特征。这些实验为计算机视觉学科的主要创始人大卫·马尔（David Marr）在20世纪70年代末开启视觉计算理论提供了重要依据。[34]

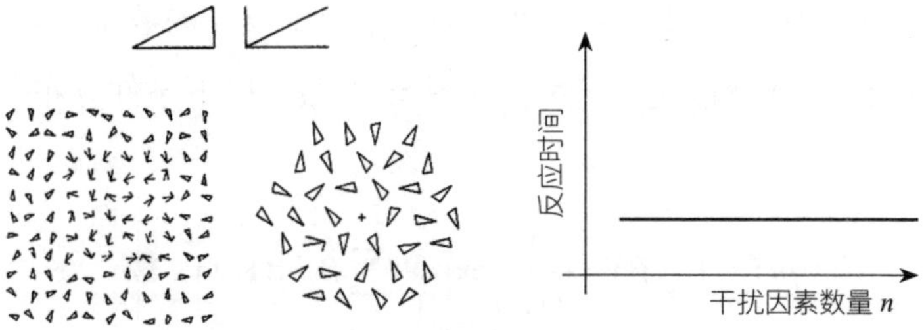

(a)

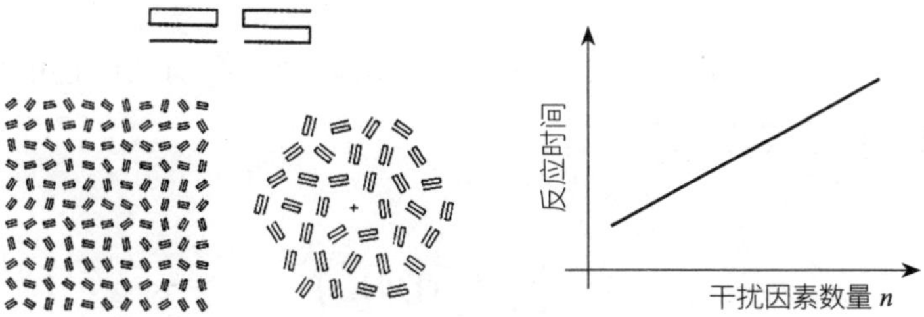

(b)

图 3-18　纹理研究的早期实验

注：在图 3-18（a）中，三角形与箭头的差别是一条竖线挪了位置；在图 3-18（b）中，10 与字母 S 的差别也是挪了一条线。人眼可以快速区分三角形与箭头，或者从大量的三角形背景中检测到一个箭头，人眼检测的时间不以背景中的三角形数目而变化。相比之下，人眼不能快速区分 10 和字母，而且也不能快速从 n 个 10 中发现一个隐藏的 S，因为其反应时间同背景中 10 的数量 n 成正比。

图片来源：贝拉·朱尔什，贝尔实验室。

20世纪80年代末，以数理逻辑为基础的人工智能走到了道路的尽头，人工智能进入了所谓的寒冬期。而这个时候，计算机视觉等学科得以发展，统计建模的理论悄然开启了研究的范式转换。可以说，对于纹理的建模是20世纪80年代研究的热点，因为所有物体的表面都有纹理，透过纹理才能计算背后的信息。

到了大概20世纪90年代中后期，我在博士论文中通过结合统计物理的Gibbs模型与神经元模型，最终给出了纹理的数学解：对于任意一个图像块 Λ 和其边框 $\partial\Lambda$，其图像 I_Λ 服从以下条件分布。

$$p(\mathrm{I}_\Lambda \mid \mathrm{I}_{\partial\Lambda};\beta)=\frac{1}{\mathrm{Z}(\beta)}\exp\left\{-\sum_{j=1}^{k}\beta_j h_j(\mathrm{I}_\Lambda \mid \mathrm{I}_{\partial\Lambda})\right\}$$

这是一个指数的概率分布函数，而指数是我们前文所述的势能函数，属于U系统的一部分。

$$\mathrm{U}=\sum\nolimits_j \mathrm{U}_j(\mathrm{I}_\Lambda \mid \mathrm{I}_{\partial\Lambda})$$

这是统计建模理论中最早被攻克的问题。[35]我们基于这样的公式，可以人工生成逼真的图像（见图3-19）。

这项研究的相关论文发表于1996年，在计算机视觉领域引起了很大的关注。今天回头看，这就是所谓的生成式人工智能。由于当年算力和内存有限，合成这么一张图片需要两个多星期的运算时间。

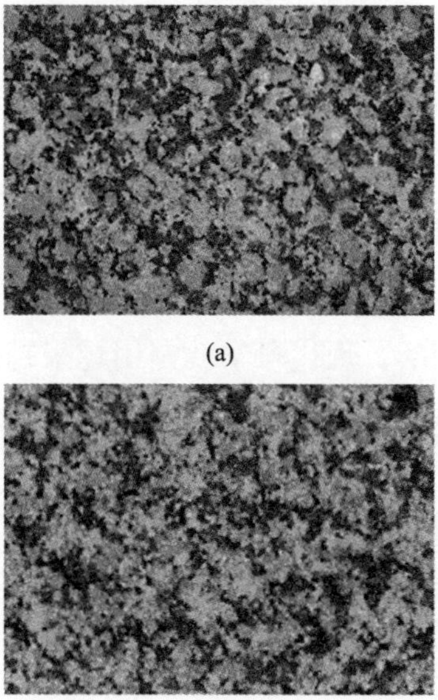

(a)

(b)

图 3-19　1996—1999 年的纹理合成实验

注：图（a）是一张输入的大理石纹理图像，从中提取特征统计量，拟合（学习）上述模型。图（b）是用蒙特卡洛随机采样算法从该模型中生成的纹理图片。

2015 年，我们增加了模型中的神经元层数，这样我们就可以合成更复杂的图片，公式如下：

$$p(\mathrm{I};\lambda)=\frac{1}{\mathrm{Z}(\lambda)}\exp\left[\sum_{k=1}^{\mathrm{K}}\sum_{x\in D}\lambda_{k,x}\left(\left[\mathrm{F}_k*\mathrm{I}\right](x)\right)\right]$$

通过这个例子，我们可以看出，当前数据驱动的人工智能、大模型的热潮，其实跟理学的格物致知是一脉相承的。中国古代圣贤与当代人工智能研究的问题是相同的，思路是相通的。

陆王心学："心"即是"理"，构建通用人工智能的核心哲学思想

中国道家的"道"是指客观存在的、控制世界运行的根本法则与规律，包括天道和人道。儒家的"理"是人类提出的各种模型，是受人的认知和工具限制的，现代科学就是用越来越准确的"理"去逼近"道"。那么，这一套理学的体系就完备了吗？非也！

程朱理学面临一个哲学上的隐患，那就是只有心是理的最终认定者。比如，模型对不对、合成的图像准不准，要由人眼来看！一个模型是否精确，哪些变量需要考虑，哪些变量需要忽略，这取决于人类的需求！社会的伦理关系（人道），更是需要考虑人的需求。

当程朱理学在宋代开始出现的时候，心学诞生了。心学认为"心即理也""心外无物"，提倡"内圣外王"，即内心的价值 V 系统可以导出外在的伦理 U 系统。中国古人不大热衷于物理、化学等自然规律，反而认为社会伦理的重要性远大于自然规律，这也是梁漱溟所说的中国文化同西方文化的差别。

公元 1175 年 6 月，在吕祖谦的撮合下，朱熹和陆九龄、陆九渊兄弟在江西信州铅山县的鹅湖寺见面，这就是历史上有名的鹅湖之会，这次会面的目的是讨论理学和心学的关系：心与理，谁为主导？

朱熹的方法是"泛观博览"之后再分析、综合、归纳而得出结论，

这就是数据驱动的理学方法，今天如 ChatGPT 这样的大模型，就是靠博览全部的文字资料而获取丰富的知识。陆氏兄弟的思想是“先发明人之本心”之后再博览群书，也就是先构建 V 系统，然后再学习技能。朱熹认为陆氏兄弟的讲法过于简易，而陆氏兄弟觉得朱熹的说法失之于支离破碎。

到了明代，王阳明进一步质疑理学的局限性，我总结出两个要点。

- **理学方法论的缺失。**王阳明年轻的时候质疑，为何几天几夜观察竹子，而得不到一丝一毫的“理”？应该如何格物致知？这个疑问被现代科学和人工智能的方法回答了。
- **理学模型的泛化问题。**每个模型都有适用的范围，如果超出这个范围，就没有“理”了，那该怎么办？比如，我们训练了一个机器人或者无人机，可是它面对一个训练数据没有覆盖到的陌生环境该怎么办？换句话说，假如它学习并掌握了 n 个任务，遇到新的 $n+1$ 个任务，该怎么办？这其实就是当下人工智能发展的关键问题。

王阳明的“龙场悟道”回答了第二个问题，当人遇到新的、圣人没有给出教诲的情形，就要回归本心，从价值出发，推导出新的“理”！因此，建立完备的价值系统特别是良知，是比知识更重要的问题。现代教育和职场中的一个共识是：用人要以德为先，能力次之。因此，在心与理的关系中，心是起主导作用的。

王阳明说的理主要是指伦理、社会的规范，这并非否认客观与唯物的“道”的存在。前文已经讲过，就算是自然之“理”也是由人提出来的近似解释，不能与客观的“道”相混淆，理的构建需要符合人的需求。随着社会的越来越发达，我们进入一个“后真相”的时代，每个人根据自己的价值诉求，而选择性地接受不同的数据，从而提出不同的模型和解释。比如这个问题：人类活动是不是气候变暖的主因？不同的人对此有不同的看法。

图 1-4 提到了价值的不同层次和人的不同格局。尽管微生物、植物也具有对环境的各种物理、化学反应，低等动物也具有一定的认知能力，低等哺乳动物也有情绪、意志，但价值判断 V 是人类独有的，是使得人成为万物灵长的智人的根本。图 3-20 细化了 V 的三个层级：V_0 主要指个体需求，V_+ 代表社交价值，V_{++} 则意味着社会价值。这三个层次的关键问题是价值度量、价值维度的形成机理以及层级间的依赖关系。

可以说，每个人的行为都是在最大化其价值函数的加权求和。

$$a^* = \text{argmax}\ (a_0V_0 + a_+V_+ + a_{++}V_{++})$$

以中国传统的所谓“内圣外王”为例，如果一个人有圣人之心，同时优化自己、他人、集体的价值，1 分为自己，2 分为周围的人，7 分给国家，则 $a_0 = 0.1$，$a_+ = 0.2$，$a_{++} = 0.7$。如果得出决策行为 a^* 符合大家的利益，此人行的就是“王道”。

UV 的分布可以将人群分成不同的类别（见图 3-21）。U 代表能力的大小，V 代表格局的大小。绝大多数人的能力和格局都很小；僧侣主动降低了 UV 空间的大小，基本处于原点；贤人隐士属于能力大、格局不够大的一群人；内圣外王的人能力大、格局也大，但这些人在人群中占比极少。

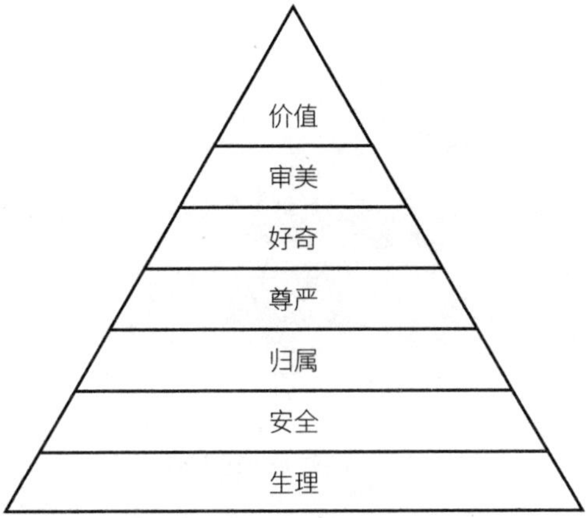

(a) 马斯洛需求层次

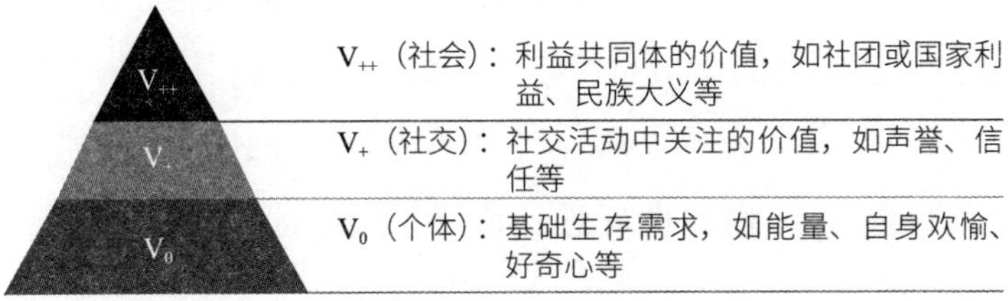

(b) 价值的不同层次及其内涵

图 3-20 价值的金字塔

注：价值的金字塔模型可以同马斯洛的需求层次相对应。

一般来说，**UV 需要达成平衡，也就是能力与格局相当。**比如普通大众的 UV 平衡态是遵守社会规范、理性利己。UV 平衡态构成了一个人工智能领域的所谓图灵停机问题[①]。当UV不平衡时，人们会承受很大的压力或者内心矛盾。我在第二部分重点分析了苏轼在贬谪生活中的心理平衡问题。

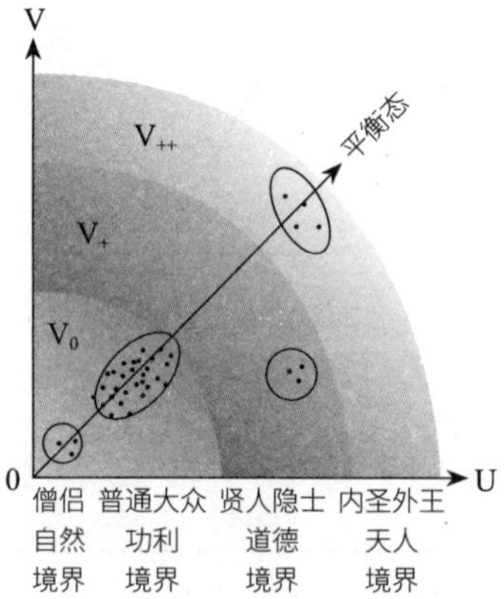

图 3-21 根据 UV 的人群分布

《周易·系辞下》说："德薄而位尊，知小而谋大，力小而任重，鲜不及矣。"这句话的本质是说一个人的 V 无法同其 U 相匹配。而当 UV 平衡时，人们会表现出从容自恣的状态，即孔子说的"七十而从心所欲，不逾矩"。程颢也写过一首诗，很好地表达了他处于 UV 平衡状态的心情。

闲来无事不从容，睡觉东窗日已红。

① 所谓图灵停机问题，是指对于任意给定的计算机程序和输入，是否存在一种算法能够确定这个程序是否会在有限时间内停止运行（即停机），还是会无限进行下去。——编者注

万物静观皆自得，四时佳兴与人同。
道通天地有形外，思入风云变态中。
富贵不淫贫贱乐，男儿到此是豪雄。

UV平衡状态的内稳态是不同的，内稳态越高，对抗环境中各种干扰的能力就越强。在佛教徒看来，佛祖的内稳态已经达到极致，到了涅槃境界，不受任何外在条件的影响。

以上提到的只是大多数普通人的UV平衡状态。当利益和能力到达一个很高的状态值，比如古代帝王对王位、权力的争夺，就超出了这个范围，而进入李宗吾所谓的“厚黑学”的范畴（见图3-22）。马基雅维利在《君主论》中有一章叫作“论以邪恶之道获得君权的人们”，其中举了两个靠践踏道德、耍弄阴谋而成功的君主的例子。[36]在马基雅维利看来，这是完全值得效仿的，当然必须精明地效仿。马克思对《君主论》的评价是：“马基雅维利在书中的阐述使政治的理论观点摆脱了道德，而把权力作为法的基础，从而将政治学的基础由道德转向了权力。”其实《君主论》中关于权力不受道德羁绊的论述并非新说，韩非在《韩非子》中就有很多类似论述，比如他说：“事成则君收其功，规败则臣任其罪。”也就是说，君主可以推卸责任，让下属背黑锅。《君主论》《韩非子》等书揭示出了君主常常从事着践踏道德的行为，而这一行为常常被历史有意地掩盖。这主要是因为帝王所处的权力顶峰超越了普通人的生活范围，而不再受常规的道德限制。《资治通鉴》中记录的权谋争斗历历在目，“窃钩者诛，窃国者侯”，其残酷程度远超过马基雅维利在书中的记述。

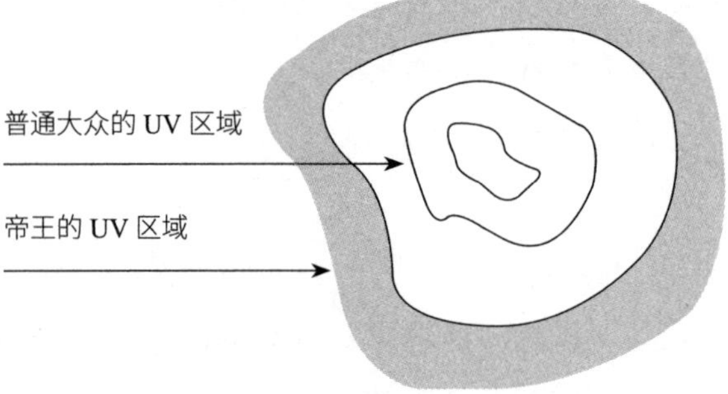

图 3-22 帝王同普通大众的 UV 区域

注：人群中数量极少的帝王因为手持权柄，也就常常做出普通人无法理解的道德选择。

理学和心学的 UV 关系是中国思想中最深刻的议题，这也是西方哲学探讨的核心问题。在理学和心学的 UV 关系中，U 系统同理学相对应。理既包括自然物理，也涵盖社会伦理。理学的代表是二程和朱熹，其标志性主张即“格物致知”，具体提倡“存天理，灭人欲”等，这是由外而内的主张，可以看作由 U 规范 V。V 系统同心学相对应。心指内心价值。心学的代表是二陆和王阳明，其标志性主张即“心即理也”，具体提倡“知行合一”“内圣外王”等，这是由内而外的主张，可以看作由 V 推导出 U。

康德的墓碑上刻着下面这句话。

> 有两样东西，人们越是经常持久地对之凝神思索，它们就越是使内心充满常新而日增的惊奇和敬畏：我头上的星空和我心中的道德律。

星空代表可以用各种势能函数来描述的理，道德律代表内心的价值系统。康德的这句话说的还是 UV 问题。

我认为，从理学到心学是一次认知的飞跃，U 与 V 的互动和平衡是智能科学与文明演化中最深刻的数理问题。

在人工智能发展的三个阶段中，第二个阶段即概率建模与随机计算，这个阶段与“格物致知”暗合。但这种方法的一个明显缺点是，大数据催生的人工智能系统缺乏内驱的价值系统，缺乏主观能动性。因此，**第三个阶段则必须从“理学”过渡到“心学”，只有创造出有主体意识、由“心”驱动的智能体，才能研发出自主的、安全的通用人工智能，最终实现“心”与“理”的高度统一。东方哲学为人工智能第三个阶段的发展提供了哲学层面的“顶层设计”**。这就是为什么我主张要“为机器立心”，以中国之思想创世界之科技。

因果报应，价值的“记账”系统

上节谈到，中国思想的一个质的飞跃在于意识到：心是人类智能的主体，价值是驱动人类活动的根本因素。正所谓“天下熙熙皆为利来，天下攘攘皆为利往”。当然，各人的格局不同，其追逐的“利”也属于不同层次的价值诉求。

在此基础上，本节将进一步讨论以下几个核心问题。

- 各类价值的得失是由什么因素控制的，其底层的因果链条是什么？所谓“君子爱财，取之有道”，这个道是指什么？
- “恶有恶报，善有善报”是不是真的？如果是，如何解释生活中的诸多反例？为什么不少作恶之人没有遭到报应，行善之人却有不好的结局，比如癌症、车祸？其实西方基督徒在向他们的上帝祷告的时候，问的最多的也是这个问题。
- 是否有一个超自然的“记账”系统？天上的玉皇大帝、西方佛祖和地下的阎王爷是否建立了联合结算的会计系统，来平衡善恶与报应？这个记账系统的时间跨度是多长？是否有个人的信用记录和永久“身份号码”贯穿前世、今生与来世？报应是否会报到自己的后代身上？

中国信仰：因果报应与公平正义

上述这些问题是世俗社会每一个人的核心关切，也是定义人生价值的关键。但可惜历史上没有圣人能给出直接的答案与符合科学逻辑的论证，个人只能凭各自的信仰去选择。由于中国文化中没有犹太教、基督教那种信仰，在世俗社会中经过 5 000 多年演化出来的中国思想，其信仰就是相信记账系统、因果报应、公平正义的存在。我在此再重复一下本章最初的论断：**中国的信仰是比宗教信仰更先进的，更接近真相，更适合未来的人机共生的智能时代。**

儒家的最高理想就体现在北宋张载的这句口号上。

为天地立心，为生民立命，为往圣继绝学，为万世开太平。

我们在前文中一直在讨论如何定义人的“心”，那什么是为天地立心？我认为，为天地立心就是要维护我们理想中的社会价值系统：**善恶有报，信用记账，公平正义。**这一观念曾经根植于中国本土，如《易经》的激励函数（元、贞、利、亨），后来又借助佛教得到了体系化表述。

在佛教传入中国以前，中国传统思想中就有因果观念，但这是一种具有鲜明中国特色的家族因果报应。大概成书于战国时期的《易传》中提到：积善之家，必有余庆，积不善之家，必有余殃。

积累善行，就会有值得庆祝的好事，积累恶行，就会遭殃，这是中国本土的因果观念。三国时的刘备临终前说：“勿以恶小而为之，勿以善小而不为。”这就是中国传统因果观念具有巨大影响的体现。中国本土的因果观念最大的特点是家族因果，也就是个体行为之“因”会成就家族受报之“果”。随后，这种家族因果观念深入中国思想的血脉，以至于甚至数十年前普通百姓过年的春联常常是一句“向阳门第春常在，积善人家庆有余”。而就在十几年前，年画中一个胖娃娃骑在鱼上的形象也深入人心，并附上“吉庆有余”的字样，其中“余”同“鱼”谐音，而“吉”字可能就是“积”字的演化。

中国这种家族式的因果承接，显然是有助于以家族为单位的农耕社会的稳定，并由此派生出很多的内容。中国民间在今天也对“父债子偿”有很深的信仰。甚至法家的国家治理也沿袭了这种思想，如连坐、祸灭九族，其实都是家族因果。

但这种家族因果观念存在两个主要的问题。

- 个体的自由意志无法独立也不受重视。例如，一个人如果生在不善之家，自己再怎么行善可能还是会遭殃。
- 生活中常见好人遭殃、坏人吉庆，这种现象用家族因果观念得不到合理的解释。

中国因果思想同佛教的因果天然接近，这为佛教在中国的流传提供了土壤，而中国因果思想没有回答以上两个问题，这也为佛教在中国的发扬光大提供了契机。这印证了一句话：思想的真空，我们不去占领，一定会被别人填充！

十二因缘：三世两重因果

佛教因果观念解决了上述两个问题。

因果承受不再是家族式的，而是“自作自受”。自作自受这个成语最初就出自唐代敦煌的佛教内容中，后来经宋代、明代的广泛传播，成为中国人耳熟能详的词汇。印度佛教通过提升心的重要性将因果报应从家族转向个体，彰显了个体的自由意志。

因果不再是一生一世，而是三世因果：前世作恶，今世得报应，今生作恶，来世得报应，正所谓“恶有恶报，善有善报，不是不报，时候未到”。这就解决了好人遭殃、坏人吉庆给人造成的困惑。

佛教在不同时期、不同宗派的因果思想有较大差异，但都承认个体自由意志和三世因果。佛教因果思想最具代表性的，是十二因缘揭示的三世两重因果（见图 3-23）。

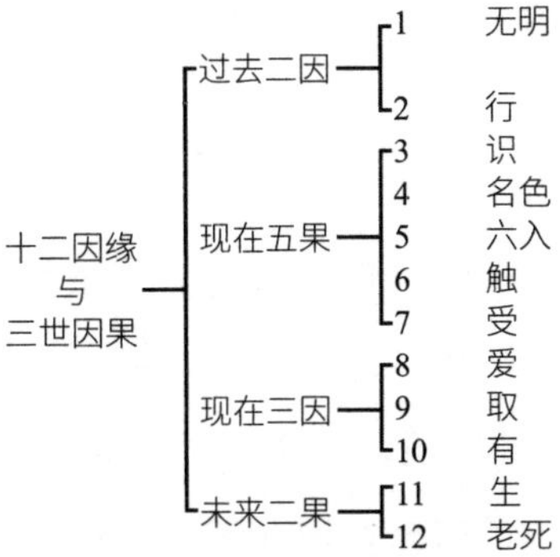

图 3-23 十二因缘与三世因果

- 前世二因成就现世五果。
- 现世五果导致现世三因。
- 现世三因引发来世二果。

无明是一切烦恼的总称，指的是不明白“缘起性空”这一原理，因而妄自生出一切执着；行指一切行为；识指业识，识会随着业受到果报；名色中的名指心识，色指形体；根尘就是六入，分别是眼根、耳根、鼻根、舌根、身根和意根；触是接触，六根同六尘（眼耳鼻舌身意感知的外界事物），和合而成触；受即领受，根、尘相对生起苦、乐两种感觉，叫作“受”，即对境所起的一种情绪；爱即贪爱，是对境所起的一种贪染心；取即妄取、追取，遇到喜欢的乐境就念念贪求，必尽心竭力追求，如果遇到憎恶的苦境就念念厌离，必千方百计逃避；有即业，有因就有果；生即受生，以现在所做的业为因，依因感果，导致来世受生；老死即衰老和死亡。无明和行是过去的因，结出现在的果（包含识、名色、六入、触、受）；现在的果产生现在的因，就是爱、取和有；现在的因又结出未来的果，就是生和死。这就是佛教的三世两重因果。

十二因缘与三世两重因果理论首先将因果从家族中剥离，彰显了个体的自由意志和道德选择。这一方面削弱了中国传统思想中“一荣俱荣，一损俱损”“一人得道，鸡犬升天”的内容，从一定程度上消解了农耕社会的家族纽带联系；但在另一方面，也强调了个体道德选择的重要性，避免了“世袭罔替”和“滥竽充数”，纠正了儒家思想中的一些弊端。正因如此，儒释合流催生了新的道德标准。

十二因缘与三世两重因果理论的另一个效应是解决了好人遭殃、坏人吉庆的难题。将一世中的好人遭殃、坏人吉庆悖论拓展到三世，就能规避现世难题，从而给人以慰藉。三世两重因果理论在现世无法被证伪，具有很强的解释性。

佛教传入的三国两晋南北朝是一个大分裂时代，社会动荡不安，人们普遍怀有一种不安与忧郁的情绪，因此三世两重因果理论极大地抚慰了人心，很快赢得了中国人的信受，也就在中国生根了。

现世报：善有善报，恶有恶报，不是不报，时候未到

十二因缘与三世两重因果理论虽然解决了中国本土因果观念的问题，但其本身在形式上存在一个问题，就是过于复杂，不够简易。中国人喜欢简易、直接的东西，对复杂的逻辑思辨接受度低。于是三世两重因果理论就进一步简化为一句我们今天依然耳熟能详的话：善有善报，恶有恶报。这句话出自后秦时代就翻译过来的一本佛经《缨络经·有行无行品》，其中提到"随其缘对，善有善报，恶有恶报"。这句话深刻地影响了中国人的为人处事方式。

佛教的因果观念从家族到个体，从今生到三世，固然解决了中国传统因果观念的重大问题，却不能不受到中国根深蒂固的传统思想的影响。中国思想的底色是关注今生，讲求立功、立德、立言，而对轮回抱有淡漠的态度。于是，三世两重因果又有了进一步的修正，到了大概明朝的时候，衍生出了所谓的"现世报"。"不是不报，时候未到"指的也常常并非三世因果，而是现世报。

佛教在实践中也常常夹杂着利益的诉求和糊涂的因果观。图3-24就是一个农村礼佛的例子。比如，寺庙的和尚让信徒捐钱，信徒拜菩萨也有自己的利益诉求，如是就产生了这样的因果解释：信徒家的猪养得好，和尚说这是菩萨保佑的结果，所以要捐钱。捐钱才有菩萨保佑，菩萨保佑了猪才会养得好。可是，如果捐钱之后猪死了，和尚依然解释得通：捐的钱不够，菩萨不高兴了，所以猪养死了，因此要多捐一点。

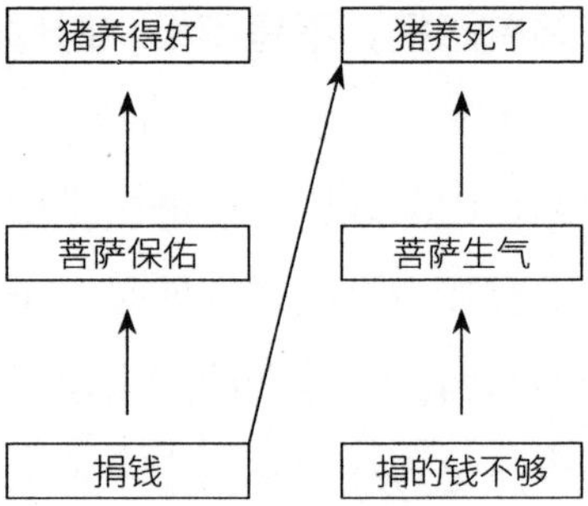

图 3-24 糊涂的因果

注：这个例子中，菩萨的态度是一个不可测量的变量，而通过引入更多的隐含变量，就可以自洽地解释生活中的诸多现象。

图 3-24 所示因果模型最大的问题是缺乏干预的可能，因为菩萨的情绪不受控制。前文提到的《了凡四训》中林姓老妇因施舍受报的故事也有这样的问题，仙人同样是因果链条中无法干预的一环。

现代因果模型：可操作，可验证

需要说明的是，无论是十二因缘，还是善恶有报，都是宏观层面上的统计规律。现代科学，包括人工智能还需要建立更具体的、可操作的、可验证的因果模型。其实，物理、化学、生物、医学等学科都在试图从统计的关联中进一步寻找因果的关联。

因果可以分为真实的因果和伪因果。伪因果主要有两种情形，一种是由于混杂因素造成的伪因果，混杂因素的英文是 confounding factors，意思是很容易被误导为因果关系的共生因素。这样的例子非常多。例如，人们发现冰激凌热销和犯罪率升高有相关性，因而会误认为冰激凌的热销导致了犯罪率的上升。这显然是错误的，正确的结论是天气是一个共生的混杂因素，同时导致了冰激凌的热销和犯罪率的上升。再比如，对于在校儿童而言，鞋的大小与阅读技能强烈关联，但人们都知道，词汇量增加并不会让脚变大，年龄是鞋子大小、阅读技能的共生干扰因素。

伪因果的另一种情形是选择偏差。一项大型调查研究了去医院对人的健康状况的影响。该调查选择了 7 000 多位去过医院的人，其平均健康水平得分是 3.21，还选择了 90 000 多位没有去过医院的人，其平均健康水平得分是 3.93。如果仅看结果的话，可能得出“去医院让人的健康状况变差”的结论。然而，需要注意到，去医院的人显然本身的健康状况就要更差，只有在这些人中评价去医院对人的健康状况的影响才有意义。这就是选择偏差导致的伪因果的例子。

休谟认为，我们是没有办法判断真实世界的因果的，所谓因果，不过是“事物总是透过一种经常的联结而被我们在想象中归类”。以按电梯门按钮为例，我们将按按钮判断为电梯门开启的原因。但是我们不知道是否有其他因素在这个过程中起作用。

有这样一个寓言故事，一位现代社会的女性去非洲的一个原始部落，该部落为了表示对这位女性的尊重，甚至准备了冷热水可调的淋浴。这令该女性大为惊奇，因为这在简陋的原始部落是不可想象的。而实际情况是室外站着一位女佣，她通过墙上小洞观察该女性的手指按的是冷水标识还是热水标识，并在外面将冷水或者热水注入简陋的淋浴系统。在这个故事中，按按钮显然并非出冷热水的原因，女佣才是。我们要怎样才能发现躲在墙外的女佣呢？在休谟看来，女佣的存在是无法被证实或者证伪的。科学实验就是要尽量排除各种隐藏的因素。

幸运的是，日常生活中的因果是非常直接、显而易见的。我们按一下电梯门按钮，按钮就变亮了。设计师的设计就是要让人放心，否则，你就不知道按下去的效果，甚至会不停地按。我们刷漆就立马能改变墙的颜色，吹气球就能改变它的几何形状，切洋葱就能改变洋葱的拓扑结构。其中都没有太长的延迟，效果也都肉眼可见。而生活中其他因果关联就没这么直接了，比如，吸烟是否导致肺癌，努力工作是否有回报，拜菩萨后是否得到保佑，等等。

我在 UCLA 的同事朱迪亚·珀尔写的《为什么》这本书中提到，如果想要辨别真实因果和伪因果，确定因果关系，需要分辨以下三种递进的模型。

- **统计相关模型，**可用公式表达为 $P(y \mid x)$，表示当 x 发生时，y 可能发生的概率，从而建立起 x 和 y 之间的相关性。前面提到的冰激凌热销和犯罪率上升就有这种相关性。
- **行为干预模型，**可用公式表达为 $P(y \mid do(x), z)$，表示在条件 z 下，对 x 进行直接干预（do），会使 y 发生哪些改变。比如在前面寺庙的例子中，和尚与信徒都无法干预菩萨的情绪。

- **反事实推理模型**，可用公式表达为 $P(y_x \mid x^f, y^f)$，表示通过想象、回顾和分析当 x 发生某种变化（通常是不可实现的）时 y 的表现，从而判定 x 是否导致了 y。

相关关系是无法同因果关系划等号的，还要考虑干预和反事实推理。佛教中某些看似糊涂的因果关系恰恰由于缺乏干预和反事实推理，因而无法得到验证。其实，文科的研究因为无法做可重复的实验，不能做反事实推理，因而缺乏实证性。比如，是什么因素导致中国在 2 000 年前实现了统一，而欧洲至今没有统一？如果没有 1978 年的改革开放，我们今天会是什么样子？

下面我将提出，通过构建大型社会模拟器来模拟人类在多尺度、多维度的活动，通过 UV 的因果与价值模型来驱动大量智能体的行为，可以实现干预和反事实推理，从而能够回答人文学科中的很多问题。通用人工智能的发展将为人类社会探索不同的道路提供一个试验场。

中国思想的信仰：价值记账与三不朽

前文提到，作为世俗社会中经过 5 000 多年演化出来的中国思想，其信仰就是相信记账系统、因果报应、公平正义的存在。这里试图简要讨论这套记账系统，以及如何计算人生的价值：人活一辈子到底值不值、值多少？有没有意义、有什么意义？

我们生活在大大小小的圈层之中。个体是这个圈层的核心，父母、子女、兄弟姐妹是最近的圈层，家族构成了稍远的圈层，工作的同事、邻里又构成了更远的圈层。在某个时刻，一个人的核心价值就是自己，以及以自己为核心的圈层的利益加权求和（见图 3-25）。

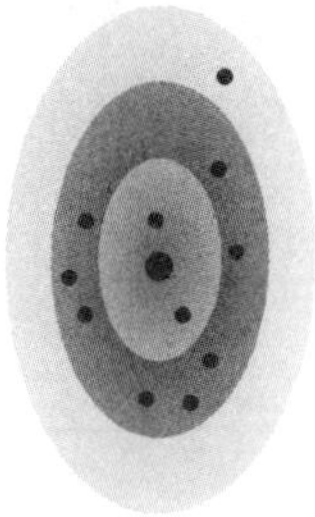

图 3-25 圈层社会与价值求和

注：在某个时刻 t，某个个体 i，以及其关心的圈层 $\Omega_t(i)$ 的利益的加权求和 $V_t(i)=\sum_{j\in\Omega_t(i)}\gamma_{ij}V_t(j)$，其中 γ_{ij} 是个体 i 对其圈层中个体 j 的价值影响和贡献的系数。

在受到印度因果思想的影响后，因果报应发展为三世因果，价值追求变成了前世、现世、来世这三段时间的价值求积分（见图 3-26）。在这些求和的递归计算函数中，最基本的节点还是 V_0，也就是个体的各种体验与享受（美好生活），而 V_+、V_{++} 是指个体对别人和集体利益的贡献。在儒家入世的理想中，最高的价值追求是“不朽”，也就是在假设人类文明不灭的情况下，个体的影响力可以通过无穷时间的传递，从而使价值积分发散并到达无穷。

$$V(i)=\int_0^\infty\sum_{j\in\Omega_t(i)}\gamma_{ij}V_t(j)\mathrm{d}t=\infty$$

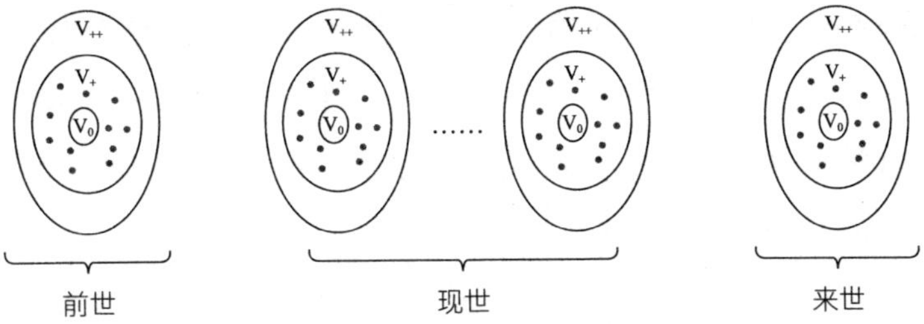

图 3-26　受到印度因果思想影响后的中国人的价值追求

注：中国人的核心价值变为以自己为中心的圈层的利益在不同时代的求和 $V(i)=\int_0^T \sum_{j\in\Omega_t(i)} \gamma_{ij} V_t(j)dt$。

所谓立德、立功、立言三不朽，说的就是这种情形（见图 3-27）。司马迁在《史记·孔子世家》中说，天下的君王、贤人很多，他们在世时荣耀无限，但死后也就默默无闻了。而孔子只是一名普通百姓，他的影响力到司马迁所在的时代已经传了十几代，甚至天子也是以孔氏为师承。孔子可以说是“至圣”，是不朽的代表。

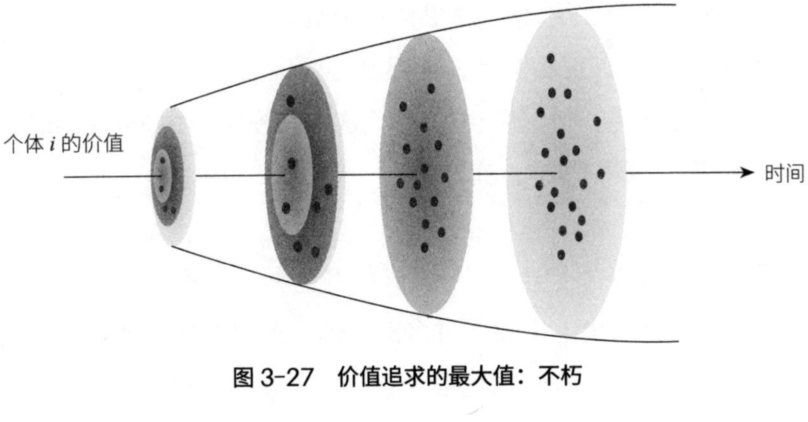

图 3-27　价值追求的最大值：不朽

胡适在 1919 年写了一篇短文《不朽——我的宗教》，总结了自己的追求和人生意义就是希望达到不朽。这种对影响力的追求超越了个体的自私自利的算计，与现代西方心理学和各种励志文字所讲的实现自我价值与潜能是一致的。

禅宗：基于心智模型的高阶通信与主观唯心论

因果是小乘佛教的重要思想之一，禅宗是大乘佛教的主要流派之一。本节简要讨论一下禅宗，从而解释中国思想中“心”的另一个完全不同又极其重要的含义——**认知架构。**

禅宗的主观唯心论

据说最初在灵山之上，佛祖拈花微笑，众人不解，唯独迦叶微笑。佛祖说：“吾有正法眼藏，涅槃妙心，实相无相，微妙法门，不立文字，教外别传，付嘱摩诃迦叶。”这就是禅宗的由来。jhāna(禅)音译“禅那”，原指冥想、沉思。

禅宗在中国的真实历史同样充满传奇色彩。佛教传入中国经历了多次波折，中国历史上也发生过多次排佛、灭佛事件。到了公元 526 年，菩提达摩东渡，曾经觐见梁武帝，后来在嵩山少林寺面壁九年，传法禅宗一脉。六祖慧能将禅宗思想与中国文化相结合，摆脱信众读经文的限制，使禅宗在中国广为流传。慧能的故事为大众熟知，他老家本来在范阳，就是今天的北京大兴一带。后来他的父亲被贬官到广东地区，在广东西南部的新兴县安了家。慧能父亲早逝，不识字的母亲一个人带着他以砍柴为生。《坛经》中慧能讲述自己有一次卖柴的时候，因听到客人念诵《金刚经》而开悟。《金刚经》的核心思想是下面这句话。

应无所住而生其心。

这里说的“心”，不同于阳明心学的价值系统，而是一套复杂的认知架构，此“心”是认识这个世界、形成伦理道德的关键。

慧能的言论是具有颠覆性的、惊世骇俗的哲学思想。慧能第一次出场是在湖北黄陂寺庙中学习时，让人在墙上写上回怼师兄神秀的偈语。

菩提本无树，明镜亦非台，本来无一物，何处惹尘埃。

这句话诠释了《金刚经》的“应无所住”：心中放下一切执念，不着相。凭借这个悟性，慧能获得了五祖弘忍的信任，得传衣钵。我读《坛经》的时候，发现慧能描述的场景与当代的研究群体有几分相似。围绕在弘忍周围的学生，基本都是世俗之人，对名利有执着的追求，因而蠢俗不堪，只因执念太盛，无法跳出日常的思维，从而不能做到思想上的创新。

慧能第二次出场是在隐居十五年之后，来到广州法性寺，正逢值印宗法师讲《涅槃经》，时有风吹幡动。一僧曰“风动”，一僧曰“幡动”，议论不已。慧能却说了下面这句话。

> 不是风动，不是幡动，仁者心动。

这个偈语反映的是佛教中的一个核心思想——相由心生。人能看到的首先必须是心中所知、心中所想之事。比如，假设当时有一头猪在现场的话，猪看不到风动和幡动，因为猪没有人的心智。人如果专注于听经，也不会看到风和幡。

今天在互联网时代，我们大多数人都没有看到社交网络上的事件，就算注意到了某个事件，每个人看到的也是不同的“相”，这个相是各人心中产生的，不能信以为真（即应无所住）。网上很多人，往往就是有了执念，限制了思维，从而变得偏激。

被反复提及的坛经中心思想，就是下面这句话。

> 菩提自性，本来清净；但用此心，直了成佛！

菩提就是智慧，自性就是天生的认知架构。只有放下执念，不被外界各种纷扰的因素蒙蔽，用这个认知架构来思考、参悟，才能想明白道理。这就是所谓“应无所住而生其心”！佛就是觉悟的人，也可以是任何有主体意识的智能体。为机器立心，就要认识到智能的主观、唯心的本质，这是实现通用人工智能的关键，也是与大数据驱动的人工智能算法截然不同的实现路线。

认知架构：谈玄与禅机的高级通信模式

有了这个天生的认知架构，我们就可以来理解禅宗的谈玄与禅机。这个认知架构包含了现代心理学的心智理论，是一个高级通信的数理模型。

禅宗逐渐发展出一种所谓的公案。禅宗公案可能来自魏晋玄谈。《晋书·王羲之传》中记载，王羲之的三个儿子王徽之、王操之、王献之去拜访谢安。王徽之、王操之喋喋不休，谈了很多俗事，王献之却只是嘘寒问暖而已。王羲之后来询问谢安最看重他哪个儿子。谢安说："小的优。"别人问为什么？谢安说："大凡杰出者少言寡语，因为他不多言，所以知道他不凡。"《世说新语》中还有阮修因为说话少而被授予官职的故事，被当时的人称为"三语掾"。

禅宗公案后来发展成禅宗机锋，其最大的特点就是用简短的文字甚至手势、棒打、大喝乃至于默然不语来彼此印证。佛祖拈花、迦叶微笑、达摩面壁逐渐发展为更离奇的方式，如"一指禅"。一指禅并非一种武功，而是禅机。相传唐代有个和尚，叫俱胝，有人问俱胝什么是道，俱胝总是竖起食指，这个故事后来被称为"一指禅"。除此之外，唐代德山宣鉴禅师常以棒打启人心智，而临济义玄则以大喝促人顿悟，分别被称为德山棒和临济喝，成语"当头棒喝"就由此而来。

下面我就用信息通信的架构来解读禅宗的“拈花微笑”、谈玄与禅机，为这种交流模式给出一个数理解释。

1948 年，美国数学家香农创立了信息论，并提出了一个通信的简单架构（见图 3-28）。这个通信架构包括一个发送者 A 和一个接收者 B。发送者 A 有一个关于某个空间变量状态的信息，比如某个股票要大涨，或者有人病了。他将这个消息用一个码本编码，通过一个噪声信道传给 B，B 解码而得到这个信息。这里面一个基本的假设前提是：A 和 B 共享一个码本，否则信息就会乱码；并且 A 和 B 都知道某个空间结构，否则就会对这个信息感到莫名其妙。香农的这个通信架构与图 1-6 的基于心智模型的人类认知架构相比有些相形见绌，太过于简化了。在现实生活中，两个智能体 A 和 B 之间的通信，需要考虑很多预设条件，比如，发送者 A 必须明白以下几点。

- B 是否已经知道这个信息。
- B 是否能根据这个信息采取有效行动，比如是否有钱去买股票。
- B 的价值观是否能使其需要知道或者愿意相信这个信息。
- 如果 B 足够聪明，A 只需要给 B 一个提示，B 就能猜到其背后的信息。

正因如此，计算机按照香农通信架构的传输速度在每秒 1 亿～10 亿字节，而人与人之间的通信速度每秒仅仅 1 字节。因此，与计算机传输速度相比，人说话的速度是极其缓慢的。奇怪的是，这么窄的通信带宽对人而言也够用了。越是聪明的人，越是彼此熟悉的人，就越有默契，就越不需要多说话，所谓“心领神会”“拈花微笑”讲的就是这个境界。因此，禅宗机锋可以看作基于心智模型的高阶通信模式。

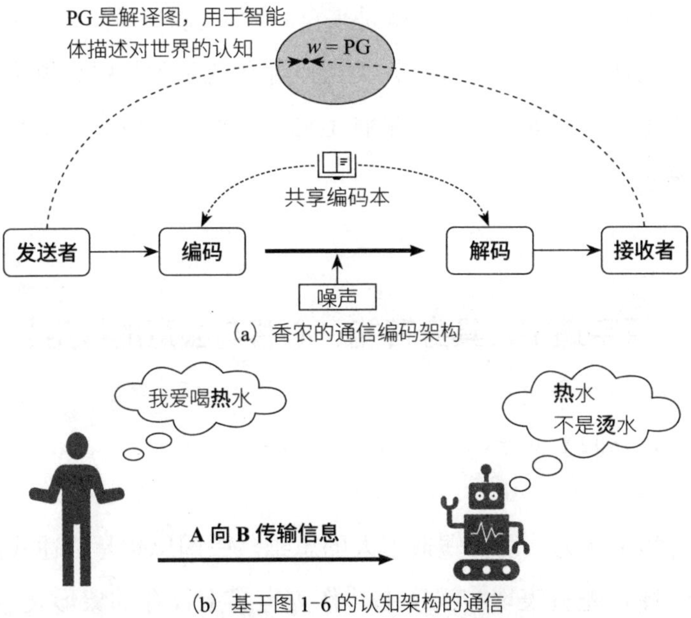

图 3-28　人类完备的认知架构超越了香农的信息极限

引入心智状态与动机后，我们就可以超越香农协议的极限。比如，A 对 B 说：“我喜欢喝热水。”“热水”在语义上与“烫水”相近，但它们含义不同，否则人们会直接说“烫水”。如果 B 不对信息进行二次推断，那么从“我喜欢喝热水”中获得的信息将包括“我可能喜欢喝烫水”。使用语用学进行推断，B 会自动排除烫水，从而突破香农架构的极限。

主观唯心的心智模型与人类的认知架构对开发人工智能有巨大的启示。人类不同于当前人工智能大模型的一点在于，人类能够实现“小数据、大任务”，而大模型的模式则是“大数据、小任务”。按照我在其他论文中的观点，人类对世界理解的5%来自客观感知，95%来自主观的内心需求与想象，也就是来自一颗主观的“心”。在《人类简史》中，尤瓦尔·赫拉利提出人类得以存续的基础是由想象构建的体系，如货币、公司等，这些都是看不见、摸不着的概念，是其他动物无法理解的。

汉字造字：具身智能、心智与会意的妙用

最后，我们来谈一谈中国思想的载体——汉字。

语言学家认为，语言塑造了人的思维。中国思想是描述式的，而这种描述性首先就表现在汉字上。作为世界上仅存的象形表意文字，汉字同表音文字有很多不同。

表音文字更接近形式语言，从而催生了发达的逻辑学，并以此为基础建立了自然科学的庞大体系。逻辑推理讲求刨根问底、争辩是非、非此即彼，这种思维推动了科学的发展，但在文化上具有很强的排他性。

表意文字描述自然与社会的生态现状，崇尚和谐共生、各美其

美、美美与共，因而体现出很强的包容性。这种思维催生了伦理学的发展，并以此为基础建立了社会伦理体系。

《易经》的六十四卦本来是很好的数学符号，是一种形式化的数学语言。前文已经分析过，《易经》是一个统计决策模型，其中有价值函数，但缺乏因果关联与逻辑推断。《易经》中的每一个卦，其实代表了一种时空中的情境，而每一个汉字也代表了一种情境，两者是高度一致的。所以，每个卦都可以用一个汉字表示。

象形文字与具身智能

汉字的六种造字方法，最直接的是象形字，也就是线画（sketch），其直接对应了计算机视觉的一些图像表达的模型。线画分成两类：一类表示物体的基元；另一类表示物体的纹理，如水波、鱼鳞、鸟羽，这些繁杂的线条不必都描绘出来，而是采用写意的手法，以“三”代表多。2014 年，我的团队结合图像基元与纹理的统计模型，从自然图像中聚类出重复出现的模式，得到类似的象形文字（见图 3-29）。

很多汉字描述的是人的身体部件参与的情境，如图 3-30（a）所示。第一个字的形象是两只手用一根绳子拖地上一个东西；第二个是在盆中洗手；第三个是关门；第四个是一只手把另外一个人的手往上拉；第五个也是两只手，一手朝下一手朝上，表示上面的手给东西，下面的手接受；第六个是两只手往相反的方向拉一根绳子；第七个是两个人在聊天。这些字表示身体与物体、场景以及人与人之间的交互，也就是所谓的具身智能模型。我的团队在 2014—2017 年也得到类似的模型［见图 3-30（b）（c）（d）］。

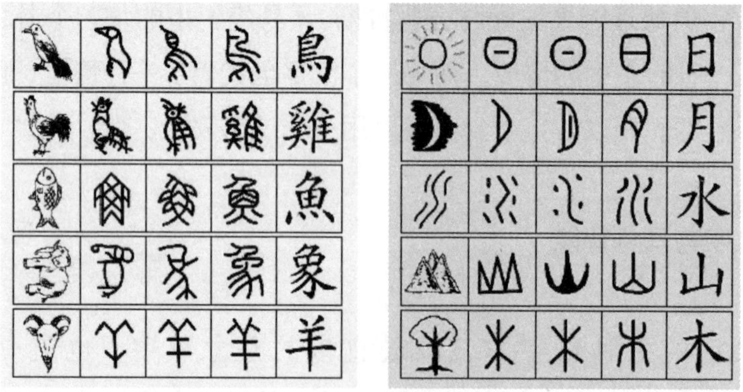

图 3-29 象形字就是线画，包括图像的基元与纹理两部分

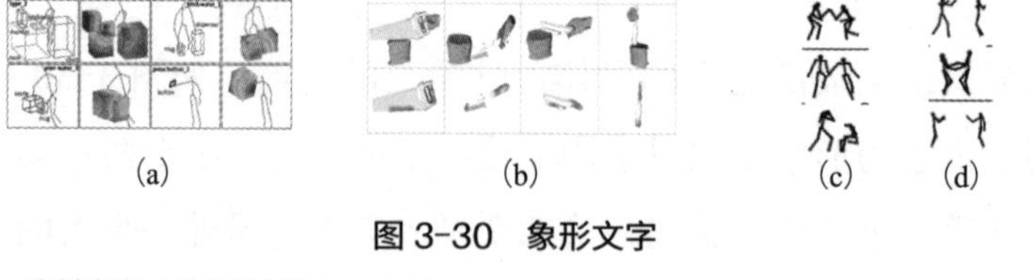

图 3-30 象形文字

资料来源：见参考文献 37 ～ 40。

在英文单词中，各种基本动作如get、do、sit、sleep、walk、run、lift、hug、chat等都没有体现身体单元与具身交互的成分，而且构词的组成成分之间并没有直接的关联。可以说，汉字形象的表达方法更加直观，也与人工智能的语义模型更接近。

相由心生，贝叶斯学派与主观统计建模

象形字、形声字是对某个具体情境的视觉、听觉信号的直接描述。汉字中还有很多字，其含义是需要人的理解和想象的。[41] 比如，佛教的核心思想之一“相由心生”，这个“相”字的造字方式就很巧妙，其中蕴含着深刻的学术思想。“相”字本身就是“相由心生”的一个直观表述，“相”字左边是木，右边是目，就是指一个眼睛不好的人依靠木棍摸索着行动。也就是说，一位盲人的眼睛看不到这个世界，而是靠木棍对周围环境进行非常稀疏的采样，通过几个采样点来重构这个世界的场景，他就是在重建“相”。这个“相”主要凭借盲人脑海中的知识、经验、价值来构建，数据只是其中极少的一部分。在人工智能与认知心理学中，“相”对应的英文单词为belief，中文可翻译为“相”或者“信相”。

“相”字后来又延伸出宰相、丞相之意。帝王坐拥万里江山，但他们绝大部分时间都生活在皇宫内，无法直接观察到外部世界发生的事情，而是借助大臣的报告来重构外部世界的情境。可以说，帝王就像是那个盲人，而大臣就像是那个木棍。

这个简单的“相”字体现了中国古代思想对人思维中的主观成分有了深刻认识。人所形成的认知也就是各种“相”的总集，其中主观成分所带来的信息往往远远超过客观数据。人的智能基本是靠“心”来推测的。

在人工智能的发展史上，20 世纪 80 年代后期，研究者们发现，纯粹的逻辑推理（产生式）已经无法解决很多落地问题。到了 20 世纪 90 年代，统计学派占了上风，这个学术流派的中心就位于波士顿（哈佛大学、麻省理工学院、布朗大学）。当时有一个巨大的学术争议：是否容许使用先验知识？

反对派是统计学的传统主流，他们主张采用假设检验。这种方式在今天的实验科学，如生物学、医学、心理学等研究领域仍然流行。先设立一个假设结论 H_1 作为靶子，比如某个药物有效，然后找一个现有的假设 H_0 作为对比，并通过一组实验数据 $\{d_1, d_2 \cdots, d_k\}$ 来对比两个假设成立的概率比值。

$$\log \frac{p(d_1, d_2 \cdots d_k \mid H_1)}{p(d_1, d_2 \cdots d_k \mid H_0)}$$

然后可以得出一个支持结论 H_1 的置信区间。在这个过程中，只能使用实验数据，不能使用实验之外的“先验模型”，后者被看成干扰与偏差。统计学教科书的第一册一般都是讲这些内容，如 t 检验等。当然，这个先验模型可能也是通过训练之前的大量数据获取的。

赞成派是贝叶斯学派。贝叶斯是英国的一位神学家，他发表的一篇文章中包括了一个简单的概率公式，被后人认为具有重要含义。

顺便说一句，英国作为世界科技的领袖，其历史很短暂，而英文又在科学文献中占据主流，所以很多思想都可以在英文文献中寻找根源。加上英国总是大肆宣传其国内的人物，把自己的名人印在英镑钞票上，所以，很多英国人，包括贝叶斯、图灵、霍金都被抬上了科学殿堂的神坛，导致教科书上有很多英国人的名字。其实，中国早就有了类似贝叶斯的思想。1919 年之前，中国不太知道外面的科学世界，1919 年之后，中国传统文化又都被批判与否定了，这导致中国很多的优秀传统思想在国内、国际上都缺乏应有的引用，更别提有什么影响力了。

20 世纪 90 年代的统计学派，包括我在内，抛开假设检验的研究范式，开始统计建模。比如，我们观察一张图片 I（即数据），希望从这个图像中推断出其表达的世界 W（包括物体、人物、场景、活动等），而计算机视觉的问题就是从图像中获取可能的世界描述（即“相”）。

$$W^* = \text{argmax}\, p(W \mid I) = \text{argmax}\, p(I \mid W)\, p(W)$$

$p(W \mid I)$ 是后验概率，就是看到图像后产生的“相”；$p(W)$ 是先验概率，也就是在未看到图像之前，我们人脑对于外部世界 W 有的大量先验知识。大脑能够做梦就是一个明证。这个后验概率到先验概率的转换中用到了简单的贝叶斯公式。反对派认为，先验概率 $p(W)$ 不是当前数据 I 提供的，因此是个人的主观偏见，影响了决策的公正性。事实上，我们必须承认，人的感知、认知都是主观的、带有偏见的，这是基本的事实。如果没有这种先验模型，人就看不懂图像中的世界！

我和曼福德教授在 1997 年发表的论文中，首次在标题中提到了 prior learning（先验学习）——从自然图像中学习（训练）先验模型，并发现自然图像最大信息的特征就是阴阳。统计学派的工作后来成为人工智能研究的主流，包括最近出现的各种所谓的“预训练”模型、大模型，都是先从大量数据中学习、拟合先验模型。

这些模型的一个副作用就是容易产生所谓的“幻觉”。有趣的是，“相由心生”已经表明每个人的“相”大部分是幻觉，大模型只是把价值观不同的其他人的幻觉传给了你！所以，你觉得它在“胡说八道”。

其实，魏晋时期的画家早就提出了类似的观点：画作，特别是中国的写意画，不同于照相机拍出的照片，是客观观察与画家主观心态的融合。画家根据当时的心境，对场景中的物体、事件、环境、光照进行了取舍与加工。而任何图片、画作又经过观察者的感知、认知得到进一步的加工。

抽象概念与认知架构

前面谈到的汉字是比较具象的概念，那么大量抽象的概念是如何得到表达的呢？汉字借助人类的认知架构来推理和描述一个情境。所谓“会意”，必须以人的主观、认知架构为基础，这一点与佛祖的拈花微笑是同一个原理，而汉字将这一原理付诸实践了。

下面我来讲述两个抽象的字：道德之“德”与奋斗之“奋”。

如何赋予人工智能道德观念，这是一个世界难题。许多年前，我应邀参加一个研讨会，与会人员的研究范围涉及人工智能、哲学与伦理学。大家众说纷纭，却总令人感觉是在隔靴搔痒，抓不到重点。轮到我讲话时，我用中国的一个字“德”来描绘一份情境，就把这个难题说得十分透彻了。

“德”字左边的双人旁不是两个人，而是代表丁字路口，下面是一个心，象征人心在丁字路口做选择，但还没有行动。图 3-31（a）最上面是结绳计数的“十”，下面是一只眼睛在看，这意味着虽然现场没有眼睛在看，但是我们的心中会想象：这些人会如何看待我的选择。这就类似于一个想象中的陪审团出现在我们的认知空间中。图 3-31（b）中出现的直角，表明如果我们的选择可以公开，那么就是符合道德的。

(a) (b) (c) (d)

图 3-31 “德”字的甲骨文

注：甲骨文“德”字由十只眼、一颗心以及丁字路口的标志共同组成。

我们应该为这样的中国思想感到自豪。几千年前，中国思想就已经意识到道德是相对的，是随着人群和时间不断演化的。所谓公道自在人心，与其去列举各种道德的准则，不如赋予人工智能一颗心，也就是认知架构与价值系统，然后通用智能体就会自动跟人群对齐。

如何向人工智能表述“奋斗”的概念呢？图 3-32 用“奋”字解读了奋斗的情境。“奋”字中有一个“大”，代表人张开双臂。下面是一个“田”。甲骨文“奋”字中还包含了一只扇动翅膀的鸟，这只鸟就是“奋斗”情境中的主角，却在后来“奋”字的演化中被简化掉了。这个情境是：鸟在田中吃食，人来驱赶鸟，这个时候，鸟就振翅高飞。造字者让我们去体会那只鸟的心情和动作，这就是“奋”的本意。

在 20 世纪 90 年代，现代神经科学发现，人类大脑中有种镜像神经元，其最大的特点是通过模拟其他人的行为而感同身受。这个“奋”字的造字过程就利用了人的这一基本结构。

(a) 甲骨文 (b) 楷体（繁体） (c) 楷体（简体）

图 3-32 “奋”字的造字法

注：甲骨文“奋”字是田地里被人追赶的一只鸟的造型，繁体的“奋”字则是将鸟的造型转化为了“隹”，是短尾鸟总称，所以也存在于“雀”“隼”“集”“雏”等字里面。后来在汉字简化的过程中，“隹”被省略了。

正如前文提到的禅宗的高阶通信模型，造字是给人看的，只有人才能看懂，那么我们就需要利用人的认知架构来造字。这一点，中国思想确实远超西方。

中国汉字通过描述各种场景能够完备地表述生活中的各种概念，这对于人工智能的研究具有重要的指导意义。因为人工智能模型同样需要表达这些场景和概念。

本章挑选了十个例子来解读中国五彩线思想中几枚亮眼的“珍珠”。第 4 章我们将探索如何站在中国思想的根基上“为天地立心”。

SCIENTIFIC
MODELS IN CHINESE
THOUGHTS

04

百年变局：为天地立心的探索

在人机共生时代，重新弘扬中国传统思想、倡导和合共生是面对世界大变局的良方。前三章描述了中国思想的形成、结构、特征与对其进行的数理解读，本章将以理与心的相互作用，即 UV 双系统的动力学，为前言提到的百年未有之大变局寻找一个科学的解释，然后简要介绍我们基于传统人文思想并融合人工智能理念的现代社会治理思想与实践。

思想概念与关键词的总结

本章概括、梳理了前三章的基本思想概念与关键词，以为下文的分析做准备。

认知架构，人类一切思维活动的基础

人类一切思维活动的基础是认知架构，这个认知架构是一个抽象

的数学表达，其实现的硬件系统可以是神经网络、集成电路芯片或者未来某个量子计算装置。无论是碳基生命还是硅基智能体，其背后的数学理论都是共通的，因而我们不必考虑某个硬件结构层面的具体问题。认知架构决定了智能体思维的上限，这是与算法、数据、硬件都无关的思想极限。

认知空间，人类思考的范围和疆域

认知空间是人类思考的疆域，并以语言为思考工具，如符号语言、形式语言或自然语言。语言可以塑造人类的思维习惯，从而形成不同的思想，不同的思想分布在认知空间的不同区域，从而呈现出不同的特色。比如，前文提到，西方科学聚焦于研究人与自然的问题，中国思想的重点则是人与人的问题，印度宗教更倾向于思考生命局限性的问题。

举一个例子来作对比，孟子提出“老吾老以及人之老”，而同时期的亚里士多德（比孟子大 12 岁）提出的则是“我爱我师，但我更爱真理”，这说明了不同文明在认知空间中思考的侧重点不同。这种差异一直延续到今天的学术规范上，因此，著名的李约瑟之问[①]也不难理解。

① 英国学者李约瑟在 20 世纪 50 年代提问：“从公元前 1 世纪到公元 15 世纪的漫长岁月中，中国人在应用自然知识满足人的需要方面，曾经胜过欧洲人，那么为什么近代科学革命没有在中国发生呢？”——编者注

中国思想，认知空间各种情境、概念、函数的总集

中国思想是认知空间中的各种情境（比如卦象、汉字）、概念（概念就是集合）与函数的总集。总体来说，人类的认知空间定义了两大类函数：势能函数 U 和价值函数 V，从而形成了 UV 双系统。

图 1-1 概括了从物理、化学、生物到信息与智能的演化过程，其本质是认知空间不断升维、UV 函数越来越高级的过程。人类的智能是当前进化的顶点，但很可能不是终点。

U 系统，自然之理与社会伦理

U 系统由大量势能函数组成，具有丰富的层次结构，表示各种模型，是朱熹理学所指的“理”，包含以下两层含义。

- **自然之理**：包括物理的四种基本相互作用，牛顿物理学中的各种约束，如弹簧连接两个小球、化学的共价键、生物的氢键等。U 系统里面也包含因果律、因果转换的模型等。随着科学的发展，更多的因果模型被找到，更有效的工具被发明，人和通用智能体就有更大的行动空间、更有效的功能，这些可以体现在生产力的提升上。
- **社会伦理**：儒家定义的君臣、父子、夫妻、兄弟、妯娌之间相处的规范，可以以势能函数 U 的形式表达。这个 U 系统包含社会组织机构与生产关系。

需要强调的是，“理”是人类思维的主观产物。虽然教科书上有各种物理、化学的定理，但这些都仅仅是科学家提出来的、近似的、有用的模型而已。人类自然科学与社会科学的进步就是不断寻找更简洁、更准确、更普适的模型，逐步接近我们相信的客观存在的“道”，通过尽可能排除各种因素而找到真实的因果关系。如果某个人群通过通信交流而达成了某个共识，这个共识也仅仅是这个人群共享的“相”。比如，很多西方人相信上帝存在，也有很多人不信人类活动是造成气候变暖的主因。这些“相”“模型”“理”都不能被看作真理，真理与相信它的人群大小无关，不能说相信的人多了就是真理。

人和通用智能体在运用 U 系统的过程中就会表现出各种能力。比如，图 3-18 和图 3-19 讨论了一个统计的模型，其本质就是一个势能函数，有了这个 U 函数，人工智能算法就可以识别、生成某类纹理。深度学习算法训练出的各种模型，也都可以被看作势能函数，它们可以被用于各项任务，如机器人的运动、抓取动作、面部表情、输出文字、说话等都是通过形形色色的 U 函数来实现的。

V 系统，各种价值偏好与需求

V 系统由大量价值函数组成，图 1-4 和图 3-20 显示了 V 函数的个体、他人、集体、国家乃至全人类的价值层级，代表了各种价值偏好与需求，V 系统的来源是物种进化、文化传承与个体的选择。

心的两种内涵

中国思想的心包含两个非常不同的概念。一个是指 V 系统，比如王阳明所指的良知、良心；另一个是指 U 系统，比如慧能所指的菩提自性。认知架构是思维活动的基础，承载着 UV 双系统的运行。

UV 平衡，行为的两大驱动

每一个个体的人（智能体）或者一个群体（国家民族或社会）都可以用一套 UV 双系统来刻画。人的行为同时受 UV 双系统驱动。

- 内在价值函数 V 的驱动，对 V 函数求导就可导出内驱力。
- 外在势能函数 U 的驱动，对 U 函数求导就可导出外驱力（压力）。

当两种驱动力在各种情况下达成一致时，我们就定义 UV 处于平衡态，也就是说，外界要求个体做的与自己内心想做的总是一致的。此时人就处于一种“自在”的状态，也就是孔夫子说的七十岁达到了“从心所欲不逾矩”的境界。这个境界可以用以下方程来粗略表示。

$$\frac{\partial \mathrm{V}(z)}{\partial z} = -\frac{\partial \mathrm{U}(x, x')}{\partial x}$$

我在第二部分中会详细论述人达成这个平衡的过程，并分析苏轼如何在坎坷的人生中不断调整自己的UV双系统，在不同境遇中重新达成平衡的人生态度。苏东坡夜游赤壁时的思考，就是一个高级知识分子、士大夫寻求UV平衡态的思想过程与解惑体会。

图3-21和图3-22显示了处于不同平衡态的不同人群。有的个体处于低维度的平衡态，如僧侣通过出家来斩断社会关系，形成小U，通过戒律对价值格局降维，形成小V，这样在极低的维度空间达成UV平衡态。今天社会所说的“躺平”也就是通过降维来实现心理平衡。

UV双系统有着非常复杂的动力学关系。个体成长、社会进步、人类演化本质上是UV不断升维的过程，不断打破平衡、建立新平衡的过程。

一个社会的UV平衡被打破的情形通常有以下两种。

- **U的改变。**这意味着科技创新提升了人的能力和生产效能，如新工具的发明，所以说科技是第一推动力。社会组织模式的改变，如机构改革，也是U的改变。
- **V的改变。**这意味着利益分配关系的改变，如西方文艺复兴时期的认知与价值系统的改变。V的改变往往伴随着U的改变，二者密不可分。

UV 失衡：解读百年未有之大变局

根据 UV 理论，我们可以解读前言提到的百年未有之大变局了，其实这一变局包含了 UV 双系统两个层次的冲突。

- 西方文明体（U_1，V_1）和中国文明体（U_2，V_2）的碰撞与融合。
- 随着大量具有自主意识的通用智能体（U_3，V_3）的到来，人类社会正在跨入智能的时代，未来的问题是如何实现人类文明和通用智能体的共生共存。

UV 失衡之一：新文化运动百年之后的反思

1840 年之前，从汉代到清代，中国社会经过了 2 000 年的演化。尽管有周期性的王朝更迭，但社会系统总体上有很强的韧性和稳定性。究其根本原因，我认为有以下两点。

- 中国的科学水平、社会模式和价值系统，也就是 UV 双系统，都没有发生大的变化与跃升。
- 认知能力也没有质的变化。这体现在不同时期的思想都有相同的来源，如四书五经。尽管有宋代和明代理学与心学的发展，后代的思想也总是不断回到圣人的言论中溯源、翻新。

这种 U 系统和 V 系统的相对稳定性，使得中国社会 2 000 年来绝大部分时间处于 UV 平衡态，从而维系了农业时代的长期稳定发展与文化繁荣，使中国成为一个长期统一的国家。中华文明是世界上唯一绵延不断且以国家形态发展至今的伟大文明。

西方文明系统（U_1，V_1）与中国文明系统（U_2，V_2）的碰撞，经历了三个阶段（见图 4–1），这打破了中国 2 000 年来的 UV 平衡态，而且急剧改造了中国的 UV 系统。

- 1840—1860 年两次鸦片战争的失利，中国开始否定自己的经济与工业体系，1861 年开启了洋务运动，引入了西方的军事装备、工业机器。
- 1894 年甲午海战失利，中国开始否定自己的政治体制与教育体制，促发了戊戌变法、辛亥革命，创办了京师大学堂，改革了教育制度。
- 1919 年巴黎和会失利，中国开始否定自己的文化。当时鲁迅提出“不读中国书”，钱玄同主张“废除汉字”，这些观点代表了当时部分社会精英的诉求。[42] 最后，中国废除了传统的子学与经学，全面学习西方的学科体系。

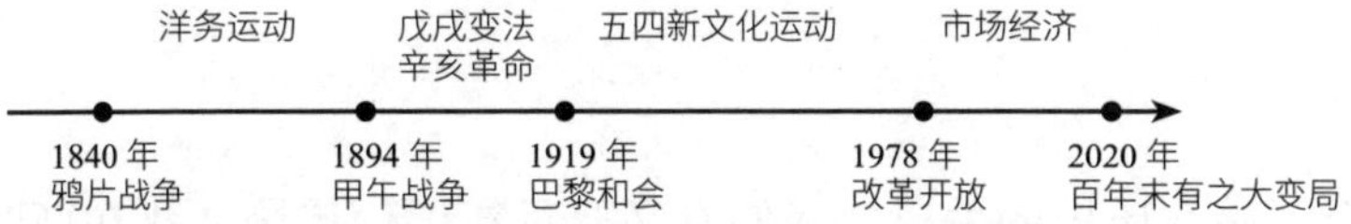

图 4–1　中国近代历史中东西方文明的碰撞

一直到近年来，还有不少知识精英希望彻底革新中国的 UV 双系统，甚至全盘接受与照搬西方的 UV 双系统。

我发现，近代以来的三重否定改变的主要还是中国的 U 系统，而中国的 V 系统基本保留了下来，保留了推己及人的认知架构和在此基础上构建的汉字体系。

这就回到了我在前言中最后提出的观点：中国传统的价值系统、思想是根植于人类认知架构基础上、由“心”驱动的、推己及人的、从几千年的世俗社会中演化而来的智慧结晶；中国的价值观和伦理规范是基于价值判断的复杂决策体系。

在近代历史中，一些知识精英过度迷信西方思想和制度，将其视为解决中国问题的唯一途径，忽视了中国价值系统的优势。他们过分强调 U 系统的改革，而忽视了 V 系统的主导性。

在五四新文化运动 100 多年之后，2018 年重新开启的贸易战，使我们又迎来了一场百年未有之大变局。其本质是中国的价值系统（心学与良知）和信仰体系（因果报应与公平正义）与欧美基于基督教的信仰体系和延伸出的价值体现（人权、自由、民主）的冲突与竞争。

今天站在历史的关口，我们有必要重新评价传统文化在新时代推动中华民族伟大复兴与构建人类命运共同体的积极意义，有必要重新检验 1919 年五四新文化运动的一些矫枉过正的做法。

UV 失衡之二：探讨现代社会矛盾与冲突的根源

当个体 UV 双系统处于平衡态，此人就处于自在与平和的状态；当文明体 UV 双系统处于平衡态，此社会就处于稳定与和谐的状态。**当今世界正处于一个急剧变化、人们内心普遍焦虑的时期，究其原因，我认为是由于自 20 世纪 90 年代以来，全球化的进程与科技高速发展造成从个体到文明体层面的大范围 UV 失衡。**互联网与社交网络快速增加了人与人的联结，放大了个体的影响力。全球化的进程也大大促进了贸易、技术、思想与人员的交流。这些发展都极大地打破了过去在相对封闭的地域环境下形成的个体和社会的、处于不同维度下的、定位于思想空间不同区域的各种局部 UV 平衡态。

下面讨论 UV 失衡的两个主要例子。

案例一：美国的 UV 失衡问题及其影响

自 1990 年冷战结束，美国成为单一超级大国，取得了全球事务的主导权。恰巧在这个时候，互联网技术成熟，在全球化浪潮中飞速发展，投射了美国在经济、科技与文化上的全球影响力。近年来人工智能与自动化技术的快速发展，加剧了这一进程。美国作为一个文明体，其能力 U 系统得到了极大的提升，而其 V 系统在过去的几十年中并没有大的改变，这就造成了其 UV 双系统的巨大失衡。

美国的保守派民众仍然信奉 2 000 年前的基督教教义与价值观，基本没有随着时代而变化。“美国优先”的诉求（V）与其全球领袖的影响力（U）是非常不匹配的。当这个价值群体通过选举取得了权力，以这种落后的 V 来操纵先进的 U（科技、军事与金融）时，其他国家感受到的就是霸权，而非王道。

案例二：个体 UV 失衡与“后真相”时代

现代科技的发展也放大了个体的能力与影响力（U）。个体可以在越来越短的时间内创造百亿市值的企业。社交网络中，普通的个体可以在极其短的时间内成为网红与意见领袖，其言论可以触达、影响百万、千万甚至过亿的人群。而这些个体人的价值体现（V）并没有提升，与其突然被放大的势能（U）是极其不匹配的。这是典型的 UV 失衡，用中国的一个词语来描述，叫作“德不配位”。虽然这种现象历史上也时有发生，但如此大规模地发生这种现象，在历史上不曾出现过。

前文提到过相由心生和人的智能的主观唯心特征，在当今时代，这些特征同样被放大了。个体或者人群所自认为的“真相”“模型”（理），其实是各自的主观认识，并不因为相信的人多就成了“真相”“真理”。影响“相”形成的关键因素是人心：认知架构与价值系统。

- 认知架构决定个体能不能看到全貌和深层的情境与因果。

- 价值系统决定个体能不能接受不符合自身利益的“相”。

在自然科学领域，如科学家发现数学定理、宇宙深处的奥秘、原子内部的粒子结构，这都是全人类的知识，无伤个体利益，因此大家能够接受。但随着科学研究进入人性和社会领域，就开始触犯到个体或者群体的利益了。学术上的“伦理审查”与“政治正确”就是V在影响着科学领域U的进化。

在社会领域，如历史书写、新闻编辑，都是符合某种V系统的表达。过去能够控制这些“真相”的是少数人或者政权阶级，这使得社会中人群的思想比较一致。在今天这个人人都可以播报新闻的时代，各自的“相”就在信息空间中泛滥了。网民选择符合自己价值的“相”，选择代表自己群体价值的主播代表作为其代言人。这在表面上造成了思想的混乱与困惑。赫克托·麦克唐纳在他的书《后真相时代》中引用了著名心理学家威廉·詹姆斯的名言：“没有比被倾听者误解的真相更糟糕的谎言了。”[43]

其实这个问题早就存在，在西方的议会制度中，一个众议员就可以代表某个区域的利益诉求，国会的争辩常常水火不容，常年都是混乱不堪的局面。现在，这个议会的形式搬到了互联网的社交空间上，而且缺乏议事规则和沟通机制。

让问题变得更复杂的是UV函数的不同进展。反映人类能力的U函数的进展可谓快马加鞭、一日千里，但反映人性的V函数却安步当车、缓慢前行。结果，一边是高速列车、智能手机、互联网、人工智能等，另一边则是民族习惯、历史观念。这种 UV 失衡不断加剧，使得各种社会矛盾、文明冲突在全球上演，只有继续提升人类的认知能力和价值系统，才有可能达成新的 UV 平衡。

通用智能体的 UV 双系统构建与对人类社会的潜在影响

随着通用人工智能的进步，未来会有大量通用智能体（数字人、机器人）出现，这就是百年未有之大变局中的第二重冲击。这个冲击包括两个问题。

- 通用人工智能技术会进一步放大个体的能力与势能（U 系统），加剧个体（人、资本、公司）的 UV 失衡问题。
- 如何给通用智能体赋予 UV 双系统以及赋予什么样的价值系统？这是解决人工智能安全问题的关键。本书不再讨论这个问题，在《为机器立心》一书中有专门论述。

打造大型社会模拟器：求解未来人类社会 UV 平衡态

上一节我们用 UV 平衡与失衡的理论解读了百年未有之大变局的底层数理架构，本节探讨如何求解未来人类社会的 UV 平衡态。

大型社会模拟实验，让文科实验成为可能

人类的认知架构、UV 双系统的数理结构，以及人群中不同 UV 的差异与分布，让我们能够更好地理解人的智能，包括感知、认知、决策、价值等。有了这些基本的模型，我们就可以研究 UV 双系统的互动机制，从而研究人类社会演化的动力学方程式。**人类社会的 UV 函数空间是如何不断扩大的，人类社会进化的极限是什么，这既是非常重要的大科学问题，也是大工程问题。**这样一来，通用人工智能的研究就从个体尺度升级到群体、社会、国家与文明尺度。

2022 年，北京大学联合武汉市政府、东湖高新区管委会，共建北京大学武汉人工智能研究院，并承担建设“国家智能社会治理实验基地”的任务。为实现社会尺度的通用人工智能，我们提出构建大型社会模拟器作为基地建设的核心任务，并于 2023 年在武汉成立了亚洲社会仿真学会（Asian Social Simulation Association，ASSA）。大型社会模拟器将利用社会治理的大数据，构建全球首个社会科学领域的大科学装置，探索中国治理模式与道路。

在自然科学发展史上，大科学装置（对撞机、加速器、天文望远镜等）一直是人类探索物理世界边界的重要手段，促进了自然科学的繁荣。然而，人文与社会科学领域却没有用来分析社会运行、开展社会实验、观测干预结果、完善社会治理的基础科学装置。因为社会过程不具有重复性，文科（文史哲）与社科（政经法）的理论都很难用实验来验证，人们只能通过观察进行归纳、分析，无法开展可重复实

验，无法干预并进行反事实推理，因而也就很难推断因果关系。比如，中国历史上的“七雄争霸秦得胜，三国归晋庆太平”，对此就有很多不同的解读。所以黑格尔说：“人类从历史中学到的唯一教训，就是人类没有从历史中吸取任何教训。”中国的杜牧也表达过类似的观点：“秦人不暇自哀，而后人哀之；后人哀之而不鉴之，亦使后人而复哀后人也。”

这其实反映了历史因果的不确定性和某种程度的历史虚无主义。一方面，历史常常被认为是偶然与必然共同造就的；另一方面，有人认为历史是某种天命，比如邹衍的“五德终始”学说，这种对历史天命的解读，就是中国古人对社会发展的一种模拟演化假说。

大型社会模拟实验让文科实验成为可能，能进行反事实因果推理，计算各种因素对某个事件的贡献度，是克服历史虚伪主义的科学求解之路。在对大型社会模拟实验展开讨论之前，我们不妨看看历史上中国人进行了哪些社会模拟方面的早期探索。

雏形与思潮，古代的社会模拟

《三国演义》开篇有一句很有名的话，“话说天下大势，分久必合，合久必分”。这是一种分辨率很低的社会模拟，仅仅是一种描述性的总结。

在中国古代，具有社会模拟含义的说法和探索还有很多。战国时代邹衍开启的“五德终始”学说，是一种有着深远影响的中国社会模拟流派与雏形。司马迁在《史记·孟子荀卿列传》中记载了邹衍的学说。在这篇孟子、荀子的列传中，谈论孟子、荀子两人的篇幅加在一起也没有谈论邹衍的篇幅多。

邹衍的模型建立方法是基于五行因果模型的归纳法（先验小物，推而大之，至於无垠），并设置物理（至天地未生，窈冥不可考而原也）、历史（上至黄帝）、地理（先列中国名山大川，通谷禽兽，水土所殖，物类所珍）等边界条件与关键变量，从而建立了一个被称为“五德终始”的社会模拟，五德就是五行在社会领域的对应物。

秦始皇是五德终始学说的第一个最有影响力的“信徒”。在《史记·秦始皇本纪》中，司马迁提到，秦始皇认为，根据邹衍五行生克的原则，以木为德的夏朝代替了以土为德的黄帝时代，以金为德的商朝代替了夏朝，以火为德的周朝代替了商朝，而秦朝结束了周朝的统治，按理应为水德。正因如此，秦朝崇尚黑色，并且将十月定为岁首。

> 黄帝得土德，黄龙地螾见。夏得木德，青龙止於郊，草木畅茂。殷得金德，银自山溢。周得火德，有赤乌之符。今秦变周，水德之时。
>
> ——司马迁《史记·封禅书》

汉代更加笃信邹衍的学说。按理说根据五行生克，汉朝应该是五行属土。但汉初的张苍认为秦代二世而亡，而且暴虐无道，不能算一个朝代，因此汉代应该承袭周朝而为水德。

> 初，丞相张苍以为汉得水德，鲁人公孙臣以为汉当土德，其应，黄龙见；苍以为非，罢之。
>
> ——司马光《资治通鉴·汉纪七》

到了汉武帝时代，秦的地位又得到承认，所以公元前 104 年，汉武帝宣布改制，将国家崇尚的颜色改为黄色（土色），将重要的数字改为五（五行属土），这都是将水德改为土德的标志（见图 4-2）。

> 正历，以正月为岁首，色上黄，数用五。
>
> ——《汉书·武帝纪》

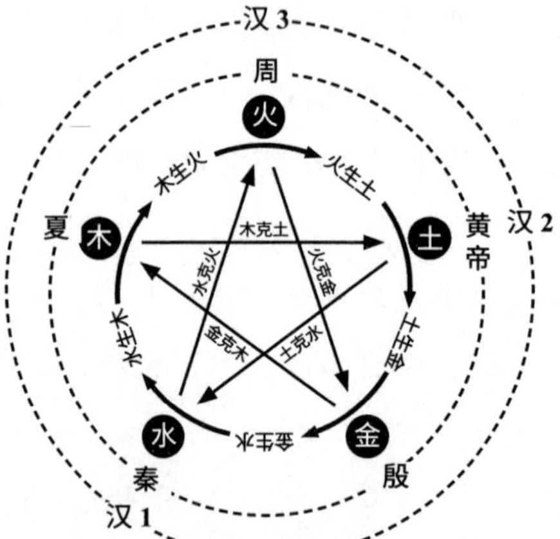

图 4-2 邹衍的五德终始模型

注：汉 1 指的是张苍的水德说，汉 2 指的是汉武帝时代的土德说，汉 3 指的是后来的火德说。[44]

邹衍的五德终始社会模型后来有了继承者，这就是刘向的新五德终始模型（见图 4-3）。五德终始模型的特点是以五行相克的方式迭代。例如，木夏代土黄，金商代木夏，火周代金商，水秦代火周。这种以五行相克为代表的社会迭代，强调的是反抗与革命。等到汉代坐稳了朝廷，逐渐开始意识到五行相克代表的社会迭代是一把双刃剑，虽有利于改朝换代，却不利于长治久安，更可能导致朝代更迭之际“天街踏尽公卿骨”的悲剧。于是汉代刘向开始总结时代思潮，提出以五行相生为特点的新五德终始模型。

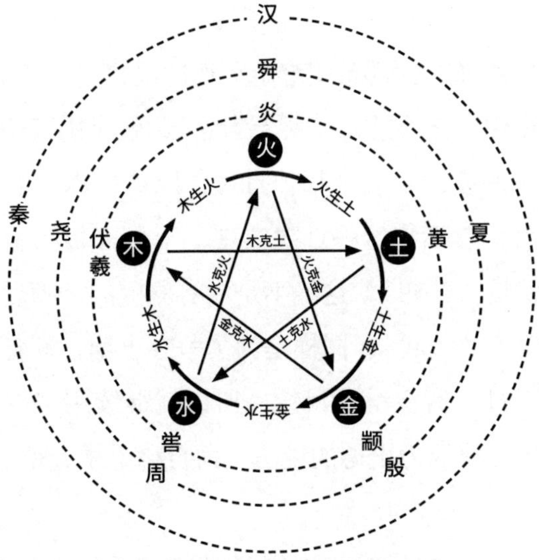

图 4-3　刘向的五德终始模型

在刘向的新五德终始模型中，朝代是从伏羲开始，伏羲属木，并衍生出属火的炎帝，然后依次是属土的黄帝，属金的颛顼，属水的帝喾，属木的尧，属火的舜，属土的夏，属金的殷，属水的周，属木的秦，属火的汉。直到清末，刘向的新五德终始模型都产生着巨大的影响。

在刘向的新模型中，汉代不再是土德或者水德，而是火德。王莽为了取代汉代正统、建立新朝，就自称土德来表明其争夺权力的合法性——火生土。而东汉刘秀借助一本图谶书《赤伏符》声称自己是“火德真主”，将承袭汉朝的余脉，所以汉朝在此之后又有“炎汉”的说法。

三国时代诸侯蜂起，都希望继承火德的汉代，而声称自己是土德。例如，黄巾军号称“苍天已死，黄天当立”，就是用五德终始模型来争夺话语权。后来的袁绍、袁术都曾打过“以黄代赤”的旗号，以土德代替火德。最后，曹丕将这一理想实现，于是曹魏以土德著称。曹丕的第一个年号就是“黄初”，这绝不是没有原因的。随后称帝的孙权则将自己的年号定为“黄武”，同样是为了争夺土德。刘备自称中山靖王之后、孝景帝玄孙，有权继承汉统，所以就继续用“炎汉”自居。三国归晋后，晋接受曹魏为土德的说法，而自称秉承金德。

从此之后，各个朝代纷纷根据自己的利益任意选择五德终始模型，直到清代。清代本来自称为“金”，努尔哈赤征战一生都号称“大金”，而努尔哈赤去世10年，同时也是皇太极登基10年，即1636年（明崇祯九年），皇太极就将年号改为大清，一种说法认为，根据五德终始模型，金显然无法克制以火为代表的明，而“清”恰恰含有水，可以克制明。而且据说明有三重火：明为汉人王朝，而汉为火德，这是第一重；朱本身属火，这是第二重；明也为火，这是第三重。清朝若要克制明朝，只能用带“氵”的“清”字。这只是一种传说，但很显然，这种社会模拟器不仅仅是用来对社会做出解释，而是要创造社会、创造历史。事实上，五德终始模型也确实成为一种强大的社会心理、舆论暗示，长期实际参与了社会历史进程。

除了邹衍，宋代邵雍也建立了一个社会模拟器雏形，但他采用的不是基于五行的模型，而是基于《易经》的模型做出了发展（见图 4-4）。[45] 邵雍对于《易经》的看法与众不同，他是从宇宙发生论的角度看待《易经》的。[46]《易经》有 64 卦，而到了汉代，其中 12 卦被拿出来比附 12 个月份，被称为 12 主卦，分别是复、临、泰、大壮、夬、乾、姤、遁、否、观、剥、坤。

图 4-4 邵雍《易经》模型

这 12 主卦之所以重要，是因为它们代表了阴阳消长，比如复卦一阳在下，表示阴极阳生，是中国阴历十一月的主卦，冬至就在这一卦下；乾卦六爻皆阳，表示阳达到极盛，是中国阴历四月的主卦，小满就在这一卦下；姤卦一阴在下，表示阳极阴生，是中国阴历五月的主卦，夏至就在这一卦下；坤卦六爻皆阴，表示阴达到极盛，是中国阴历十月的主卦，小雪就在这一卦下。

邵雍的贡献在于两方面：一是给 64 卦一个演绎的解释，即由动静、阴阳、刚柔等依次演绎，从 2 推演为 64；二是用 64 卦来进行社会模拟。他认为，复卦初爻就是世界存在的开始；到了泰卦，世界上的个体事物产生，人也在此时出现；到了乾卦，文明迎来了黄金时代，接着就是不断毁坏的过程；到了剥卦，一切个体事物都毁灭了；到了坤卦，整个世界不复存在。然后继续复卦初爻，另一个世界再度出现。那么一个世界的存在时间有多长呢？邵雍认为世界从生成到毁灭需要 129 600 年。这个数字是如何计算出来的呢？邵雍把世界从生成到毁灭的周期叫作“元”，一元复始，万象更新，一元有十二会，一会有三十运，一运有十二世，一世有三十年。

1 元 =12（会）× 30（运）× 12（世）× 30（年）=129 600 年

在邵雍看来，乾卦的黄金时代大约是尧的时代，而他所处的宋代位于剥卦，是万物开始毁灭的时代。邵雍的模型能够揭示事物发生、发展、衰落的全过程。

在邵雍的《皇极经世》系统中，历史事件纪年固然依附于传统的干支纪年法，以便人们对照，但这种纪年被纳入一个时间跨度更大（实际上一元是129 600年）的基于八卦的系统中，人们因此可以利用八卦系统对历史进行解读，并对未来进行预测。例如，明太祖朱元璋开国那一年，在我们今天熟知的系统中，是公元1368年；对于当时熟悉干支纪年法的人，是戊申年。在公元纪年和干支纪年这两个系统中，我们并不能对这个年份做出某种判断。但是，公元1368年，或者农历戊申年，在邵雍的纪年法中，就变成了“甲一元、午七会、大过运（运正）、井运（运运）、巽世、蛊旬、中孚年”（见图4-5）。这种纪年在邵雍看来，可以利用元世运会进行某种推断，因为“大过”“井”“巽”“中孚”等本身也可以从《周易》中得到某种解读。比如，井运是由乱转治的运，似乎由此可以推断明代将迎来平安稳定的时代。

元	甲一（-67017—62583）									
会	午七（-2217—8583）									
运正卦	大过（-57—2103）									
运运卦	井（1024—1383）									
世卦	巽（1324—1383）									
旬卦	年卦									
蛊 1364—1373	同人 甲辰 1364 （元至正24年）	临 乙巳 1365	损 丙午 1366	节 丁未 1367	中孚 戊申 1368 （明太祖洪武元年）	归妹 己酉 1369	睽 庚戌 1370	兑 辛亥 1371	履 壬子 1372	泰 癸丑 1373

图4-5 用邵雍模型来解释明太祖洪武元年

除了邹衍、邵雍的基于完备理论的社会模拟，还有一些其他广为流传的社会模拟雏形与思潮，例如唐代袁天罡、李淳风的《推背图》[47]，明代刘基的《烧饼歌》[48]。这些社会模拟已经不再有理论基础，而是某种类似谶语的社会心理暗示。

《推背图》的第二十七象画了一棵树，树上左右画了两个圈；下面的谶语是"惟日与月，下民之极，应运而兴，其色曰赤"；再下面的颂是"枝枝叶叶现金光，晃晃朗朗照四方。江东岸上光明起，谈空说偈有真王"。金圣叹将这段话解释为朱元璋的崛起，而"谈空说偈"指的是朱元璋出家为僧的经历。

《烧饼歌》中则有这样的描述："此城御驾尽亲征，一院山河永乐平；秃顶人来文墨苑，英雄一半尽还乡。"这段似乎暗示了朱棣夺位、道衍和尚姚广孝辅佐的历史。我们很难说《推背图》《烧饼歌》描述了历史事实，更多的是恐怕事后的追溯和正名。

可以看出，古人在尝试对社会进行模拟和解读，而且邵雍等人还采用了某种近似数学模型的模拟。然而，中国古代这种社会模拟具有较大的局限性。

第一，只有数理的形式，却没有数理的实质内容，导致其具有很大的不确定性，仅停留在描述与归纳阶段。比如，"分久必合"中的"久"到底是多长时间呢？五德终始模型最终变成了胜者为王和指鹿为马，历史成了任人打扮的小姑娘。"元会运世"也是牵强的类比，社会发展被解读为历史的倒退。总的来说，古人的社会模拟缺少因果关系推理中所需要的有效干预和反事实推理，并且不具有足够精细的颗粒度。尽管这样的历史观一旦被大众接受的话，同样能成为影响历史的一种力量，但我们相信，物理学中的“测不准原理”并不能完全适用于历史与社会，历史中存在客观规律，并且能够被新的手段所把握。

第二，尽管大家都承认人的意志也参与了社会历史进程，但古代的社会模拟表现为一种机械形式，而忽略了人与社会的价值导向。今天基于人工智能的大型社会模拟器，能够提升模拟的科学性、系统性，有着更强大的效能和更高的颗粒度，因为我们有更强大的算力、更多的参数考量，我们将 V 系统纳入通用智能体，而以往的模型中都没有考虑人的内在价值函数。

大科学装置，现代的社会模拟

在人工智能浪潮的推动下，数字社会与现实社会日益融为一体，社会治理不再局限于物理世界，而是拓展到数字空间、虚拟空间。这种变化引发出一个关键问题：**如何构建机器的价值系统和认知架构，以使其能够理解和应对物理世界中的因果关系和人的心智？**举个例子，ChatGPT 可以正确回答大部分问题，但是它并不具备理解人类价值或与人类价值保持一致的能力，它也没有身体来体验物理空间，进而无法与物理和社会环境进行互动。这表明，当前的人工智能强烈依赖数据，缺乏常识理解，缺乏自主的价值判断。我们需要“为机器立心”，这是通向通用人工智能的必由之路。为了构建机器的价值系统、实现真正的通用人工智能，北京大学武汉人工智能研究院提出了一种创造性的大科学装置——大型社会模拟器（见彩图 5）。

作为首个社会层面的通用人工智能模拟器平台，大型社会模拟器基于城市规模 3D 仿真环境，提供沉浸式的可视化和物理交互模拟。其核心是通过构建 UV 动力学模型，创建数百万具有唯一行为模型的通用智能体，模拟个体与社会的相互作用，探索各种社会组织与机构的形成和运作，以及社会分工与经济社会模式的演化动力学。其功能主要包括：数据仓库、系统刻画、常态模拟、干预策略、优化验证和智能决策几个模块。

- **数据仓库：**负责收集和存储各种来源的大量数据，包括人口数据、经济数据、交通数据、环境数据等，并提供高效的数据管理和访问功能，支持数据的快速检索和分析，为其他模块提供基础数据支撑，通过数据挖掘和分析，识别社会系统中的关键趋势和模式。
- **系统刻画：**通过分析和建模，刻画社会系统的结构和动态行为，构建详细的社会网络、经济模型、交通模型等，用于模拟和分析，以帮助理解社会系统的复杂互动和演化规律。提供基线模型，为常态模拟和干预策略提供参考。
- **常态模拟：**在基线模型的基础上，模拟社会系统在正常情况下的运行和演化，生成详细的模拟数据和报告，用于研究与分析社会系统的基本行为和规律并识别潜在的问题和瓶颈，预测未来趋势。

- **干预策略：** 允许用户在模拟环境中引入各种干预策略，例如政策调整、基础设施建设、经济刺激计划等。评估干预措施的效果，分析其对社会系统的影响，帮助政策制定者测试和优化政策方案，减少实际实施中的风险和不确定性。
- **优化验证：** 通过设计计算实验的方式进行反复的模拟验证，寻找最优的解决方案和策略，验证优化方案的可行性和有效性，输出模拟计算后的指标信息及优化前后的对比，确保其在实际应用中具有良好的效果。支持对复杂问题的求解，如公共资源配置、大范围交通信控优化、环境保护、能源利用、社会公平等。
- **智能决策：** 利用人工智能技术，从大量模拟数据中提取有用的信息和模式，自动生成决策建议，辅助用户进行快速和准确的决策。为政府、企业和社会组织提供智能化的决策支持。预测突发事件的影响，制定应急预案和响应策略。

算法模型定义了多层次的 UV 函数系统、价值条目 V 以及动作空间 U，构建了一种价值驱动的机理，刻画了多个层面的智能体行为（见图 4-6）。首先我们可以利用一个神经网络 UV_Net 对价值 V 进行相应建模，每类价值函数等于一个基础函数加上一个动作变化函数，基础价值函数表达普世规律，动作变化函数体现个体差异以及动作对价值的影响。其次对状态 S 进行相应分解，将计算出的 V 作为 S 的一部分，即观测到的个体的价值状态，依据观测状态，决定输出动作。前期利用模仿学习，从自然人的行为数据中进行相应的 UV 知识矩阵学习，后期利用逆强化学习，学习相应的策略以及奖励函数，并用策略和环境交互，实现 V 驱动 U 的效果。当模拟器运行时，个体有一个（U,V），这代表一个人的人性，群体也有一套（U,V），代表该群体的文化、文明，个体的（U,V）系统与群体的（U,V）系统相互作用，从而实现在个体与社会、城市与社会、国家与文明各个层级的广泛应用，管理者也能多维度、更准确地理解社会状态，预测未来趋势，评估公共政策和干预措施的系统性影响，从而进行科学的智能决策。

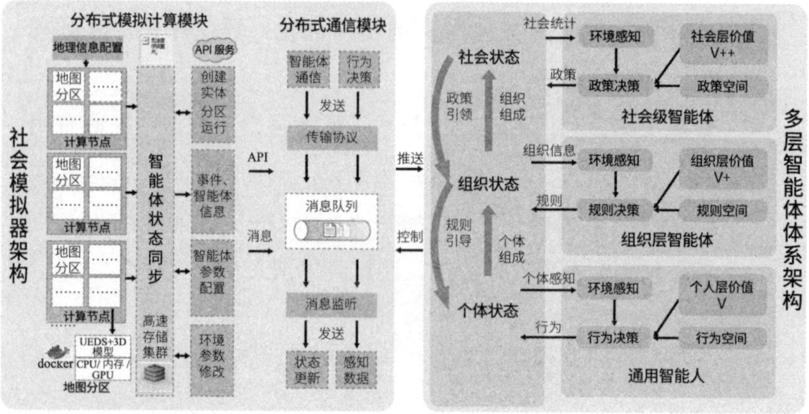

图 4-6 大型社会模拟器的技术路线

作为城市治理及社会科学研究强有力的工具，大型社会模拟器面临诸多挑战。比如说，需要大量真实数据来构建和校准通用智能体的行为模型，同时要保障数据隐私和安全。大规模模拟仿真需要强大的计算能力和高效的算法。模型和仿真环境需要具备良好的可扩展性，以便能够应对不同层级、规模、精度和复杂度的社会系统。

基于上述问题，我们在构建和校准通用智能体行为模型时，使用数据去标识化、加密技术、访问控制、差分隐私和联邦学习等措施，以确保数据在收集、存储、处理和共享过程中的安全性，并遵守相关法律法规，保护个人信息。实现百万级通用智能体的交互模拟需要强大的计算能力，以处理和分析大量复杂的数据，确保模拟结果的准确性和加速性能。为此我们在架构设计上引入云计算和分布式计算技术，以满足对计算资源和性能的高要求。通过分布式计算技术、高并发调度技术重建城市级规模的模拟仿真环境，基于地理网格将模拟区域划分为不同形状、大小的无缝连接的区域，将海量通用智能体分布在不同区域，这些区域并行在不同的计算节点上，有效减少了中心服务器的计算压力，理论上可以支撑千万以上通用智能体的同场景交互模拟。为增强平台的可扩展性，满足不同规模和复杂度的模拟，我们使用了云计算技术，它能动态分配和调整计算资源。另外，平台采用分层架构设计，清晰分离数据层、逻辑层和表现层，便于各层独立扩展和优化，确保系统的高可用性和可扩展性。

对政府而言，大型社会模拟器能够有效继承智慧城市、数字政府建设阶段打下的数据基础，激发整个数据生态，实现数据多维度的信息补全，提升数据价值。大型社会模拟器遵循着“数据收集和预处理 - 数据合规 - 模型构建 - 社会模拟 - 数据拼接 - 生成完整数据集 - 行业智能体”的工作路径，开展社会仿真与模拟。在数据生产环节，需要符合伦理审查、数据安全、隐私保护、算法透明可靠以及知识产权等规定和要求。在此原则上，对建筑物、水电气、天气、道路以及

POI[①]等物理数据，交通态势、通勤OD[②]、人口迁移、违法犯罪、舆情等信息数据，产业链、经济指标、教育系数、健康支出、就业率等社会数据进行生产、加工、整合。**大型社会模拟器的作用，就是通过社会的统计、因果、价值模型来复原碎片化的数据，从而得到企业发展和政府决策可用的完整大数据。**比如利用回归分析、时间序列分析等统计方法，分析数据中的模式和趋势；使用结构方程模型、贝叶斯网络等，确定数据中不同变量之间的因果关系；结合价值模型评估数据中的经济和社会价值，帮助确定决策的优先级。

另外，大型社会模拟器可以有效解决全量过程数据获取困难的限制，通过仿真数据扩充变量、标签等多维度信息，补全空缺数据，提升数据质量，增强多样性和丰富性。以仿真数据代替真实数据，能够有效降低隐私风险，并且加速用户模型开发和产品优化。这里可以做一个通俗的类比（见图 4-7）：考古发掘出的不完整碎片（局部数据），经过智能技术复原、补全后就能得到完整陶器（完整数据）。在智慧城市建设阶段，社会运行数据（人口流动、交通数据、物流商业、金融交易、大规模通信等）能够通过各种传感器（摄像头、运营商数据、物流电商数据、水利检测数据等）观察和收集到。但是这类社会活动数据是局部、碎片化、不完整的。大型社会模拟器的常态社会模拟能

① POI是Point of Interest的缩写，中文可译为“兴趣点”，是地理信息系统范畴中的一个概念，指可以抽象为点的地理对象，尤其是一些与人们生活密切相关的地理实体，如学校、银行、餐馆、加油站等。——编者注

② OD指交通量，O来源于英文origin，指出行的出发地点；destination来源于英文destination，指出行的目的地。——编者注

够增加变量、标签与数据密度，实现横向扩展、纵向打通。在社区层级等模拟场景中，通过将 A 小区的数据迁移到类似的 B 小区，打通城市的全域运行数据。使用大型社会模拟器进行数据补全的优势在于能够充分利用已有的碎片化数据，最大程度地还原真实的社会运行情况，从而为决策提供更为全面和准确的信息支持。同时，这种方法也能够揭示数据中潜在的模式和关系，提供新的洞察和理解。

图 4-7 大型社会模拟器对数据的处理就像修复陶器

人类社会是一个嵌套式的多智能体系统，可以被抽象为一个多层网络。作为一个多层次 UV 双系统，大型社会模拟器可以在多个层面开展常态模拟、反事实推断，进而做出智能决策。大型社会模拟器至少可以在三个层面展开，这三个层面之间既有共同的技术基础，也存在独特的问题面向与任务场景（见图 4-8）。

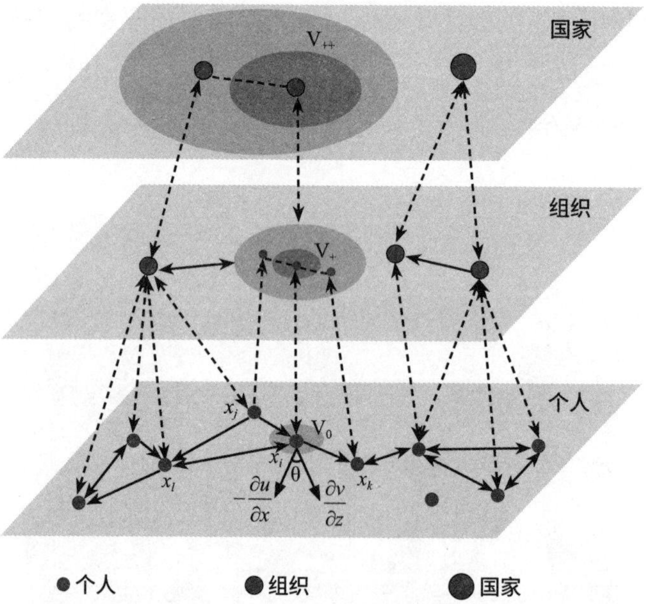

图 4-8　大型社会模拟器的多层次性

图 4-8 中的圆点表示智能体，线条表示智能体之间的交互关系。节点数量、节点间的关系和网络层级受智能体决策影响而发生动态的变化。由于智能体的异质性和任务的复杂性，低层级的智能体自发合作生成高层级的智能体，高层级的智能体间合作生成更高层级的智能体，如此循环往复，社会智能不断涌现与演化，社会结构不断复杂。例如，每个人类个体都可以被看作个体层面的智能体，人类个体合作形成部落，多个部落联盟组成城邦，城邦联合形成国家。又如，现代

社会中，有不同专长的人合作组建公司，多个同类型公司组成行业，多个行业形成商会。多层网络建模支持对人类社会的跨层级、多尺度、全面的模拟与分析。

UV 体系是描述多层级社会中小数据驱动智能体决策和社会智能涌现的有效理论框架。V 指智能体的价值体系，U 表征智能体的任务和行动。对不同层级的智能体，V 和 U 的具体含义有所区别。

- 在个体层级，V 包含生存、人身安全、归属感、声誉等维度；U 包含场景识别、因果推理、控制自身运动、语言交流等维度。
- 在组织层级，V 包含组织利益、组内公平、多样性等维度；U 包含组内分工、群体规范、组间协商等维度。

一个智能体往往参与多个层级上的社会交互，其决策受多个层级的 UV 影响。如 A 公司的员工甲，甲既是个体层级上一个独立自主的智能体，被自身 UV 驱动决策；又是 A 公司这一组织层级智能体的组成部分，受公司 UV 的影响。对甲而言，在上班时间内，公司 UV 的作用更显著：甲连续参与多个项目会议，跟进项目的进展并与同事讨论接下来的工作安排，忙到只能去楼下便利店买几个包子作为午餐。下班后，个体 UV 的作用更显著：甲爱好美食，花费 3 小时优哉游哉地为自己准备一桌子精美的食物作为晚餐。再进一步，U 和 V 相互作用，动态发生变化，价值 V 驱动行动 U 的生成和增强。如生存需求驱动智能体捕食猎物，又如组织利益驱动组织层智能体优化组内分工。反过来，U 系统驱动 V 系统演变，如买房（U）导致智能体更关注房地产市场行情变化（V），又如成为组织领导（U）导致智能体更关注组织内部公平（V）。

UV 还驱动智能体之间进行交互。对于同一层级内的智能体，一个常见的例子是智能体为了最大化自己的利益，与其他智能体合作、竞争或协商，如个体之间讨价还价，国家之间远交近攻。对于处于不同层级的智能体，如员工和公司，两个层级的 UV 共同作用，其交互过程也更为复杂。我们来看一个具体的例子，员工甲喜好历史古迹（个体 V），常常花时间去逛历史博物馆（个体 U）。公司为了创收（公司 V），接了一单新业务并给甲安排了额外的工作量（公司 U）。在个人 UV 和公司 UV 的共同作用下，甲取消了去博物馆的计划，加班完成工作。长期超负荷的工作量导致大量员工抱怨，甚至有部分员工离职，公司意识到在考虑公司利益的同时应当关注员工的幸福感（新的公司 V），于是不再接洽新业务，并且提高员工加班福利，优化分工（新的公司 U）。

多层级的 UV 系统也可以阐释人类社会中很多不同模式的内在联系。例如市场经济与计划经济，实则来自不同的 UV 系统。在市场经济的模式下，由个体层级的 V 主导经济行为，形成了市场化的 U；在计划经济的模式下，由社会层级的 V 驱动生产与消费，形成了另一种 U。因此，市场经济和计划经济并不是对立的，而是多层级 UV 频谱上的两种不同的行为结果。

基于 UV 系统的社会模拟能够实现“小数据，大任务”，即价值驱动无限的任务生成，同时少量数据即可驱动通用智能体习得策略，实现大量任务场景中的自主决策。这不同于常见游戏中的 NPC（Non-Player Character，非玩家角色），NPC 往往基于行为树决策，其行为不会超越行为树描述，这大大折损了游戏任务场景的多样性。同时，按照既定策略行动的 NPC 也无法适应新的场景，生成新颖的行为，因此缺乏社会智能。反之，UV 驱动的通用智能体能够主动识别和适应场景。同时，随着与环境（包括其他智能体）的交互，通用智能体的 UV 会不断变化与扩张，能够支持更加丰富多样且新颖的行为。

社区级模拟及其应用

社会是一个复杂的自适应系统，社区是社会的基本单位，是国家与社会治理的最基层单元。社区包含多种相互关联的子系统，如交通、教育、公共卫生、经济活动等。计算机模型和仿真技术可以帮助研究者、决策者理解这些子系统的运行机制及其相互作用。社区级模拟旨在通过虚拟现实技术对社区的物理世界进行高逼真还原，再建造一个与现实的物理社区匹配的数字社区，并基于大型模拟器提供的若干算法、高逼真游戏渲染等技术对社区重点事件进行仿真模拟、智能监测、决策辅助，构建“社区决策大脑”，赋能基层社会治理。

为了真实可信地模拟社区的居民行为，社区模拟器基于真实社区，创建了一个容纳 3 000 位居民的虚拟社区。这是一个实验平台，允许研究者在没有进行实际干预的情况下，观察和分析社区内个体的行为，以及个体行为对社区整体行为的影响。在建模方面，个体行为是由其自身状态和外部环境共同决定的。这里的自身状态包含内心价值状态以及生理需求，如饥饿程度、疲劳度、社交需求等，用V函数来表示。个体行为用集合U来表示，U代表个体行为，如吃饭、睡觉、工作等。V代表个体的价值状态，如饥饿程度、疲劳度、社交需求等。个体的价值状态会驱动行为，同时个体的行为会改变价值状态。如何在模拟的过程中，学习到个体行为和价值状态之间的相互作用关系，对于我们理解和分析个体行为非常有意义。通过模拟，我们可以评估不同因素、决策如何提升社区居民福祉、基层治理效能。

社区模拟器的典型应用场景是公共危机事件模拟，例如恐怖袭击。为了深入理解恐怖袭击的动力学机制、科学应对措施，研究人员需要在具体建筑物、场所等位置开展模拟，帮助研究人员和政策制定者预见潜在威胁，制定有效的防御策略，减少人身安全威胁和财产损失。社区模拟器能够复现恐怖分子的行为过程，包括选定目标、攻击等；还能够模拟社会群众的行为反应，例如恐慌、见义勇为、反抗、人群疏散和踩踏等。

通过具有UV价值函数的通用智能体与周围人和环境的互动，我们可以训练执法人员和应急响应团队，提高他们的反恐能力和协作水平；还能引导公众进行社会学习，提高人们的安全意识和防范技能，并找到鼓励见义勇为的方法。

社区模拟器的另一个典型应用场景是发生在具体建筑物（楼栋）

中的火灾模拟。社区模拟器可以构建一个基于多智能体的火灾模拟平台，高度还原火灾疏散动力学的完整生命周期，涵盖火势蔓延、烟雾扩散、人员疏散、内部互动和外部救援等多个环节，全方位模拟高楼火灾的演化轨迹和态势。在紧急情况下，每个智能体都是独立的决策个体，与周围智能体和环境互动。智能体之间的微观互动，譬如信息交流、相互影响、合作竞争等，最终在宏观层面上催生群体行为的涌现。同时，每个智能体都面临多重考验，如火势蔓延、烟雾侵袭、通道堵塞、人群推搡和群体恐慌等，这些因素之间存在复杂的非线性关系。该火灾模拟平台可以深入探讨不同疏散策略、建筑设计、自救技能和人群自组织样态如何影响火灾疏散系统的整体动态特性，不仅可以揭示高楼火灾中的复杂涌现过程，还为科学评估建筑的结构、布局、设施的防火灾安全水平提供了技术支撑。

城市级模拟及其应用

城市级模拟是指对整个城市进行系统性、整体性的全面模拟，包括物理、社会、经济和环境等方面，涵盖城市总体规划、管理和运营。城市级模拟能够帮助城市管理者和决策者更好地理解城市的复杂动态系统，制定和实施更加科学和有效的政策与策略，助力城市高效管理、可持续发展，以及更高质量的居民生活。

第一个城市级模拟应用场景是交通模拟。交通问题是全球许多大中型城市面临的一项重大挑战，与人民群众的幸福感、获得感和安全感直接相关。通过整合多种数据源和深度学习技术，我们可以实现对道路上异常交通事件的实时检测和分类。基于大型社会模拟器，结合交通领域的专家知识与经验，开发算法，合理设计和管理交通参与个体（汽车、行人、交通信号灯）的属性、关系和相互作用，开展大规模交通模拟，实现仿真、推理、诊断、优化的全流程管理，打造交通智能体（见图 4-9）。

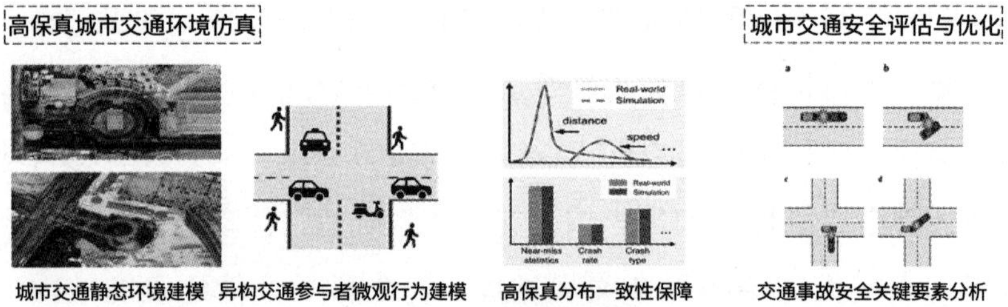

图 4-9 基于大型社会模拟器的公共交通优化

具体的应用场景与技术模块开发有三个方面。

- **拥堵诊断分析。**通过收集和处理传感器、摄像头、GPS 等多源时空数据，采用神经网络模型（如卷积神经网络和长短期记忆网络）等进行特征提取和预测分析，实时预测道路拥堵情况，并结合历史数据和环境因素（如天气、事故、施工）进行深入分析，从而提供准确的交通拥堵诊断和预警，有助于改善交通管理和提升出行效率。
- **信控优化。**通过城市的历史通行规律，实时感知机动车、非机动车、行人的交通情况，采用强化学习进行信号灯自适应优化、干线协调等，优化信号配时，提升交通运行效率、交通管理效能。

- **交通组织优化。**根据模拟仿真策略，优化道路交通组织，在有限的道路空间上，科学、合理地分时、分路、分车种、分流向使用道路，使道路交通始终处于有序、高效运行状态。

第二个城市级模拟应用场景是经济现象模拟。大型社会模拟器能够为人们理解经济与社会现象提供全局、系统性视角。大型社会模拟器能够提供一个高效、灵活且具备广泛应用价值的政策评估平台，基于人工智能的宏观经济学理论、算法与模型，在引入人工智能技术的经济环境下探究如何通过经济模拟优化和提升社会福利。首先，搭建仿真的经济运行环境，包括各类经济行为体，用来模拟真实经济系统中各主体的相互关系和动态特征。要确保仿真环境的泛用性，以适应不同经济环境和政策需求，实现用户自定义参数和规则。其次，基于人工智能的宏观经济模型构建政策评估平台，结合多智能体系统和仿真环境，评估税收政策、产业政策等效果，为政策制定者提供数据支撑；同时利用政策评估平台探索经济问题，提出可行性政策建议。最后，以人工智能技术对经济的具体影响为案例，探讨税收政策等措施，调节人工智能使用。在此方面，“AI 经济学家”（AI Economist）[①] 做出了探索，大型社会模拟器能够进一步提升系统性、真实性。

北京大学经济学院李博团队基于“AI+ 经济学”范式，通过经济智能体模拟研究如何优化和提升社会福利，探究社会管理智能体如何通过税收手段调节智能体的行为，并平衡与社会总产出的关系来达到社会福

---

① AI 经济学家是一个用于政策设计的两级深度强化学习框架。——编者注

利最大化。其技术路线如图 4-10 所示。该项目研究的重点是引入人工智能后带来的挤出效应、劳动分工和人工智能的替代方式。模拟结果表明，对于固定税率政策模型来说，通过对微观智能体最优反应和整体社会福利的研究，可以分析不同税率方式的可行性及其带来的社会福利。对于训练的模型来说，可以通过另一层的优化问题来解出更好的税率制定方式，以获得更多的社会福利。基于此，可以为政府提供经济方面的政策建议。

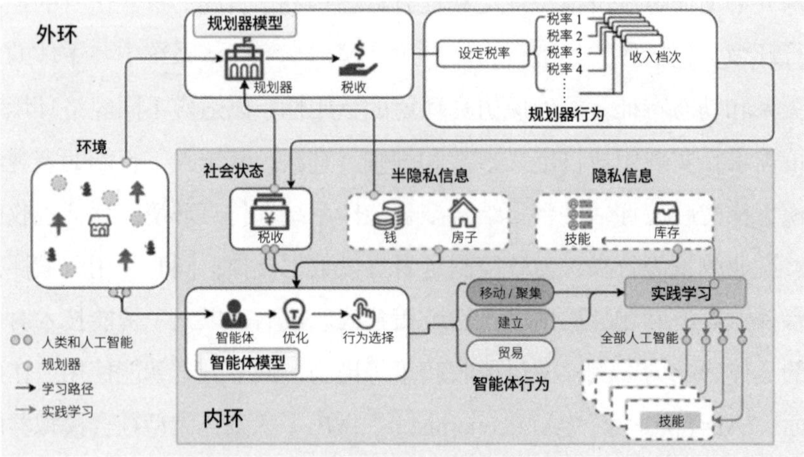

图 4-10 经济智能体模拟的技术路线图

第三个城市级模拟应用场景是产业链模拟，用于模拟企业集群、不同行业经济行为体之间的互动模式和联动效应。北京大学光华管理学院彭一杰团队的“基于 UV 函数的企业模拟”项目，旨在通过研发和应用企业模拟技术，提升企业运营效率及治理效能，利用计算机技术、人工智能技术、数学模型等，模拟企业的运营和决策过程，以及与其他企业和市场之间的互动关系。该方法不仅能帮助企业优化资源配置、发现潜在问题和风险，还能为政府和监管机构提供决策参考，促进社会良性发展。该项目以东湖高新区为实验基地，参与民企企业行为与决策过程，提升区域的经济与产业发展潜力。目前，该项目已经初步搭建了企业模拟原型系统，包括若干个重点产业链、重点企业的核心参数信息。基于 UV 函数、强化学习算法，模拟产业链上企业之间的竞争与合作，探索产业链管理的方案。

首先，开展单个企业法人 UV 函数建模、仿真模拟研究。利用数据挖掘技术、Transformer 模型等，从多种数据源中提取企业法人运行过程中的核心驱动力。

其次，借助强化学习与仿真优化，引入基于随机梯度估计和风险度量的分布式强化学习方法，用于模拟企业在产业链中的行为。在模型训练方面，使用中心训练分布执行框架，提升了多智能体的系统运行与决策效率。

最后，通过实验与应用，完成了企业模拟平台设计和相关算法搭建。通过实验平台，导入真实的企业经营数据、政策偏好向量，开展初步测试和优化。在此基础上，可以实现单个产业链的最优化模拟，提高模型精度和模拟稳定性。如果导入东湖高新区 15 万家企业运行信息，将会获得全局、全息的产业链模拟视角，助力产业智能决策。

第四个城市级模拟应用场景是城市智能发展规划。在东湖高新区（中国光谷），基于城市发展规划，可以使用知识图谱、专业知识、智能技术、模拟技术等开展基于大型社会模拟的智能规划研究。深入分析前期发展规划的内容结构与实际问题，将智能技术融入发展规划编制工作，探索智能规划理论与应用边界。基于需求匹配技术路线，形成面向东湖高新区政府与社会的智能发展规划应用系统，打造光谷智慧治理方案。

目前，已经实现了基于大模型的知识图谱自动构建以及智能问答系统的构建。在文本库构建与文本清洗方面，实现了对 2 110 篇十四五期间发展规划文本依据地区分类归档，涵盖全国各省级与地级行政区以及部分县级行政区，得到有效文本 867 篇。文本库具有动态扩展性，持续纳入更多时间段、更完整地区、更丰富文本类型的发展规划文本，实现文本库系统化、检索便利化。

在大模型辅助文本标注和微调方面，将人工标注的 2 567 段、18 249 条，以及大模型辅助标注超过 4 万段作为大模型微调的训练数据集，微调结果的准确率较高，模型训练效果理想。除此以外，模型的损失值稳定地保持在 0.1 以下，表明模型具有良好的泛化能力和稳定性。在知识智能抽取和图数据库构建中，包含节点 1 824 529 个，段落 822 645 条。基于全国城市发展规划文本库知识建设，通过智能分析、模拟技术，实现最优索引与参考。

国家与文明级模拟与应用

国家与文明都是宏观层面的社会与历史行为体范畴。国家模拟指的是对具体某个国家的模拟。文明的概念可以指一个国家，也可以指多个国家。例如东方文明，不仅指中国历史上出现的众多国家（朝代），也可以指同一时期与周边邻国的互动关系。无论是国家还是文明模拟，都是对一个复杂巨系统的全面模拟工作。这种模拟需要考虑经济、政治、社会和文化等多个方面的因素，同时涵盖国家间的外交关系、军事冲突、资源竞争以及文化交流等复杂动态。通过先进的模拟技术，研究者能够探索和模拟国家发展和社会动态的复杂性，以及历史演化的动力学过程。大型社会模拟方法不仅可以帮助理解和预测国家在不同政策和环境下的行为和变化，还能深入分析各种因素对社会和国家发展走向的影响。这为政策制定者提供了一个强大的工具，用来精确评估各种国家发展政策的可能影响，指导长期战略规划和决策。通过模拟，研究者能够对不同的历史情景或未来进行预测，深入理解国家发展的潜在路径和决策背后的动态机制。

中华文明具有鲜明的大一统模式特征。就中华文明而言，一个重要的问题是大一统文明模式的形成问题，即文明模态的涌现问题。从秦汉到明清，中国历史具有公认的模式统一性，开创了超过 2 000 年的大一统政治模式与文明形态。我们需要关注的是，什么样的历史时期、什么样的历史过程，造成了大一统文明模式的形成？秦帝国之前的东周时期造成了大一统模式的初步形成。东周时期是国家形态发生变化的关键历史转折阶段，国家从分封制走向中央集权制。在春秋时期，中央政权走向衰落，诸侯级智能体崛起，导致天下战争频发。通过建立多智能体模型，模拟春秋时期诸国在战争、联盟等方面的自组织演化和宏观涌现，可以解释复杂的历史现象和系统规律，探索平行历史文明的发展可能性，以寻求文明统一的关键因素与条件。

回答了中国大一统文明的形成机理之后，还需要从人类视野、文明互鉴的角度，科学地解释东西方文明之间的差异。彩图 6 显示，基于社会模拟，可以探讨人类东西方文明模态差异化的深层次逻辑。与东方文明（中华文明）不同，古代西方（以欧洲为主）自轴心时代的混乱与分裂后，不可避免地走向了分裂，而古代中国却延续了大一统模式。通过构建人类文明演化的动力学模型，可以探索中西方文明在后轴心时代演化路径的差异性和影响因素，解释两种文明模态涌现的历史动力学机制。在验证已有历史假设的同时，确定影响人类文明演化与模态涌现的关键因素。通过大型社会模拟器，可以探索中西方文明在历史长河中演化路径的差异性和影响因素，提升历史自信、文化自信。

为了构建人类文明演化的动力学模型，考察不同的地理和气候环境下演化出的多种可能文明模态，我们将动荡时期的国家发展动力学视为一个包含多个智能体（诸侯）的复杂系统演化过程，各国之间的战争、结盟等行为被抽象化为微观层面的主体元素之间的交互，而文明模式变化被概念化为历史系统的宏观涌现。通过社会模拟器对诸侯级智能体开展重点模拟，涉及战争机制、联盟机制、胜负机制、联盟韧性等方面的机制设计。模拟结果表明，东西方文明具有同源性，都是人类文明演化的动力学模型涌现出来的文明模态。社会模拟还可以科学地揭示东西方文明之间的差异，本质上是核心行为参数的取值水平的差异。通过社会模拟，我们可以找到精准的阈值范围，科学地解释东西方文明模态差异化的深层次逻辑。例如，在文明演化系统中，如果诸侯级智能体的平均战争倾向高于 0.3，系统就会不可避免地走向统一，涌现东方文明特征；如果低于 0.3，则会涌现西方文明特征。[49, 50]

除了文明缘起与模态的涌现，大型社会模拟器还可以持续模拟文明演化进程。人类社会从最早的石器时代发展到今天的信息社会和未来的智能时代，伴随的是 UV 空间的指数级增长。UV 函数的主体也从个体上升到群体，乃至文明体。为了研究文明演化中的问题，我们搭建了一个文明演化模拟平台（见彩图 7）。在这个平台中，从最初的采集资源到形成城市、开发科技、发展经济、建立政治体系等，复现了人类社会发展的历程，从最早的狩猎采集到农业、手工业、工业、信息时代等。在这个模拟平台，每个智能体、文明体都需要与其他智能体和文明体互动，通过贸易、联盟、战争等方式来影响其他文明的发展。同时，每个国家级智能体都需要面对自然灾害、资源短缺、外敌入侵等挑战和危机。

彩图 8 显示了一个宏观尺度的文明演化的结果，重点勾勒了青铜器、火器、工业、太空四个时代中，两个国家的发展以及它们之间的外交关系变化。在模拟过程中，状态数量可以从 10^{15} 增长到 10^{650}，行动空间数量可以从 10^{4} 扩展到 10^{166}。回顾人类发展历程，人类从石器时代到学会用火耗费了数十万年，但从蒸汽机的发明到数字计算机的诞生仅仅用了 247 年——人类社会不仅得以生存，而且还以越来越快的速度发展。这是因为我们的工具和行动空间呈指数级增长，我们需要在庞大的可能性范围内寻找有意义的发展轨迹，这在概率上看来似乎是不可能完成的任务。

这样一个基于大型社会模拟器的国家模拟与战略决策平台，意义重大。中国的研究者使用全球通用的科学模型，可以帮助全世界更加深入地理解人类文化进程，以及东西方文明的内在动力学与特征涌现。大型社会模拟器作为一种新的工具，可以帮助我们更好地理解历史、智选未来。

上述几个例子表明，无论是古代社会模拟的雏形与思潮，还是当前我们所从事的大型社会模拟器研发，都是人类对社会运行规律的探索过程与探索形式。**对社会进行智能模拟、精准干预、推演展望等，是人类对社会认知深化的必然过程、必由之路。**古代的社会模拟，更多的是一种思潮和雏形，但是现代的大型社会模拟器，则是真正具有科学精神的、人类在社会场域的首个大科学装置。与古代的社会模型相比，大型社会模拟器的一个核心特征是，其中的智能体都是由内在的价值函数确定的（见图 4-11）。社会模拟作为一种基于人工智能、数学过程的多智能体重构，在模拟、构建历史的同时，也可能创造未来。大型社会模拟器有望强化科学发展，提高基于智能决策的国家治理能力，推动社会进步，提升人类福祉。

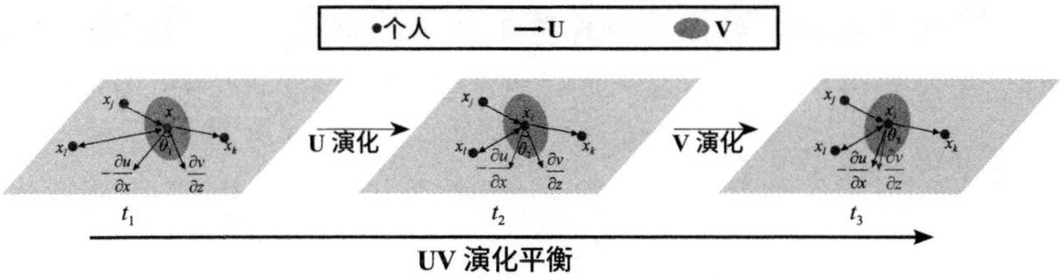

图 4-11 UV 模拟的基础动力学原理图

人工智能加持的新文科将是科学的新前沿

在今天，随着大模型、通用人工智能等成为社会热点，人工智能相关专业成为热门专业，人文学科成为一个比较“尴尬”的学科。所谓“三十年河东，三十年河西”。事实上在清代之前，中国都只有文科，而在今天，文科反倒沦为弊履。然而，随着人工智能的崛起，人文学科极有可能迎来新的契机，其中最为关键的是“为人文赋理”。基于大型社会模拟器，人文学科不仅能告别对历史的“事后诸葛亮”式解释，更能够前瞻性地预测、选择历史进程。这无疑是人文学科的复兴。

2013 年 10 月 15 日，杨振宁先生回到前身是西南联大的云南师范大学，提出“科学的黄金时代和白银时代”的说法。在杨振宁看来，开尔文勋爵的两朵乌云之后[①]，是物理学的黄金时代，遍地珍宝，比如相对论、量子力学等发现绚烂夺目；而他自己所处的时代则是白银

① 1900 年，英国物理学家开尔文勋爵在一次演讲中指出，物理学的前景被两朵乌云笼罩了，这两朵乌云分别是迈克尔逊－莫雷实验和黑体辐射问题。——编者注

时代，宇称不守恒、规范场理论等虽然依然耀眼，但已经稍逊一筹。杨振宁甚至有过“盛宴已过”的提法，可能在他看来，高能物理已经进入青铜时代甚至黑铁时代了。

杨振宁先生为什么能看到物理学发展的大趋势？如果用中国传统的说法就是，“穷则变，变则通”。当时物理学面临着两朵乌云的暗影，到达了一定程度的“穷”，而这种“穷”的困境，也是新时代的契机。这种“穷”越迫切，可能的契机也就越大。我们可以从文艺复兴中看到这种“穷”导致的创造力勃发。事实上，历史上这种复兴并非新鲜事。

在今天，人文学科已经来到了一个“穷”的境地，就像我在本书开头所提出的那样，我们存在“中国文化思想的认知困境”。而经过本章社会模拟器的论述，我们不难看出这种困境并非永久和不可改变的，而是有出路的，这个出路就是以数理模型指导的人文学科。

我们要做智能时代的先知、先觉、先行者。先知是理性的判断，先觉是感性的觉知，而先行则是具身的参与。大型社会模拟器不仅可以帮助我们实现先知和先觉，还可以帮助我们积极融入创造未来的具体实践之中。

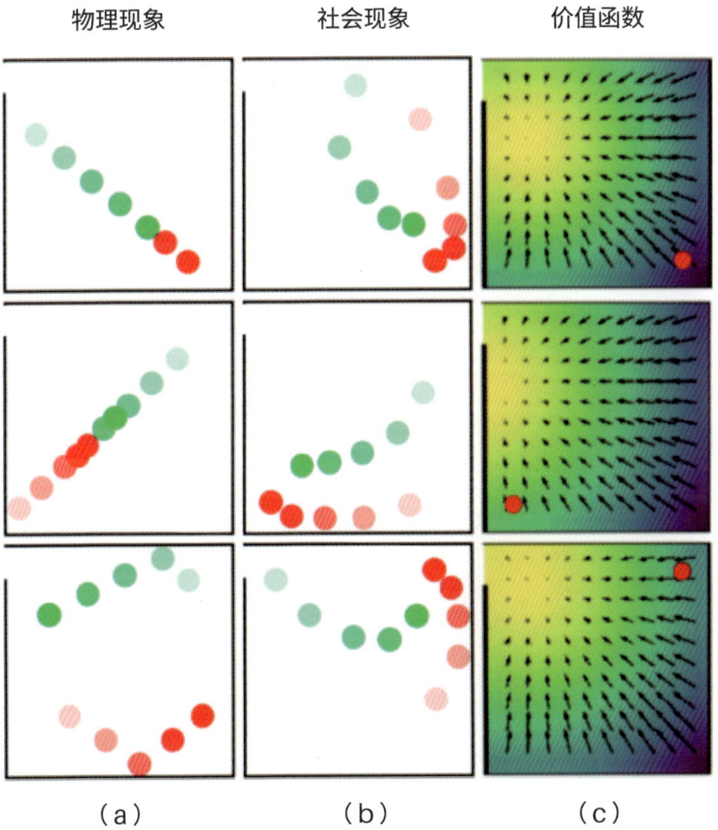

彩图 1　智能体与非智能体区别的“生命度”对比实验

（a）

（b）

（c）

彩图 2　婴儿对善恶选择的认知心理学实验

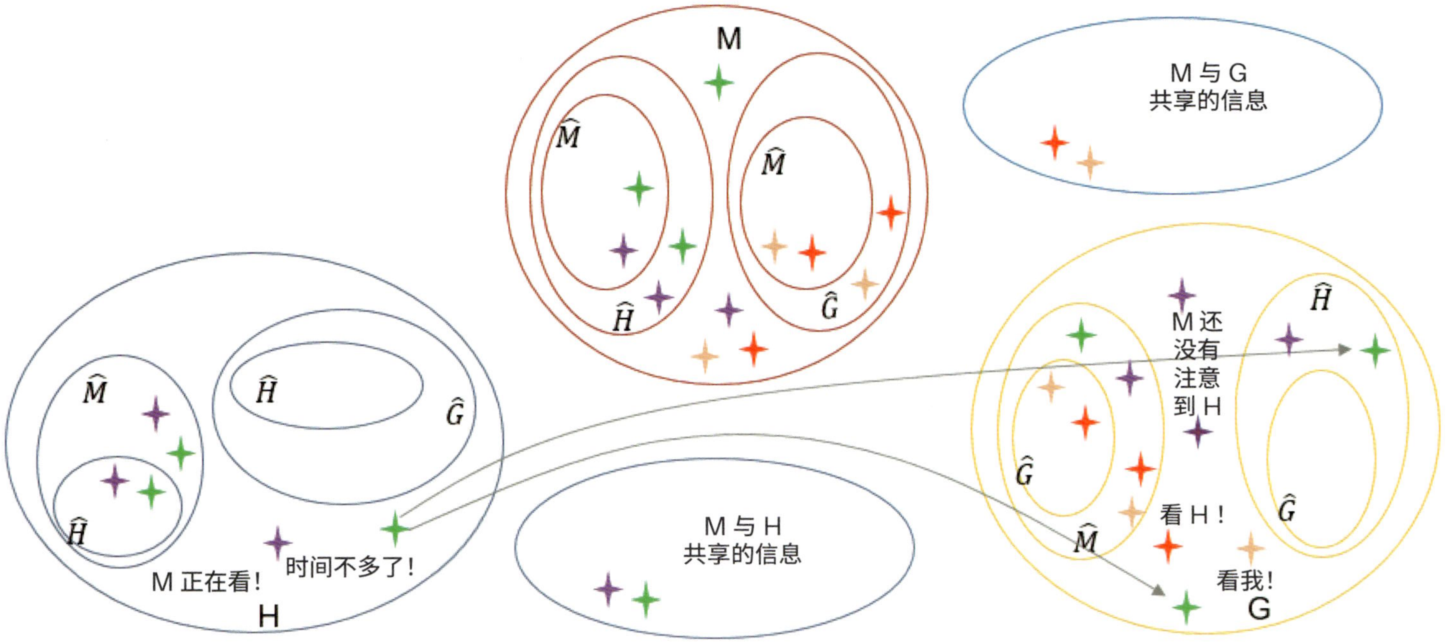

彩图 3　对 M、H 和 G 三人之间信息流的跟踪

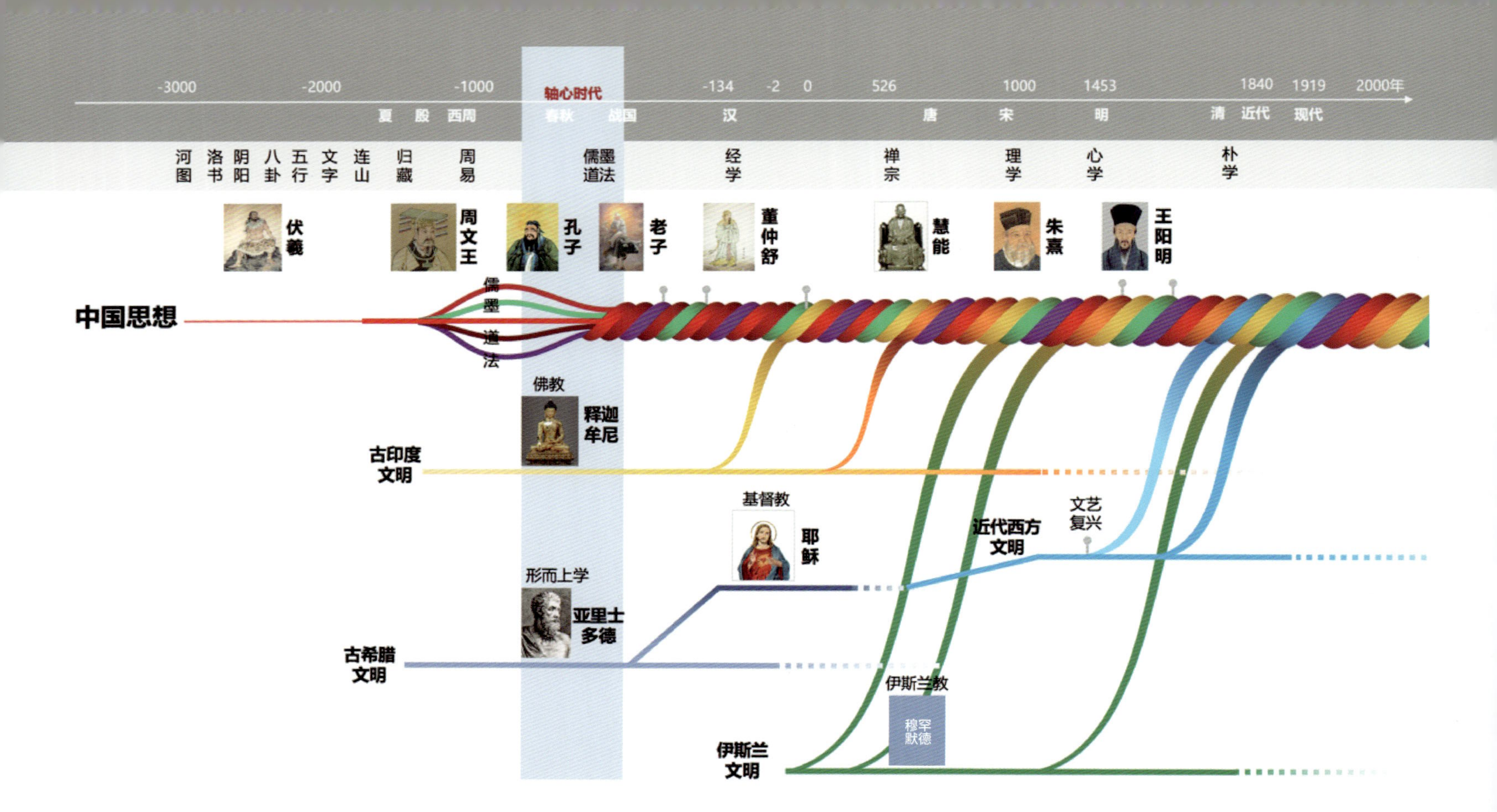

彩图 4　中国思想的五彩线模型

彩图 5　大型社会模拟器系统与操作界面

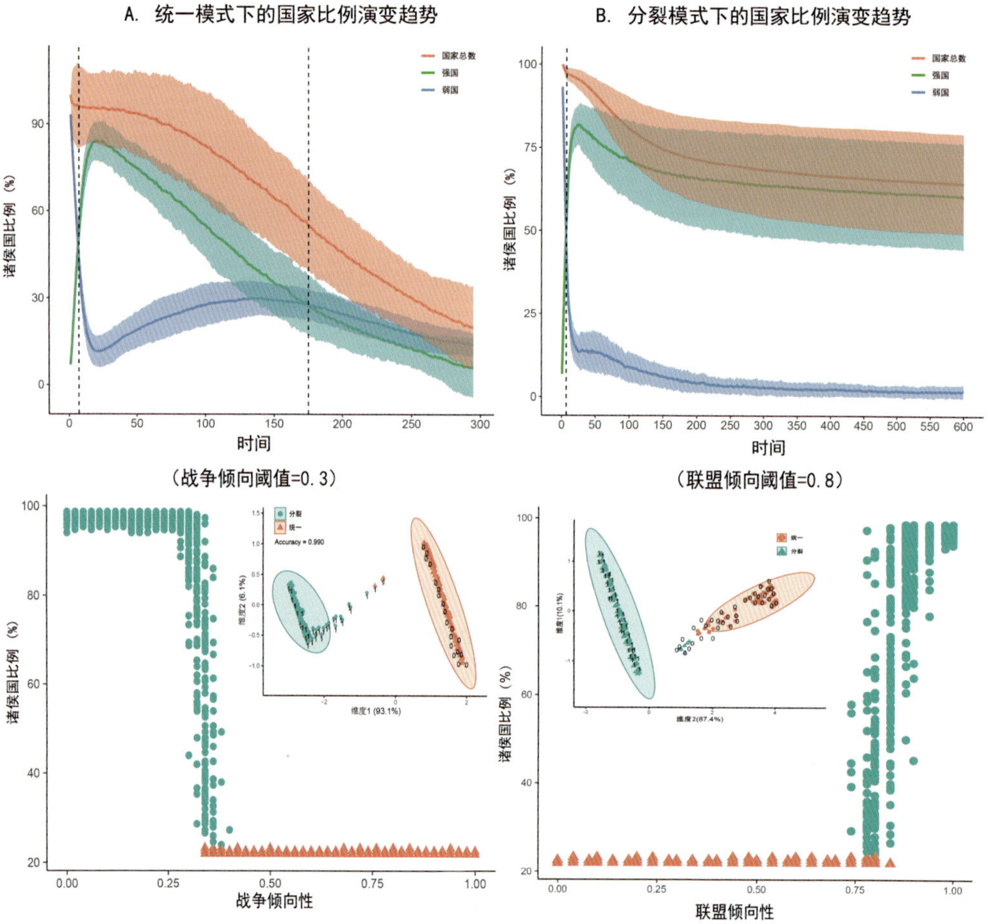

彩图 6　社会模拟解释东西方文明模态差异化的深层次逻辑

彩图 7　产业链模拟系统界面

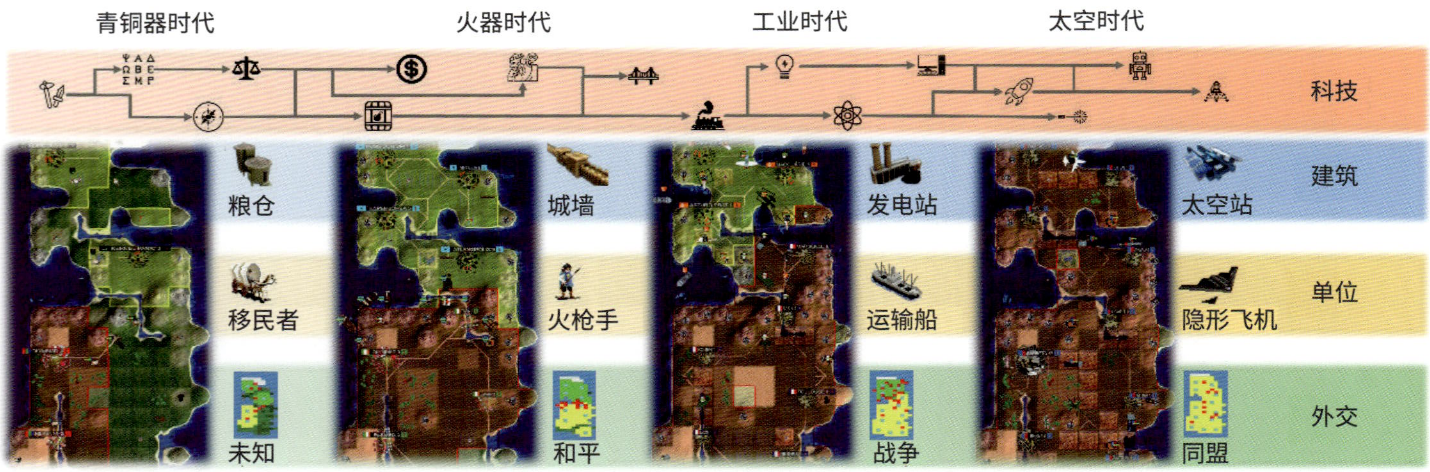

彩图 8　大型社会模拟器模拟人类文明的演化历程

SCIENTIFIC
MODELS IN CHINESE
THOUGHTS

第二部分

“心”与“理”的平衡，谈人生意义

导语

SCIENTIFIC MODELS IN CHINESE THOUGHTS

在第一部分中，本书用人工智能的数理模型解读了中国思想，特别是陆王心学中的“心即是理”这一哲学观点，本书认为是构建通用人工智能的核心哲学思想。

“心”与“理”的失衡，或者说UV失衡，不仅是现代社会矛盾与冲突的根源，也是个人的人生意义出现缺失与扭曲的根源。因此在第二部分中，本书将视角从宏观的人类文明、人类社会转向微观的个人生活，尝试从人工智能的角度来探讨“心”与“理”如何保持平衡。

而关于人生意义的思考，中国古代思想中也有丰富的资源，其中苏轼的《赤壁赋》中蕴含着两个普遍的存在之谜：一是如何在入世与出世之间进行选择，实现“心”与“理”的平衡；二是人生的终极价值是什么。本书将借助数理模型、马斯洛的需求理论等来尝试回答这两个问题。

SCIENTIFIC
MODELS IN CHINESE
THOUGHTS

05

初读文学《赤壁赋》与重读学术《赤壁赋》

人生一世所追求的，从世俗上来说，无非三个层次。

第一就是活着。这对应于马斯洛需求理论的生理需求和安全需求这两层物质需求。第二是想活得好。这对应于马斯洛说的归属、尊严这两层社会需求。第三是追求活得有意义，或者说，活明白。这对应于马斯洛说的好奇、审美与价值这三层精神需求。

人生的终极价值可以分为两种：**无穷的和有限的。**

- **无穷而位列不朽。**这句话指个体的价值和影响力通过一代代人不断地传递。假设种群、文化不灭的话，将无穷的时间和社会群体求和（积分），就能达到无穷大的极限。中国主流哲学思想历来不相信轮回与天堂地狱之说，从 2 500 年前春秋时期的叔孙豹开始，中国就有了“立德、立功、立言”的三不朽思想。中国传统儒家思想所倡导的人生终极目标就是追求不朽。

- **有限而落入黑洞。**大部分个体的价值是有限的，影响力传播的时空也是有限的。人离世之后，就落入一个“人生黑洞”，任何信息都无法从中传出。我年轻的时候想起这种结局，总觉得这未免太残酷、太令人恐惧了。为了解决这个终极的人生问题，有人提出了广义的社会不朽论，即个体可以投身于群体的伟大事业中，实现集体（民族、国家）的不朽，也即人民群众创造历史。

如果我们把以上人生的层次画出来，这张人生层次图就有点类似物理学中原子轨道的能级图。人生不同阶段就是在这些能级中跳转，主动或者被动地“跃迁”到新的能级轨道（见图 5-1）。积极向上的人生态度就是努力调整、升华自己的思想境界，实现更高的自我价值。

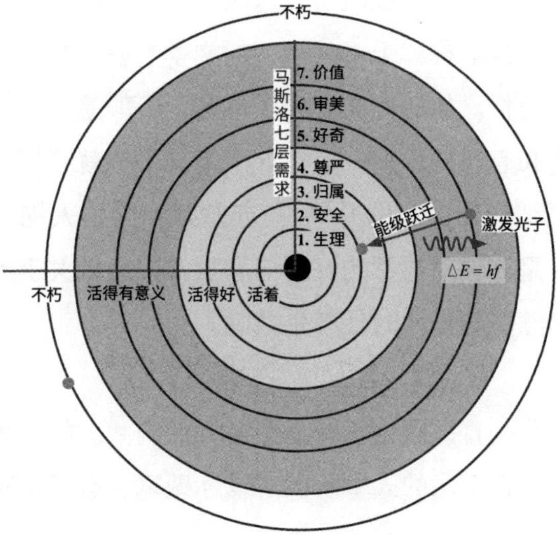

图 5-1　人生轨道与能级跃迁

根据原子物理学模型，电子在“能级跃迁”过程中，能激发出光子，这就形成了物体发光的现象。人们在“能级跃迁”（特别是向下）的过程中，也能发出五颜六色的“光”，比如互联网上的吐槽、流行歌曲和各类诗词歌赋等。本章要讨论的《赤壁赋》就是苏轼在人生大变局、能级大跃迁（从高向低）的时刻发出的一道光芒。这道光芒划破千年的时空，仍能启迪现世。

苏轼的哲思：人生的意义

苏轼当年从文坛才子、朝廷命官这个活得好、活得有意义的能级，一夜之间被陷入狱，而后被贬黄州，落到“空庖煮寒菜，破灶烧湿苇”这种活着都艰难的境地。在这次人生向下的跃迁中，他创作出了《赤壁赋》这样堪称“千古一赋”的文学名篇。被贬黄州之后，苏轼经历了多次波折。他的诗文反映了他在上下颠簸、仕途坎坷的过程中内心的挣扎和心态的调整。他在这个过程中练就了超然物外的乐观态度，完成了“活明白”的升华。**《赤壁赋》为世人描绘的“清风明月”的境界，是苏轼对自然的好奇与欣赏，以及他关于人生意义的思考，该境界仍然能与当今时代产生共鸣。**

多年来，我一直试图理解《赤壁赋》的内涵。随着年龄的增长和阅历的积累，我在不同的人生阶段对《赤壁赋》有了不同的感悟。

少年时初读《赤壁赋》，我只感叹其横槊赋诗、开一代豪放派文风之先河的豁达气概；而立之年重读《赤壁赋》，我才渐渐领会清风明月的意境，就是我夜深人静之时探索学术上无人之境的快乐；不惑之年再读《赤壁赋》，我又喟叹苏轼对于出世与入世的平衡和人生价值的哲学思考，且感受到他的人生与文学、科学的交织和互通。

夜深人静、清风明月，苏轼泛舟长江，思考人生的意义——人活一世到底能得到什么？人生如此渺小、短暂，“寄蜉蝣于天地，渺沧海之一粟”“哀吾生之须臾，羡长江之无穷”，人生价值何在？他在《前赤壁赋》中自问自答，与孤鹤与道士神交，这都反映了他当时内心的迷茫。

苏轼想不明白人生的意义，心有不甘，最后只能在含混的思绪中睡去——“相与枕藉乎舟中，不知东方之既白”。我相信很多思考过同样问题的人，也有过同样的经历：想不清楚，还是洗洗睡吧……

本部分试图用人工智能的认知架构模型来解读苏轼在《赤壁赋》中出世与入世的困惑，探讨人该如何调整心态，达到“心”与“理”的平衡。通用人工智能研究的目标就是创造有自主的感知、认知、决策、学习、执行和社会协作能力，且符合人类情感、伦理与道德观念的通用智能体。

这样的通用智能体要有自主的意识和三观。就算通用智能体的三观与人不一样，它们也要能理解人类的三观。不同于过去 2 000 多年来哲学家、思想家、美学家所给出的解答，研究通用人工智能的科学家必须用认知架构、数学模型等数学的语言清楚地表达并分析思维的过程。所以，我们希望通过这样的架构与模型来“重构”苏轼的心理活动，尝试架起人工智能研究与中国古典思想和哲学的一座桥梁。

个体的思维活动与行为决策受到模型和表达两大因素的驱动，后两者分别对应于中国儒家两大派别的思想。

- **程朱理学**，注重“理”（天理），包含我们今天所看到的物质世界的“物理”——对应于人类的直觉、朴素的物理模型，以及人文社会的“伦理”与社会规范——对应于人工智能的行为决策函数所产生的行为模式。
- **陆王心学**，这里可以理解为内心的欲望，暂且称作“心”（心欲）。现代的语言称其为价值观，人工智能的语言称其为价值函数或者功利函数。机器学习领域针对具体小任务而定义的“目标函数”“损失函数”是其中的两种。

“理”的规范与“心”的欲望常常是不一致、有矛盾的。对于作为高级动物的人类来说，这个矛盾或许就是痛苦的根源。当人的个体能力、社会角色、地位，或者社会环境发生转变的时候，心态的调整就是指“心”的欲望与“理”的规范之间要达成一个新的平衡，重新定位自己。《赤壁赋》反映了苏轼在人生大变局、心态大调整之时的内心活动。

要真正达成“心”与“理”的平衡是很难的，孔子说过下面这句话。

三十而立，四十而不惑，五十而知天命，六十而耳顺，七十而从心所欲，不逾矩。

这里的“矩”指规矩，也就是社会规范，是天理对人的约束。“从心所欲，不逾矩”可以理解为自己心中想做的与社会期望你做的达成一致。作为圣人的孔子七十岁才能达到“心欲”与“天理”的平衡，可见这是多么困难。这需要对天理的深刻认识、心欲的消退与调整，以及对二者互为因果关系的理解。

那么，“心”与“理”这一对关系中谁是主导？这是东西方哲学中都存在的一个十分深刻的议题，也是迈向通用人工智能、给机器人树立三观需要解决的关键问题。我们在后文中会展开讨论，希望由此解读苏轼当年的心理活动。从人工智能模型角度来看，“理”与“心”作为两种函数，它们的相互作用就是前面提到的人生轨迹跃迁时“发光”的数理机制。心与理的不同组合，产生了不同的“光”，也就体现了人的不同格局。

在进入主题之前，我先来解释一下，什么是“活明白”。

什么是“活明白”

对于立志做学问的人来说（以前社会上称之为“知识分子”），其本来的目标应该是帮助人类活明白。图 5-2 所示是多年前哈佛大学寄给校友的一个书签，我一直保存着，上面写着哲学家斯宾诺莎的一句名言：人类所能企及的最高活动就是为明白而学习，因为明白了就获得了自由。

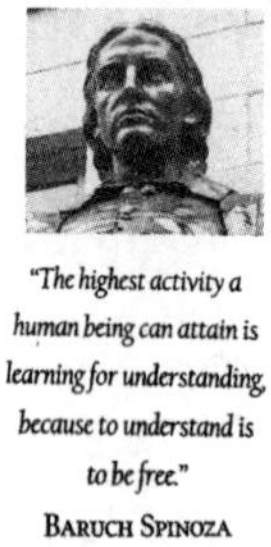

图 5-2　哈佛大学送给校友的书签

对于一般人来说，想不通的事情，就懒得再去想，并退回到活着、活得好的物质和社会能级。对于有更高精神抱负的人来说，他们追求思想的自由，对他们而言，想不明白的感觉就像是被困在一个狭小的空间，得不到解脱，类似幽闭恐惧症。读者如果想体会这个幽闭恐惧症的滋味，可以读一下屈原的《天问》。下面是《天问》开头部分的白话译文。

遥远太古最初的情景，
是谁把它传说至今世？
那时天地还没有形成，
根据什么能考察证实？
黑暗光明不分是一片昏朦，

谁能穷究追溯那时的情景？
充盛氤氲的元气有象无形，
用什么方法能够把它辨明？
明的明亮了，暗的晦暗了，
这样的变化为什么会生成？
阴阳二气参合而化生万物，
什么是本原，又怎样化生？
圆形的天体又层叠九重，
谁人才能把它环绕度量？
这样的天体有什么功用？
怎样最初把它制作而成？
运旋天体的北斗天维系挂哪里？
承系纲维的天极悬空高架何处？①

屈原那个时代，存在太多令人想不清楚的物理现象，当时神话传说的创世理论与模型漏洞百出，根本无法解释他所观察到的自然现象。他想活明白一点，但是求而不得。从《天问》中我们可以看出，他问的都是物理学中宇宙起源等重大科学问题，可是那时没有科学的手段来获得答案，他万分苦恼。后面我要谈到，“活明白”是人生到了一定层次（马斯洛需求层次的求知需求层次）的重大乐趣、收获与意义。

① 引自郭世谦所著《屈原天问今译考辨》。

子曰："朝闻道，夕死可矣。"直接翻译就是：早上看到天下大治，晚上死了也值了。不过，孔子说的"闻道"的对象是指社会伦理，他不太关心自然科学的定律与模型。

其实，以屈原为代表的楚文化是中国的一个亚文化，历史上这种文化催生了很多优秀的、在重要历史关头敢于探索真理的人物，这明显不同于以孔子为代表的北方主流文化。

中国主流文化不提倡去讨论《天问》中那些让人想不明白的时空问题。比如,《庄子・齐物论》中有下面这种说法。

> 六合之外，圣人存而不论；六合之内，圣人论而不议。

又比如,《论语》中，季路问孔子如何事鬼神。

> 子曰："未能事人，焉能事鬼？"
> 曰："敢问死。"
> 子曰："未知生，焉知死？"

我们今天在大学里做研究，就是要追根溯源，开辟新的空间，探究将时空推到无穷大与无穷小之时的模型特征。而孔子却直接浇灭了学生的好奇心。从这个意义上来讲，孔子是优秀的人生导师、思想辅导员，却不见得是一个好的科研导师。

中国民间流传的“难得糊涂”的智慧是有历史渊源的。很多人就不想活明白，有些人明白很多事不能探究，弄明白了反而只会带来心理上的负担，不能有所行动，大多数时候只是徒增烦恼，所以，干脆就装糊涂。麻痹自己是智能体（包括人）在“心”与“理”的博弈中达成一种短暂平衡态的有效办法。麻痹的方法可以是摄入酒精，用化学办法阻止理性思考；也可以是鲁迅先生所说的“精神胜利法”。这些心理活动的现象，都需要且应该用人工智能的模型来解释。

当今学子的困惑

2020 年年底，我读到北京大学临床心理学博士徐凯文教授的一篇调查报告。报告称，有四成身在顶级学府的大学生出现了所谓的“时代空心病”现象，“非常优秀的年轻人，在成长过程中没有明显创伤……却感到内心空洞……感觉不到生命的意义和活着的动力”。最近我又看到一篇面向上万名科研工作者的问卷调查，报告显示大约一半的研究人员有焦虑症状。

这两份报告折射的是应试教育中的竞争和对科研学术成果进行功利性评估所产生的社会现象。大多数青年学生在选课和分数上斤斤计较，而在科学前沿的探索上反而犹犹豫豫。

学生选容易得高分的课，青年教授选容易发文章、获得高引用率的选题。表面看起来这是在优化自己的个人发展路径，实质则是缺乏对科研的信仰，这导致短视、缺乏勇气的外在表现，即使赢在局部与眼前，也会输在大局与长远。

人们常常抱怨我们的科学研究缺乏原创性，其实这是因为不少科研人员在活着、活得好的层面被各种评价指标牵制住了，在活明白的层面做得还不够。

从外因看，即在物质和社会需求的层次，由政府主导的科研机构与高校，在活着、活得好这两个层级上建立了各种细分的能级、阶梯，把科研人员的收入、晋升通道与各类指标挂钩。这些划分已经深入生活的方方面面，比如会议，座位、活动的报道都必须严格遵照这些指标、头衔的等级。这种做法的本意是重视科研，却在一定程度上干扰了学术的风气与秩序。

从内因看，长时间的这种挂钩就产生了科研习惯，很少有人能够抗拒这些考核与评估的指标，跳出圈子，去追求科研的初心——帮助人类活明白。科研工作者的兴趣被浇灭，他们身心俱疲之后，用一个新名词来说，就是赶紧找个地方“躺平”了。当大家都去追求有限的物质和社会功利目标时，就会造成内卷与焦虑。

当前，全国的很多科研机构与高校正在开展“破五唯”改革，力图破除“唯论文、唯帽子、唯职称、唯学历、唯奖项”的人才评价标准。但如何培养和认定人才？如何资助和评价科研成果？对于这些问题，大家普遍还比较困惑。

初读文学《赤壁赋》：横槊赋诗

苏轼出生于四川眉州，20岁中进士，在北宋朝廷与文坛轰动一时。公元1079年，42岁的苏轼在任湖州知州期间遭人陷害，卷入“乌台诗案”文字狱。后经多方营救才得以获释，却仍被贬为湖北黄州任团练副使（相当于地方民兵武装部副部长），这件事使他跌落至人生低谷（见图5-3）。

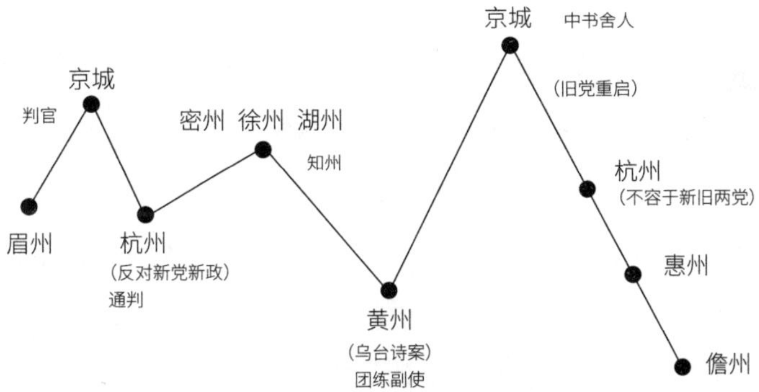

图5-3 苏轼的人生轨迹

苏轼一下子从活得好、活得有意义的层次跌落到活得艰难的层次。到黄州后，他和家人一起开垦了城东一块坡地，种地以贴家资，始自称“东坡居士”。公元1082—1084年，他连续创作了《前赤壁赋》《念奴娇·赤壁怀古》《后赤壁赋》《寒食帖》等名篇与书法作品，在中国文学与文化史上留下了浓墨重彩的一笔。从此，中国才有了文人苏东坡。

明代书画大家董其昌认为《前赤壁赋》在文学史上的地位可与屈原的《离骚》相媲美,《寒食帖》在书法价值上与王羲之的《兰亭序》相当，东坡开一代文风之先河，后人难以超越他。

> 东坡先生此赋楚骚之一变；此书兰亭之一变也。宋人文字俱以此为极则，数百年来所藏名迹虽多，知无能逾是矣。

成书于南宋的《风月堂诗话》认为苏轼的文学地位处于中国文学的巅峰。

> 东坡文章至黄州以后，人莫能及。

苏东坡一生命运多舛，在一次次人生不断转轨的过程中，他的诗词就像是能级跃迁时激发出的一道道光芒，流传千年，也成就了他人生最大的价值，达到文学上“不朽”的境地。

从表面上看这些诗词，苏东坡显得很淡定，超然物外：“竹杖芒鞋轻胜马，一蓑烟雨任平生。”但是，他在情急悲痛之中写下的《寒食帖》暴露了他真实的境遇与心情，此时的苏轼生活窘迫、欲哭无泪。

> 空庖煮寒菜，破灶烧湿苇。
> 那知是寒食，但见乌衔纸。
> 君门深九重，坟墓在万里。

也拟哭途穷，死灰吹不起。

被称作“天下第三行书”的《寒食帖》，其价值之一就在于它毫无掩饰地记录了苏轼当时的状态。

说到书法，现在有些人想用人工智能模型来自动生成书法，用不同风格的字体去训练神经网络，希望其能够输出类似的字体。显然，这些神经网络不可能懂得这些字体的语义，更无法体会其中的情感。几年前，一位麻省理工学院的教授来UCLA做讲座，展示了两组文字，一组是人写的，一组是人工智能模型合成的，大家很难分辨二者，这样该人工智能模型就通过了所谓的“图灵测试”。

但我一下子就分辨出来了。这位教授问我是怎么分辨出来的。我是通过想象自己握笔写字的过程分辨出来的，人是用一只手握着一支笔按照一定的笔画顺序来写字的，这个过程中就有次序和停顿。当然，人写书法时还得停下来蘸墨水。而计算机生成文字的时候是靠喷墨，更具体一点说，是最底层生成式神经元的感受域的向量的线性叠加，完全不受动作和墨水的限制。这两者在图像上虽然只有极其细微的差别，但是在整体的感知与认知表达上却相去甚远。

用模型语言来说，我们看到的是一幅图像（信号）I，首先得到这个字的一个感知解译图（parse graph），记作 PG_0，并由此重构、想象出写字的人的动作和心情，得到一个认知解译图 PG_+，即：图像 $I \leftrightarrow$ 感知解译图 $PG_0 \leftrightarrow$ 认知解译图 PG_+。

越是懂书法的人，在认知解译图 PG_+ 中得到的信息就越多，甚至可以重构苏轼当时捏笔行文的姿态，体会到他当时的心境，进入与古人对话的状态。这些书法（感知）之外的东西（认知），要靠人去想象（俗话称作“脑补”），这也正是书法所蕴含的价值。越是有经验的书法家，脑补的就会越多。我把这些人运用经验、主观想象的部分称作智能的“暗物质”。

不光是书法，人们看到椅子，会想象自己坐上去是否舒服，看到杯子，会想象怎么用手把杯子拿起来，这些都属于认知解译图 PG_+ 的部分。除了书法，人工智能作诗、编曲、作画，也都存在类似的问题。如果一个通用智能体没有主观的价值函数，没有主观的情感，不能想象人的行为和动作，它就只能停留在浅显的图像层面 I，它的神经网络模型甚至到不了感知层面，更不可能达到与人形成深层次共鸣的认知层面。

和大多数人一样，我也是在高中语文课本里第一次读到《念奴娇·赤壁怀古》。我当时对这首词的理解，仅仅停留在词的内容和东坡豪放派的文风上。我的老师说，苏轼应该知道赤壁之战并不是发生在黄州，而现在这里直接就被称为“东坡赤壁”了。

我的家乡在湖北鄂州，三国时期孙权在此建都，将其称作武昌。武昌与黄州隔江相望，地处长江中下游，江面开阔，水流平缓，完全没有诗词中描绘的“乱石穿空，惊涛拍岸，卷起千堆雪”这样气势恢宏的大场面。后来有很多书画大家根据苏轼的文章来作画，创作了一些气势磅礴的赤壁场景，其实这些场景都是不符合真实地理情况的想象。

鄂州唯一的山是西山（古称樊山），西山上有一个很有名的亭子——“松风阁”，因宋代著名书法家黄庭坚的《松风阁诗帖》而闻名。1102年，黄庭坚在此过夜，听松涛怀念亦师亦友的苏轼，当时苏轼已经过世。

苏东坡两次夜游赤壁，写成《前赤壁赋》和《后赤壁赋》，这两篇文章被供奉在赤壁公园的二赋堂，正面是《前赤壁赋》，背面是《后赤壁赋》。虽然说《念奴娇·赤壁怀古》很容易理解，但是《赤壁赋》对于年轻人来说是很难读懂的。缺乏人生阅历，就无法体会苏轼的心境。这一点就像前面提到的对于《寒食帖》书法的欣赏，需要根据自己的经历来“脑补”其中的 PG_+。

总体来说，《赤壁赋》让当时年轻的我开始思考两个问题。

- 作为一个文人，苏轼为什么在此时此地多次对曹操、周瑜念念不忘？
- 怎么有人能够凭借几百个字，就能流芳千古，以至不朽？

相比之下，我们现在写的论文，往往三年之后就没人再读了。更有甚者，就算是网络上轰动一时的热闻，一周、一个月之后，就无人问津，更何况千年之后？

《赤壁赋》算是给我指了一条出路，让我看到了人生价值的一线希望，缓解了我小时候对人生黑洞的恐惧。大概这就是人文之乡风对青年学子的影响吧。

重读学术《赤壁赋》：清风明月

等我过了而立之年，读完博士，并于2002年成为终身教授之后，重读《赤壁赋》，这时我才开始领悟到两篇《赤壁赋》所描绘的清风明月的意境之妙。

> 壬戌之秋，七月既望，苏子与客泛舟游于赤壁之下。清风徐来，水波不兴。举酒属客，诵明月之诗，歌窈窕之章。少焉，月出于东山之上，徘徊于斗牛之间。白露横江，水光接天。
>
> ——《前赤壁赋》

> ……携酒与鱼，复游于赤壁之下。江流有声，断岸千尺；山高月小，水落石出……予乃摄衣而上，履巉岩，披蒙茸，踞虎豹，登虬龙，攀栖鹘之危巢，俯冯夷之幽宫……划然长啸，草木震动，山鸣谷应，风起水涌。
>
> ——《后赤壁赋》

苏轼的行为，就算放在今天，也是非常离经叛道的。当时44岁的他，挑了一个满月之日（农历七月十六），半夜抱着酒坛子和鱼，泛舟长江之上，在江心烧烤，又是吹箫、朗诵诗歌，又是登岸、攀爬岩石，而后以长啸之声划破江上寂静的夜空，最后在江中睡到天亮。

我上大学的时候，去合肥的交通十分不便，需坐轮船顺江而下，在安庆上岸转长途汽车，或者到芜湖转火车。轮船在长江上缓缓而行，要走一个晚上。我站在甲板上，看皓月当空、两岸山峦起伏，思考自己迷茫的人生道路。

轮船的汽笛声划破夜空，更是让人万分惆怅——完全没有苏轼那种潇洒的、诗情画意的场面，更没有他那种“横槊赋诗”的豪迈气概！

做学问的本质：登无人之境，享清风明月

苏轼从朝廷大臣、文坛名士变成一介民夫，放浪山水，“渔樵于江渚之上，侣鱼虾而友麋鹿”，突破传统文人的思想和行为束缚，进入一个思想自由的崭新空间，从而开创出被后世士大夫阶层所推崇的“清风明月”的境界，达到了他自己和中国文学创作的高峰，成为不朽的人物。中国近代文学家林纾评论《赤壁赋》：“奇妙无以复加，易时不能再作。”

我对苏轼的清风明月意境，有两重理解。

一是做科研的本质是在夜深人静之时，探索前沿，登无人之境。

用数学语言来讲，科学研究本质上就是找到新的空间，其中有独特的元素、结构、测度距离和美学，这个空间可以是一个抽象的数学空间，也可以是一个图像空间（几何形状的空间），或者感知、认知的空间。科学研究的目标就是探索与领略这些空间的结构、奥妙，并把它描绘出来。我的导师之前研究代数几何，是一位菲尔兹奖获得者，他这样介绍自己数学研究的经历：**“像找到一扇门，打开以后，进入一个花园，然后把这个花园的结构理清楚，展示给世人。”**

苏轼是历史上第一个描绘赤壁场景（清风、明月、江流、断岸、吹箫、吟诗……）的文人，如果后人效仿，就没有新意了。

二是科研人员能获得的往往只是享受清风明月的过程与经历。

苏轼在《前赤壁赋》中提到：他在江面上想明白了一件事，人一辈子到底能得到什么呢？

> 惟江上之清风，与山间之明月，耳得之而为声，目遇之而成色，取之无禁，用之不竭，是造物者之无尽藏也，而吾与子之所共适。

虽然现在不少科研人员可以拿到技术发明专利、开公司挣钱，但对探索基础和前沿的科学家来说，他们更多的是享受这个“清风明月”的经历和过程。人们花钱旅游、坐过山车、看电影、滑雪，其实买的也只不过是一种经历。科研人员经历的清风明月这个过程本身就是一种享受，更何况这是“取之无禁，用之不竭”的自然馈赠。

我以前常常在实验室待到很晚，然后开车回家。在空旷的高速路上，头顶着一轮皓月，我打开音乐，一路狂奔。特别是在调通了代码、想通了难题之后，心情舒畅，特别享受。下面我再举一个例子，解释一下科研的享受在于过程与经历，而不是结果。

我以前跟我的学生分享过读海明威《老人与海》的感悟。这篇小说很朴实，人们把它当作一个寓言故事，不同背景的人会读出不同的感悟。小说主角是一个贫穷的、生活在古巴的老人，这里我们把他比作一个缺乏经费的科研人员。他靠一艘小船在海上打鱼为生（科研探索）。一次偶然的机会，他钓上了一条巨大的鱼，却被鱼拖到了深海（无人之境），经过日夜的搏斗（废寝忘食的科技攻关），他终于制服了大鱼（巨大的科研发现）。但是，他的船太小了（平台、队伍、资源都有限），装不下这条大鱼，只能把鱼放在水中拖着走（文章没有发表，或者只能发表在小众期刊上）。

结果，鱼的血腥味引来了一群鲨鱼（商业开发、大资本），返回途中鲨鱼把鱼肉吃了个干净。精疲力竭的老人终于到达岸边，把一个巨大的骨架拖上海滩。天亮了，岸边路过的人们看到这个骨架，议论纷纷。

这个老人虽然没有吃到鱼，但他获得了打大鱼的经历。探索科学前沿的科学家大抵如此。**现代社会能够为有创新成就的科学家提供越来越好的生活环境，而作为有理想、有情怀的科学家，活得好不是主要目标，应该将主要目标升华到活明白，追求做出伟大的贡献。**

在第 8 章中，我将通过“爱因斯坦评论科学殿堂中的三种人”以及“学术人生的价值与评估：科研的三个时期”两小节，讲述做科研的本质与定位问题，进一步阐述“清风明月”是一种高级的审美与价值选择。

在现实世界中，真正醉心于“清风明月”的科学家非常少，对于真正有这种追求的科学家来说，是否获奖、是否有很高的引用率并不重要，著书立说、成就经典才是对他们的褒奖。唯有如此，才能够沉潜于学术研究、深耕于各自领域，“舞幽壑之潜蛟”，而待大浪淘尽，已斩波千里。

SCIENTIFIC
MODELS IN CHINESE
THOUGHTS

06

三读哲学《赤壁赋》：“心”与“理”的平衡

当我过了不惑之年，再读《赤壁赋》，就能够体会到苏轼在长江之上的哲学思考了。

我在前面提到，个体的行为同时受到心欲与天理的双重驱动，这两者的不一致是致使人们内心痛苦的根源。当人的社会角色或者社会势态发生转变的时候，心欲与天理需要达成一个新的平衡，但不是每个人都能适应这个转变并达成这个平衡的。《赤壁赋》反映了苏轼在变局之中调整心态的内心活动。

苏轼纠结于两大问题。

- **入世和出世的平衡：**当年苏轼已经 44 岁了，人生下半场是积极奋进（好像没有了平台和机会），还是随遇而安、继续发明东坡美食？
- **有限与无穷的问题：**人生的终极价值到底是什么？这是所谓的中年危机，是每个想活明白的人到了中年都要面对的问题。

人生的有限与无穷：人生的终极价值

苏轼对有限与无穷的思考贯穿在《前赤壁赋》中。“寄蜉蝣于天地，渺沧海之一粟”是诗人感叹个体的渺小；“哀吾生之须臾，羡长江之无穷”是诗人感叹个体生命的有限，羡慕自然之永恒。

从博弈论的角度来讲，针对有限轮次的博弈与无穷轮次的博弈，策略是完全不同的。如果我们认识到人生的短暂与渺小，是不是就该及时行乐？那么奋斗的意义何在？苏轼不由想到了当年的曹操。

> 方其破荆州，下江陵，顺流而东也，舳舻千里，旌旗蔽空，酾酒临江，横槊赋诗，固一世之雄也，而今安在哉？

苏轼又想到了《念奴娇·赤壁怀古》中的周瑜。

> 雄姿英发，羽扇纶巾，谈笑间，樯橹灰飞烟灭。

人生的有限与无穷是一个困扰人类的终极问题。在西方文明的源头，以苏格拉底、柏拉图、亚里士多德为代表的古希腊哲学家，主要关注知识的表达与逻辑的推理，这两者在后来发展成为数理逻辑和形式语言，构成了人工智能研究前 30 年的主要理论框架。但是，这一套知识体系到了罗马时期就让位于基督教的宗教故事了，因为宗教对上面谈到的困扰人类的终极问题给出了一个解答。《圣经·新约》中记载，耶稣门徒保罗到访雅典，与雅典的哲学家展开辩论，最后支持宗教的保罗获胜，获得了大众的追随。基督教对于困扰人类的终极问题至少给出了一个答案。

最早的基督教文献之一《克莱门一书》表明当时的人们意识到，哲学（特别是讲求实证的科学）永远只能触达部分真理，剩下的部分要由信仰来协助回答。他们认为这种信仰就是一种道德的纯洁化。

佛教中六道轮回的说法其实是世俗社会对佛经的一个长期的误解。佛经中的“六道轮回”本来是比喻人的思想状态、心理状态的变化、跳转。结果世俗社会就把比喻当真了。比如，在六道中，“饿鬼”“阿修罗”“畜生”“地狱”有以下含义。

- “饿鬼”指人处于物欲贪婪的心态中。
- “阿修罗”指人处于自大自负的状态，用今天的话来讲，是处于个人膨胀的心态中。
- “畜生”指人处于非理性的、冲动的状态。
- “地狱”指人处于痛苦、无法解脱的状态。

很多中国人没有生死轮回、上帝天堂等宗教信仰，功名利禄是社会精英的主要追求目标。前面提到过，孔子反对讨论那些想不明白的时空与起源问题，用《庄子》中的话来说就是“圣人存而不论”。儒学在后世的发展中，也并没有对生死和无穷进行解释，而是强调当世的社会秩序与个体行为规则。

从现代科学的角度解释，生命体的无穷可以体现在以下几个方面。

- **生物信息：**个体基因在人群中的流传。
- **物理信息：**人的活动在物理世界的留存物。除了地球上的痕迹，还有通过光发送到宇宙中的图像，若干光年之外的星系也许能在若干年后接收到。
- **智能信息：**思想、行为、价值取向等，比如《赤壁赋》在人世间的传播。未来，随着人工智能的进步，人类可能有能力复制虚拟的个体，从而实现人的永生。当然，有了虚拟个体之后，如果后世无人问津，那还是没有作用和意义的。

这三者之中，达到无穷最靠谱的办法应该还是第三种：智能信息的无穷传播，以及对人类整体价值的提升。

接下来，我们就来到了本章的核心部分，我将用两节内容阐述心欲与天理的平衡。

入世与出世：心欲与天理的平衡

入世与出世之说源自佛学，不同佛学派别有不同的解读，本书采用一般性的说法。

- **入世指积极的人生态度，**主观上愿意维持更多的社会关系，承担更多的责任，力求有所作为。历史上一个有名的入世例子是三国时期的曹操。
- **出世指消极的人生态度，**回避某些社会关系与责任，挣脱群体与社会规范的约束，过清静悠闲的日子。历史上一个有名的出世例子是东晋时期的陶渊明。

那么，人到底是要入世还是出世呢？

儒家提倡“穷则独善其身，达则兼济天下”。《赤壁赋》反映了苏轼在人生变局中对于入世的无奈和对于出世的不甘。他和陶渊明的价值取向是非常不同的，尽管苏轼对陶渊明有很高的评价，但他毕竟没有把黄州东坡当作桃花源。陶渊明更多地关注自己个体生命的体验，在官僚体制中受挫之后，心灰意冷，开启自得其乐的田园生活。苏轼虽然蒙冤入狱，被贬到一个羞辱他智商与才华的位置上，但他没有怨天尤人，也没有消极避世。《赤壁赋》对于人生意义的思考比《归去来兮辞》更加积极、深远，这也许就是苏轼受到后世更多人敬仰的原因。

前文提到过，个体的行为同时受到心欲与天理的驱动，心态的调整目标本质上就是“理”的约束与“心”的欲望之间达成平衡。自从开始考虑通用人工智能的“大一统”之后，我才意识到这个东西方哲学都讨论的深刻问题，也是通用人工智能需要解决的重要问题。

下面介绍一下这对主要概念在哲学中的讨论。

鹅湖之会——理学与心学的第一次交锋

在《赤壁赋》著成93年后，南宋1175年，江西省一个叫作鹅湖的小镇见证了中国思想史上一次重要的辩论，史称"鹅湖之会"，这是理学代表朱熹和心学代表陆九渊围绕"理"与"心"的关系展开的一场辩论。

我认为鹅湖之会才是中国历史上真正的"华山论剑"。巧合的是，金庸小说《射雕英雄传》的故事背景也是南宋。经武侠迷考证，金庸小说中的第一次华山论剑发生在1199年，也就是鹅湖之会的同一时期。

儒家思想从一开始就制定了"三纲""五常""八端"等基本的社会伦理规范与礼仪制度，以及"格物、致知、诚意、正心、修身、齐家、治国、平天下"的人生入世路线图。南宋时期，由于外来的佛学有更宏观、完整的理论体系，唐代的禅宗六祖慧能又把佛学与中国社会实践相结合，使其广泛传播。此时传统的儒学已经式微，程颢、程颐开始了革新运动，希望重振儒学，而后分出两派：理学与心学。

缺乏这些哲学概念的支撑，特别是完全没有现代数学的工具，苏轼在1082年很难想明白入世与出世的根本问题。

理学的“格物致知”：从数据到模型

理学的代表人物朱熹主张“理”是自然万物和人类社会的根本法则、根本规律，世间万物（包括人在内）都需要按照天理来约束自身的行为。我们后世讲的自然科学中的物理、生理，社会科学中的伦理和社会规范，都应该属于朱熹所讲的天理。

那如何认识天理呢？朱熹开出的处方是儒家的方法论，即格物致知：仔细观察事物，相当于收集数据，然后提炼出知识，也就是今天的数理模型。格物致知本质就是从数据到模型的知识发现过程，就是今天人工智能所讲的“知识发现：从数据到模型”。

关于格物致知所代表的从数据到模型的知识发现过程，我在第 3 章中的“程朱理学”一节中有详细的描述。

儒家所提出的人的基本伦理、社会规范，都可以总结成概率模型。如果我们把人看作社会大系统中的个体，其运动和行为就要符合这些模型（天理）。如此一来，儒家的“八端”——“孝、悌、忠、信、礼、义、廉、耻”对人的规范和约束作用，便与物理学的各种相互作用与力类似，最后都可以用一个综合的势能函数 U 来表达。

儒家思想认为，如果所有自然世界和人类社会都按照天理，即势能函数 U 来运行，那么社会就和谐平稳了，世界就太平了。孔子的理想就是要按照天理来建立规范，恢复周朝的社会安定局面。

那么，有没有天理之外的因素呢？有！那就是人心。朱熹认为，社会之所以"不治"，就是因为人有太多不合理的欲望，导致社会礼崩乐坏、物欲横流。他进一步提出要"存天理，灭人欲"。这就把理与心对立起来看待了。

心学：心即理也，内圣外王

与天理对应的是心欲。心欲是人的各种物质和精神层面的诉求，包括马斯洛需求理论中的生理、安全、情感与归属、尊重、求知与审美、自我实现。心欲代表了人类对美好生活的向往与追求，是个体主观能动性和社会发展的驱动力。我们可以认为，这是人类在进化的过程中受到环境、生物属性、激素等方面的共同影响进化出来的价值系统总和，我把它们记作 V 系统。与之相对应的是理学的各种势能函数的总和，称作 U 系统（见图 6-1）。

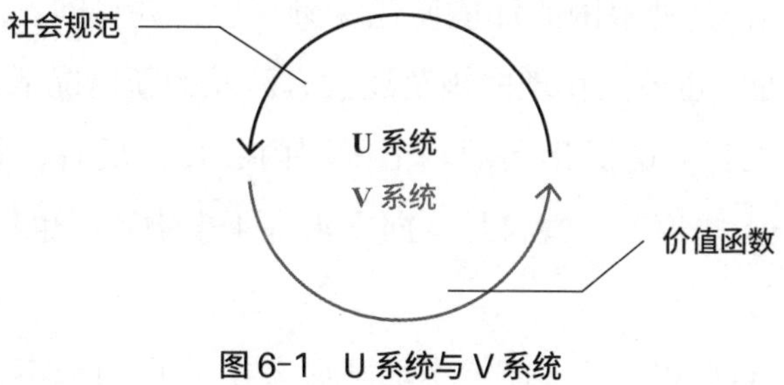

图 6-1　U 系统与 V 系统

陆九渊认为朱熹的"格物致知"道路导致了外在的客观规律与社会规范 U 系统压制主观个体内心追求 V 系统。陆九渊进而提出了"自吾心达宇宙”的外化道路，将“心”作为个体与所处世界的关系和社会关系的出发点。这是与朱熹理学不同的修行路径：首先要启发内心，从初心出发，再做到知行合一，强调“自作主宰”，即个体按照内心的规则行事。后来，陆九渊进一步主张“心即理也”“心外无物”。这是一个受到批判的唯心主义说法，我们不是要主张“唯心”，但要明白“心”的确是智能的主体。我从研究人工智能的角度解读，“心即理也”这个论断的意思应该是：从 V 系统完全可以推导出 U 系统（社会规范）。

这是一个十分深刻的认识，也是当前人工智能发展的哲学转折点。智能体（包括人、人工智能等）不能被物化成一个物理系统的元素，而应该由主观的 V 系统来主导，而社会规范是第二性的，处于从属地位。

到了明代，王阳明继续发展了“心学”的理论体系。王阳明曾困顿于“龙场”，身处艰困的环境使他深刻反思，并自问：圣人处此境况将何以自处？也就是在理的规范还没有涉及的新情况下该怎么办？这对应于人工智能的泛化问题。王阳明内心日夜反省，忽然有所顿悟：“始知圣人之道，吾性自足，向之求理于事物者误也！”

王阳明自此领悟到“心”才是感应万事万物的根本，由此提出“心即理也”的命题，这也解决了此前他对朱熹格物致知说的疑惑。王阳明的领悟史称“龙场悟道”。借由阳明心学及其他贡献，王阳明最终实现了“立德、立功、立言”三不朽，成了儒家所言的“圣人”

和“内圣外王”的典范。

其实王阳明的思想早在禅宗六祖慧能的《坛经》中就有所暗示了。《坛经》的核心思想是以下 16 个字。

菩提自性，本自清净，但用此心，直了成佛。

这里说的“自性”比“心”的范围更广，它除包含前面的 V 系统之外，还指人的认知思维的架构与机制。佛是指觉悟的人，通过参悟内心，了悟了社会伦理。

慧能对于“心”对日常生活中的感知、认知、推理起到重要主导作用的理解，体现在他发表的一句可堪惊世骇俗的言论：“不是风动，不是幡动，仁者心动。”

智能体首先要“心动”，才能看到“幡动”，因为心是主体。我们每天走在大街上，对绝大多数的人、车、物体都视而不见，我们看到的只是与我们当前任务（开车、走路、找某个地点）相关联的那些部分。当然，一切任务又是被心所驱动的，是为了实现 V 系统在某些维度的增值。

心与理的关系：对立统一

不难看出，程朱理学和陆王心学存在着对立之处，比如程朱理学提倡理或天理是自然万物和人类社会的根本法则，物、人各自之理都源于天理；而陆王心学则提倡心即理也，心无外物，心本身包含着理，伦理根植于心中。程朱理学认为要存天理，灭人欲，而陆王心学则提倡人性本善，应该发明本心。程朱理学以格物致知为方法论，知先行后，陆王心学则讲究从心出发，致良知（V 系统），做到知行合一。

图 6-2 展现了这两种不同的路径，箭头代表其演进的方向。理学是由外（数据）而内（模型）的归纳法，鹅湖之会时，朱熹主张先博览而后归之于约，认为陆九渊的教法太简易；心学则更遵从内心，是由内（价值）而外的演绎法，陆九渊主张先发明人的本心而后使之博览，认为朱熹的教法过于支离。我现在看来，理学与心学两者必须相互作用，最后达成动态的平衡，而牵引这个动态平衡不断移动的，是 V 系统。

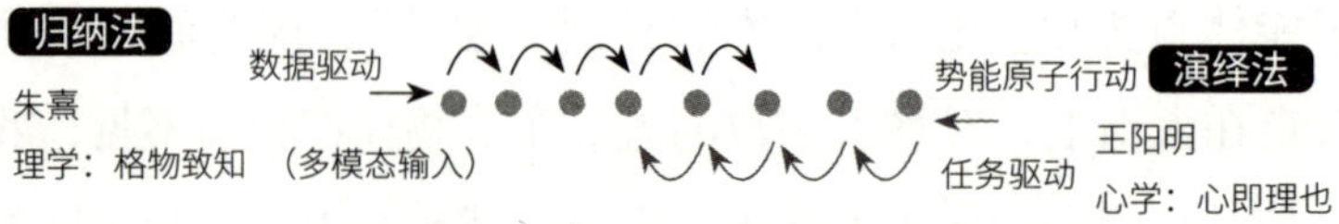

图 6-2　理学路径与心学路径

总之，“心”与“理”在本质上是对立统一的，“心”应是主体。

需要注意的是，与物理学研究的纯客观模型不同的是，人工智能的模型“理”从一开始就与“心”密不可分。比如在朱尔什之问中，两个纹理是否属于一类，其判断的标准是人眼，这就是主观的（受到任务和价值主导），而非纯客观的。

西方哲学同样探讨"心"与"理"的对立统一性。18世纪，德国古典哲学创始人康德在《实践理性批判》一书中提出，一个理性者的道德行为必须是自律的，而不是他律的。所谓实践理性，指的是主观意志居首要地位，理性居从属地位，离开意志，理性不能存在。

"心"与"理"的思考伴随了康德的一生，他的墓志铭中写着下面这句话。

> 有两种东西，我对它们的思考越是深沉和持久，它们在我心灵中唤起的惊奇和敬畏就会历久弥新，一个是我们头顶的星空，另一个就是我们心中的道德法则。

到了康德时期，牛顿用力学定律和万有引力理论统一解释了天上和地下物体的运动（也就是势能函数所组成的U系统）。这对宗教信仰来说是一个巨大冲击，也给康德造成了上文中的困惑。在我看来，"头顶的星空"代表了按照天理来运行的客观世界（U系统），"心中的道德法则"代表了人的价值系统（V系统）。

由此看来，东西方哲学关于"心"与"理"的见解、思考和困惑，在本质上是相通的。最重要的是认识到两者之间的对立统一，以达成平衡。这个平衡就是孔子所描绘的"从心所欲，不逾矩"，也是苏轼在

《赤壁赋》中思考而不得的平衡。那么，这个平衡是什么？又该如何达成呢？

从人工智能角度解读“心”与“理”的平衡

作为一名长期从事人工智能研究的科研人员，近年来，我愈发认识到人工智能的研究与人文学科——尤其是哲学密不可分。从哲学层面看，我认为人工智能的发展大致可以分成三个时期。

- 第一时期是 1960—1990 年，逻辑的表达与推理是主要的理论框架，这得益于西方哲学的源头——古希腊文明，以苏格拉底、柏拉图、亚里士多德的相关理论为代表的辩论方法与逻辑学，后来发展成为严密的命题逻辑、谓词逻辑等。
- 第二时期是 1990—2020 年（及此后若干年），概率建模与随机计算占据了主导地位，这对应于理学的格物致知的方法。
- 第三时期也就是未来，其发展需要从理学过渡到心学，由心驱动，实现理与心的动态平衡。东方哲学与智慧能为人工智能后半场的发展提供哲学层面的指导。

需要明确的是，**未来人工智能的发展与人文学科——尤其是哲学的研究是互通的。**无论是以程朱理学、陆王心学为代表的东方哲学，还是以康德为代表的西方哲学，均试图探究心欲和天理的平衡问题，解决这个问题也是人工智能要追求的境界。

U 系统，外在的社会规范

在我们生活的社会系统中，假设每个人的状态都可以用向量来表达，那么，社会总体（n 个人）状态则是一个由众多个体状态组成的高维向量，即 $X=(x_0, x_1, \cdots, x_n)$。其中，$x_0$ 表示我（当事人）的状态，x_n 则表示除我之外其他人的状态。在社会中，我们会跟许多人产生社会关系，比如父母、子女、配偶、同事、邻居等，这些个体用 x_i 表示。

马克思说：“在其现实性上，人的本质是一切社会关系的总和。”这是一个非常透彻的论断。就个体而言，每一对关系（x_0，x_i）都可以由一个势能函数 U（x_0，x_i）表示，代表某种社会规范，如配偶、君臣、师生等。每个 U 都可以看作一个“弹簧”，代表一种约束与相互作用。“弹簧”在某个维度上的作用是在该维度上保持一种动态平衡：如果二者距离过小，会导致推力（合力）凸显；如果距离过大，会导致拉力（合力）凸显。这里我们只说二元关系，当然，多元和高阶的关系也可以由函数表达。

既然 x_0 与 x_i 之间存在约束，那么在这个维度上“我”跟“他”发生了作用，相当于他对“我”施加了一个力，力的大小可以通过对势能函数求导计算得出。

$$F_i = -\partial \mathrm{U}\left(x_0, x_i\right) / \partial x_0$$

因为人是社会动物，个体在社会中会收到来自各个方向的力。在社会空间中，其他人要么是拉着“我”，对“我”产生促进、激发、鼓励的作用；要么是推着“我”，对“我”产生抑制、压制、阻碍的作用。就个体而言，这两种力的作用方向、大小各不相同，这二者的关系在数学上表现为合力，而个体的行为和选择正是受到合力的影响（见图6-3）。

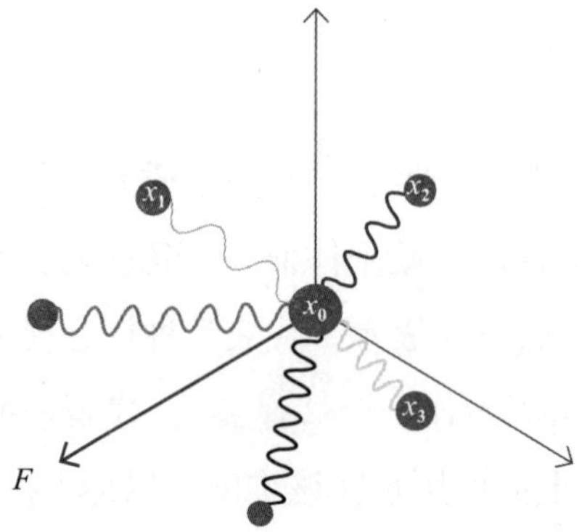

图 6-3　个体在社会中的受力

一个人在整个社会空间中受到的各个方向的合力 F，可以表达为下面这个公式。

$$F=-\sum_{i\in\Omega_0}\frac{\partial \mathrm{U}\left(x_0,x_i\right)}{\partial x_0}$$

其中，x_0 是一个状态向量，代表一个时空因果的解译图，可以有复杂的高阶相互作用，图 6-3 中的弹簧只是简化的二元关系，Ω_0 是个体（我）的社会关系的集合。

U 系统表达的是社会规范和社会秩序。该系统是在长期的社会实践、规则演化、博弈过程中最终形成的一种稳定的规制性力量。人只要身处社会之中，就会受到各种社会规范的约束，包括穿衣、吃饭、待人接物的礼仪规矩、各种仪式。中国儒家思想将 U 系统定义得非常清楚，其主体思想是教导个体在社会中如何生存。所谓“君君臣臣，父父子子”就是一种经典的 U 系统表述，刻画了君臣（事业）、父子（家庭）两种核心社会关系。君臣之间是一种非对称的关系，可以用下面这个公式来表示。

$$U(x_i, x_j) \neq U(x_j, x_i)$$

在现代社会的职业场域，君臣关系也可以延伸成领导 - 被领导关系。除了职场、家庭，还存在亲戚、朋友、老乡等其他社会关系。因此，人的负担很重，通俗地理解即“活得很累”。所谓活得很累，就是你身边有很多社会关系、很多弹簧拉着“你”。

可见，社会关系具有规范、制约、引导个体行为的作用。一个人的社会关系越多，关系的作用范围越大，则关系在社会中的地位与影响就越重要。与此同时，你能够满足的其他人的需求越多，能够帮助别人的越多，也就越有成就感，这就是所谓的积极地入世。儒家的入世思想认为，人要接受社会规范来指导自己的行为，比如三纲五常。

当绝大多数人都遵从这样的规范，社会总体的运转就是和谐的，整个社会与国家就会呈现出一种秩序与稳态。当然，总是有很多人对这个稳态不满意。

与儒家不同，佛学提供了个体在社会生存的另外一种基本解决方案。首先，在佛学中，社会关系被统称为“缘分”。这个“缘分”不是永恒的，而只是在一个很短的时空内存在，佛学把这个现象称作“空”。佛学有一个很强大的观念，叫作“缘起性空”。

概念起源于“缘”，当木匠把四根桌腿和一个面板钉在一起，就产生了一个“桌子”。当有人把桌腿打碎了、拆开了，“桌子”也就不存在了。所以，桌子本性是空的。物理关系如此，社会关系也如此。这里我就不对此展开论述了。

“出世”就是斩断某些“缘分”，使人不再受这些世俗关系的影响，如“尘缘已了”“斩断尘缘”等说法。当一个人出家，就宣告他断绝了之前的很多社会关系。佛教为其重新定义了社会观、世界观，即重新定义了一种 U 系统。例如，他自己会有一个新的名字（佛家法号），他称呼所有人为“施主”，连他的父母、妻子和兄弟都不例外。

世俗的社会关系被主动斩断后，各个维度上弹簧的社会作用力均会处于失效状态，相互之间的作用力自然也就消失了（见图 6-4）。出家的个体减少了社会关系约束，于是就进入了一种出世的状态。

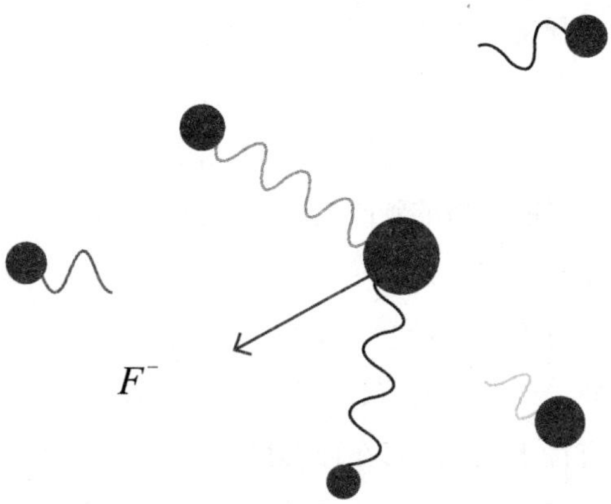

图 6-4　斩断关系，减少约束

因为断了尘世关系，不再受各种“力”的纷繁扰乱，个体就获得了极大的解放，心灵也不会觉得那么累了。

V 系统，内在的价值系统

U 系统是外在世界、社会场域的作用力、规范力、制约力，是个体之外的一种系统空间。我们内部还存在一个 V 系统，在这个系统空间中，每个人都有主观能动性，受各种生理欲望、内心信仰等力量的驱动。人在进化的过程中受到环境、生物属性、激素等方面的共同影响，进化出了价值系统。人类在很多维度上都存在主观价值函数，V 系统是很多子空间与维度上的价值函数的集合。

总的来说，人类具有三个尺度的价值函数。

- **生物进化尺度：**跨度为数十万年到上亿年。这个尺度的价值函数往往是由基因突变带来的进化导致的，所谓“食色性也”，七情六欲，不受当下人类控制和左右，除非基因编辑技术的发展能够精准到改变我们的价值函数。
- **文化和宗教尺度：**跨度为几百年到千年左右。不同国家、不同时期会有不同的社会价值取向，其盛行的文化和宗教也往往不一样。于文化而言，中国好几个朝代都信奉“万般皆下品，唯有读书高”，那么社会民众就会以考取功名、走上仕途为荣。于宗教而言更不必多说，不同的宗教对人的价值函数要求大为不同，甚至很多都是互相排斥的。这就是所谓的文明的冲突，特别是价值系统的冲突。
- **个体价值尺度：**跨度为百年左右。个体有差异，具体表现为日常行为上的价值函数，比如对颜色、味道的偏好。具体来说，价值函数还包含了个体的感知、认知的能力。比如，短视的人与目光远大的人，价值函数就有区别。

根据英国哲学家、经济学家边沁（Jeremy Bentham）提出的“效益原则”，人的每个行为都是希望在不同的空间或维度上实现价值函数 V 的最大化。无论是最大化个人的价值函数，还是最大化全人类的福祉，效益最大化都是我们内心的驱动力。这个主观的内心驱动力，就是对价值函数求导。

$$F = \partial \mathrm{V}(z) / \partial z$$

其中，z 表示流态，代表人处在不同空间的行为函数。通俗来说,“人往高处走,水往低处流”,说的就是分别对 V 和 U 两个系统的求导结果。

UV 双系统的平衡统一

那么,在 U 和 V 两个系统下,人能否达到平衡统一?答案是肯定的,无论是佛家消极避世的 UV 平衡(出世),还是儒家积极进取的 UV 平衡(入世),人总是要维持一个自洽状态,否则个体就会处于失衡、纠结的内心状态,也会表现出错乱、紊乱的行为模式。

我们可以用下面的数学公式来表达 UV 平衡:公式右边是在 U 系统中受到的各种社会关系的合力 F_U,公式左边是对另一个空间的 V 函数求导(针对某个行为 a)而得到的力 F_V。当二者相等时,即可求解出均衡状态。

$$\frac{\partial V(z)}{\partial z}=-\frac{\partial U(x,x')}{\partial x}$$

其实,我们也可以用概率的方式来定义 UV 平衡状态。但是,用力的方式更直观。

当两个力相等的时候,人就达到了平衡状态,这个平衡就是孔子所言“从心所欲,不逾矩”的状态,即内心的期望与外界的要求这二者实现了基本的平衡与一致。这时候人的心就平和了,佛学称之为

"自在"的状态。既知道自己根据内心 V 系统应该做什么，又知道社会外界的 U 系统期待自己做什么。

但是如果两者差得很远，就会产生一种失衡的状态，在心理上表现为矛盾和焦虑。主观行为与社会规范不匹配，会导致贯穿一生的抑郁、不得志、不幸福的心态。

苏轼夜游赤壁的思考，就是一个高级知识分子、士大夫寻求 UV 平衡态的困惑过程。苏轼少年成名，早年得志，在京城无疑是风流人物，可以说达到了"人生巅峰"。在朝廷做高官的时候，他有很多的社会关系，认识的都是社会名流、才子佳人，可谓"谈笑有鸿儒，往来无白丁"。一句话来讲，早年苏轼的 U 系统空间很大。

同时，苏轼早年 V 系统的格局也很大。所谓格局，就是一个人的 V 系统（价值函数 V_i）能够定义在多少空间、多大维度的子空间 Ω_i 上。空间越多，维度越大，V 系统的格局就越大。

$$格局 = \sum_i \log|\Omega_i|$$

空间越大，格局就越大。所谓"家事国事天下事，事事关心"，就是个体在家庭、国家、天下等不同尺度的空间上都定义了价值函数，即在这些空间中，其行为都有内在的、主观的驱动力。这是一种"志得意满，指点江山"的境界，因此，苏东坡早期在 U 和 V 等高维空间中达到了一种层次很高的平衡。这叫作入世的平衡，也可称为“高配版”的平衡，即 U 和 V 都空间很大且相匹配。在写《赤壁赋》七年前，即 1075 年，苏轼在密州当知州，他写下身处“高配版”平衡中的心态与气派。

老夫聊发少年狂，左牵黄，右擎苍，锦帽貂裘，千骑卷平冈。

当然，还有“低配版”的平衡，比如佛家提供的解决方案。佛教的出家修行，能够在两个方面分别降低 U 和 V 的空间维度，使二者在“降维”的空间达成平衡。

一方面是降低 U 系统的成分，相当于把弹簧斩断，断绝多种社会关系，这样一来，个体需要面对和处理的社会关系大大减少，U 产生的外在“压力” F_U 就会非常小。

另一方面是降低 V 系统的成分，佛教通过对出家人施加 250 多条戒律来约束个体主观的行为空间（V）。之后再把价值函数 V 拉平，使其不再对事情做价值判断。正如《心经》所言，“不垢不净”——人不要有好恶、干净污垢之分。这就相当于把价值函数全部抹平为一个常数，对 V 求导，产生的内驱力等于 0，由此整体的内驱力 F_V 就会非常小。

这种降维空间的平衡就是“出世”的平衡，这是一种“低配版”

的平衡，是人人都可以做到的，俗称“佛系”。所以，我认为，佛学的思想给人们提供了一个“精神层面的社保”，让人人都能实现一种自在的生活状态。儒家入世的思想强调社会责任，要求高维度、大格局的“大平衡”，如图 6-5 所示，小平衡可能是两个维度（2D），大平衡可能达到一百个维度（100D）。

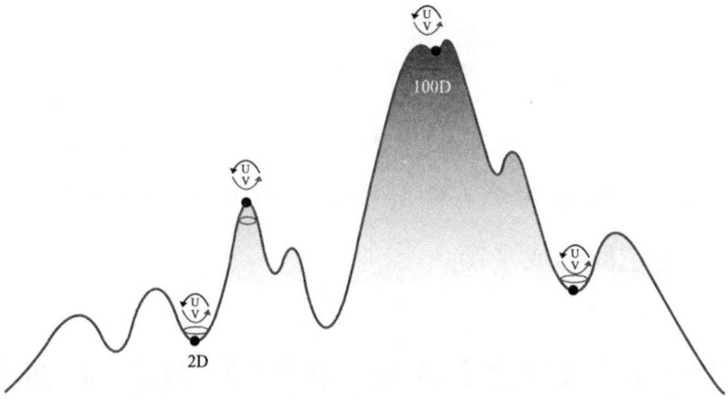

图 6-5　不同维度的大平衡与小平衡

在不同境遇中不断调平 UV 双系统

苏轼一辈子都在迁徙之中：从朝廷（京城）被贬至黄州，东山再起回到京城之后，又被贬到杭州，最后到海南岛，可以说是“筋力疲于往来，日月逝于道路”。他一直在努力调节自己的内心（V），力求在不同的状态与环境（U）中都能达到新的 UV 平衡。

例如“竹杖芒鞋轻胜马，一蓑烟雨任平生”，就体现了苏轼的豁达心态，他能够随遇而安、进退自如，能够使主观 V 系统与外在 U

系统进行匹配与适应。同时，苏轼又欲成大事，实现他对国家和人民的抱负，其入世的愿望很强烈。

苏轼时而想要追求低配版的小平衡，时而想要追求高配版的大平衡。《赤壁赋》集中反映了苏轼对自身前途理想的追求与抱负、出世与入世的思想矛盾。

一方面他想接受目前的状态，颇为享受当下的UV小平衡状态，闲度喝酒戏舟、侣鱼虾而友麋鹿的悠哉日子。但另一方面他又心有不甘，内心对更高层次的UV大平衡的渴求不言自表，如对三国赤壁的吊古伤今之词句，就反映出他怀有强烈的入世愿望。于是在追求大、小两种平衡的矛盾心绪中，他沉沉睡去，不知东方之既白。

《赤壁赋》反映了人的一个普遍的心境，是普通人、科学家、企业家、官员都会在人生中遇到的烦恼。位高权重的人，在位时U大V大，肩负巨大的社会责任，能创造巨大的社会价值；退下来之后，U大部分消失了，身处在V大而U小的状态，心态难以平衡、不好适应。要逐渐把大V降成小V，以适应小U，这样才能达到一种新的动态平衡。

我们每个人都应该去寻找自己的UV平衡态。当遇到挫折的时候，应不断保持内心的平衡。像苏轼那样，在各种境遇下能做到自得其乐，而又积极向上、向善。正所谓“穷则独善其身，达则兼济天下”。

顺便说一下，个体有一个（U，V）系统，这代表一个人的人性；群体也有一套（U，V）系统，代表该群体的文化、文明。个体的（U，V）系统与群体社会性的（U，V）系统，往往处在矛盾冲突之中。利他性是指个体会自觉牺牲一己的利益、权利、幸福乃至生命，以完成某种群体（家庭、氏族、集团、阶级、民族、国家、宗教、文化等）的要求、利益，比如历史上的荆轲、岳飞、文天祥等人。

“心”与“理”平衡的认知架构

个体的（U，V）系统在社会通信（包含交流、学习）过程中，不断更新迭代。这个迭代的过程依赖于人（智能体）的认知架构。

图 1-6 表示的是两个智能体（可以是人工智能，也可以是人或者人机结合）的通信模型，也是智能体之间基本的认知架构。图中的每个椭圆或者代表一个客观的世界，或者代表客观世界在智能体头脑中的映射。s 是客观物理世界的一个状态，包括物体、场景和人物、行为。每个智能体（人工智能或人）都有一套世界模型 θ（知），其空间是一个五边形，以及决策函数 π（行），其空间是一个棱形。对于输入的感知图像 I，一个智能体根据自己的“知”模型 θ，对客观物理世界状态有一个概率的估算 $p(S \mid I;\theta)$，同时另一个智能体对物理世界的状态应该也有自己的估算。每个智能体还有自己的价值函数 V，其空间是图中的一个方形。

“知”模型和决策函数构成了“理”——U 函数，价值函数构成了“心”——V 函数。“理”与“心”在这个认知架构中并存。通过交流，智能体之间会形成共同的价值观 V*、社会规范 π*、共同常识 θ*。

所谓“格物致知”，就是双方各自对所观察到的客观世界 U 系统进行建模，然后通过交流互相了解对方的行为决策函数、价值观，找到差异并形成共识。于是我们就和机器人建立了一个共同的模型，这个模型就是社会规范（U* 系统）。我们的 V 系统在交流中达成一致的部分，就是共同的价值观（V* 系统）。

中国古典哲学中关于“心”与“理”的对立统一的辩论被抽象为数学模型后，就可以被认为是关于 U 占主导还是 V 占主导的问题。理学认为 U 占主导，个体行为应同客观世界的天理、运行规则相一致；心学认为 V 占主导，个体内在驱动力是第一性问题。

前文谈到的“菩提自性”也许对应的就是这个认知架构。儒家所言的“内圣外王”的境界或许可以理解为由调节好的内心价值 V 系统导出的行为将是公众认可的王道。

通用人工智能的目标是创造具有自主感知、认知、决策、学习、执行和社会协作能力，符合人类情感、伦理与道德观念的通用智能体。这个智能体需要的正是这样的一个“菩提自性”，才可以融入人类社会中，与人类达成新的共同的（U，V）系统。这也是人工智能发展给人类带来的冲击。当变化来临之时，人类也需要重新调整，达成新的平衡。

我一直认为，要实现通用人工智能，5% 要靠客观的观察，95% 要靠主观的内心需求与想象，研究通用人工智能的关键在于为主观的“心”建模。

《赤壁赋》之所以能够千古流传而经久不衰，很大的原因在于它给人们留下了两个“普遍存在、人人需要回答的谜团”，尽管这两个问题从未得到过答复。

- 如何在入世与出世之间进行选择，实现心与理的平衡？
- 人生究竟能得到什么，有什么终极意义？

这是读《赤壁赋》带给我们的哲学思考，也是通用人工智能需要回答的问题。我认为人工智能这样的大学科需要有底层的哲学作为构建基础，这种思考贯穿了我的研究生涯。

SCIENTIFIC MODELS IN CHINESE THOUGHTS

07

社会不朽论：中国价值观的人生意义与极限值

这一章简要探讨《赤壁赋》中的第二个问题：人生价值的极限值。

中国人的“三不朽”

“大江东去，浪淘尽，千古风流人物。”并不是所有人都有值得后人记忆和传承的东西，堪称“不朽”者更是少之又少。

自古以来，人类就在追求“不朽”与“永生”，希望不断扩大对空间维度的占有，尽量延长在时间维度上的存在，比如著书立说、收藏文物、刻墓志铭、讲述民族历史。中国历史上关于不朽，最著名的论断就是所谓的“三不朽”。

《左传·襄公二十四年》记载，叔孙豹见晋范宣子。范宣子问了一个问题，大意是：我范家远祖经历虞、夏、商、周四个朝代，禄位未辍，是否算得不朽？

叔孙豹直接否定了范宣子的说法。

> 豹闻之，太上有立德，其次有立功，其次有立言，虽久不废，此之谓不朽。

这是历史上最早的关于不朽的定义，即立德、立功、立言。中国没有宗教中的天堂、地狱、轮回观念，“三不朽”明确了中国人的价值极限值。

对于学者而言，所谓“立德”，是指为民请命、揭示真相、倡导社会正气、拥有关注人类共同命运的社会责任与担当；所谓“立功”，是指努力开发新产品，以影响社会，当然也可以是填补对国家和社会有重大意义的科技空白；所谓“立言”，是指“登无人之境”——发现真理、著书立说、成就经典。

然而，在这三个维度上做好异常艰难，正因为如此，“三不朽”才成为古今精英名流、英雄人物追求的至高境界。例如，在东坡赤壁二赋堂堂前，挂着一幅黄兴在发动辛亥革命前所写的楹联。

> 才子重文章，凭他二赋八诗，都争传苏东坡两游赤壁；
> 英雄造时势，待我三年五载，必艳说湖南客小住黄州。

这是一个试图“立功”之人向一个“立言”之人的叫板。

根据梁启超的观点，纵观中国上下五千年，能同时达到“三不朽”的圣人也只有两个半。一个是孔子，一个是王阳明，还有半个是曾国藩——因为他还有待时间的检验。

古人一直在讨论不朽，那么该如何用数学语言来描述不朽呢？

一个人不朽是指自身的生命价值和后世被其影响的生命价值的总和趋向无穷，其数学表达如下面公式所示。

$$V_{(0)} + \sum_{t=0} \sum_{i \in \Omega_t} \gamma_{(t,i)} V_{(t,i)} = \infty$$

其中，$V_{(0)}$ 表示个体“我”的生命价值（包括各种生命的体验、享受），系数 $Y_{(t,i)}$ 表示该价值对 t 时代的某个个体 i 的生命体验的影响程度。比如，孔子的思想两千多年来一直影响着中国人，塑造了中国文化的价值系统，因此他对后世的影响总和趋向无穷。图 7-1 形象地说明了价值的累积过程。

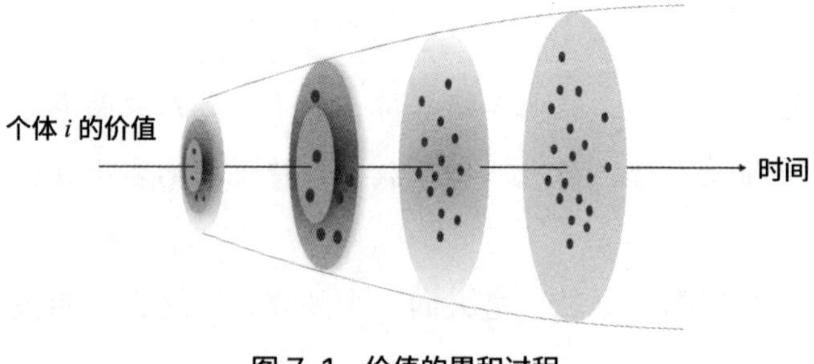

图 7-1 价值的累积过程

另外，如果我们把立德、立功、立言这三个维度用统计分布数据来表示，就会得到一个统计稀疏模型（见图 7-2）。

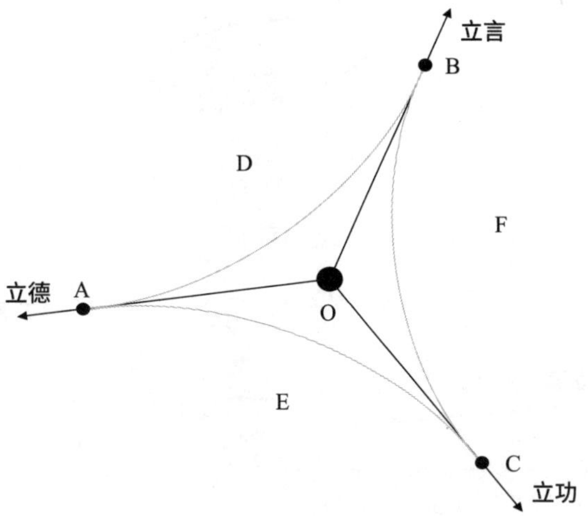

图 7-2　立德、立功、立言的统计稀疏模型

显然，大多数人处在图 7-2 中的原点（O，O，O）。立德、立功、立言这三种价值就处在 A、B、C 三点，距离原点越远代表成就越高。人的贡献一般不太可能同时达到“三不朽”，也就是说，只能是一个或者两个轴作向量叠加，因而结果一定分布在三条灰色的线条之内，而 D、E、F 是极其难以到达的位置。

从出生那一刻起，每个人便获得了一个初速度，这个初速度的大小由出生条件、家庭背景等先天因素决定，走势则由所处的社会环境、个人努力、运气等后天因素综合决定。在有利的社会环境下，人们通过努力会获得更快的速度，在图 7-3 所示的螺旋系统中的位置也就越高。当努力到一定程度，个人就会达到“逃逸速度”，能够逃离内卷的人生归宿，进而达到“不朽”的状态。

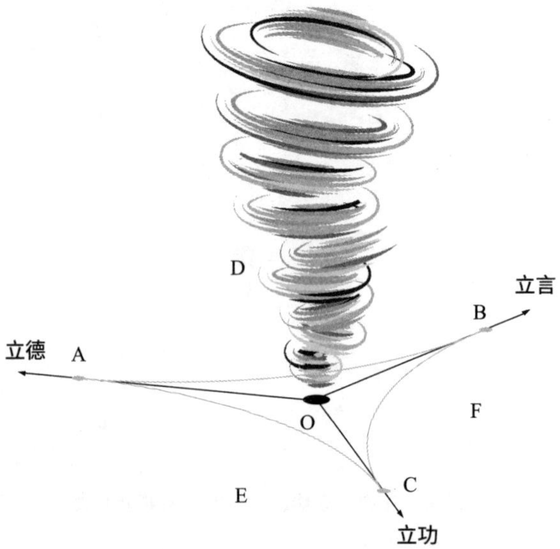

图 7-3 以“三不朽”为坐标的螺旋系统

社会不朽论

如果只有极少数人能达到不朽，那不朽的目标就太遥远了。普通人是否能拥有不朽的价值呢？针对这个问题，胡适于 1919 年写过一篇短文《不朽——我的宗教》，他在文中提出“社会不朽论”。当时胡适的母亲刚刚去世，他在思考母亲作为一个普通人是否也能不朽。他的观点是：个体生命可以通过社会生命的传递实现“社会不朽”。

以下是胡适在文章中的推理。

> 社会的生命，无论是看纵剖面，还是看横截面，都像一种有机的组织。从纵剖面来看，社会的历史是不断的；前人影响后人，后人又影响更后人……没有那无量数的个人，便没有历史，但是没有历史，那无数的个人也绝不是那个样子的个人。总而言之，个人造成历史，历史造成个人。从横截面来看，社会的生活是交互影响的：个人造成社会，社会造成个人……若没有无数的我和你，社会也绝不是这个样子……我这个“小我”不是独立存在的，是和无数小我有直接或间接的交互关系的……我这个“小我”，加上了种种从前的因，又加上了种种现在的因，传递下去，又要造成无数将来的“小我”。这种种过去的“小我”，和种种现在的“小我”，和种种将来无穷的“小我”，一代传一代……连绵不断……滔滔不绝——这便是一个“大我”。“小我”是会消灭的，“大我”是永远不灭的……故一切“小我”的事业，人格，一举一动……一场功劳，一桩罪过，也都永远不朽。这便是社会的不朽，“大我”的不朽。

本书第二部分的本意是解读苏轼的《赤壁赋》，展现我对此千古一赋所做的人生思考，并非提供一个关于人生意义的统一答案。每个人都可以追求不同的平衡态，自得其乐。我个人的人生态度是积极入世，也希望人们从追求“活着”到“活得好”，再到“活得有意义”“活明白”，甚至到达价值的极限——不朽。

对应第 5 章开篇的人生三个层次的说法，佛学总结的人生意义也是三个层次。

- 第一层是求做和尚，就是穷人出家，找一条活路。
- 第二层是求做佛，就是成为一个觉悟的人。显然，佛教并不追求物质丰裕和社会虚名，而是直接跳过世俗意义上活得好这一层。
- 第三层是求涅槃，即放下一切执念，包括对佛法本身的执着，忘记自己“登山”的路径，从而达到一种融通的境界。

2020 年我刚刚回到北京，就去拜见了北京大学一位研究佛学的前辈，我与他就人工智能的发展对人文的影响以及人生价值做了一次交谈。果然，他以佛学的思想否定了我的入世观点。

> 人生的意义就在于无意义，无意义就是最大的意义。
> 越有价值就越无价值，越无价值就越有价值。
> 一生求索活得明白，临了方知难得糊涂。

因为我已经习惯了被评论、拒稿，所以我当时听了这个观点，会心一笑。在佛学看来，追求人生价值也是一种执念，当人活到了一定年龄，也只得放下，否则是自寻烦恼。

不过，我仍是积极入世的，也想送给那些热爱学术，对探寻真理抱有无限热忱的读者朋友们以下几句话。

登无人之境，
享清风明月。
平天理心欲，
活精彩人生。

SCIENTIFIC MODELS IN CHINESE THOUGHTS

第三部分

学术人生：文章千古事，得失寸心知

导语

SCIENTIFIC MODELS IN CHINESE THOUGHTS

在前两部分中，本书用数理模型阐释了中国思想、苏轼《赤壁赋》中的人生意义难题。在第三部分中，我将以自己的学术生活、科研经历为具体案例，对人生意义进行进一步的说明。

做学术与做人都要求真，而目前在学术界存在价值观的错位与扭曲，大多数人都对功利趋之若鹜，追逐科研热点。我将用爱因斯坦的观点与我追求人工智能统一理论的经历来说明，做学术就像“从嘈杂、狭窄的环境逃到宁静的山顶”，这是一种思想自由的“清风明月”境界。

而在随波逐流、追赶热潮的大环境中，我们很难培养出胸怀伟大理想、具有国际视野和勇于担当的杰出人才。在这一部分中，本书将提出人才成长的“中心极限定律”与SCI指数，来回答著名的钱学森之问。

SCIENTIFIC MODELS IN CHINESE THOUGHTS

08

爱因斯坦评论科学殿堂中的三种人

读书与科研的功利思想，价值观的错位与扭曲

在中华文化的价值观中，各个阶层的人都对读书和做学问情有独钟。自从隋唐开创科举制度以来，“朝为田舍郎，暮登天子堂”成了读书人的理想。到宋代就有“万般皆下品，唯有读书高……满朝朱紫贵，尽是读书人”之风。但是，我们读书的观念从一开始就带有十分浓厚的功利色彩。古语云“书中自有黄金屋，书中自有颜如玉”，现代则有更直接的表述。1977 年恢复高考是现代应试教育的开始。当时我在读小学，老家镇上有个高中是高考考点，每年各路考生云集操场。学校教务主任给大家训话时，场面震撼得就像出征一样：“明天这一仗就决定你们一辈子，是穿皮鞋、布鞋还是穿草鞋！”

虽然这种观念在最近 20 多年中受到了商业化浪潮的冲击，但随着这个特定时期的商业和经济大潮退去，社会又会回到读书和科研的热潮中。2016 年的科技创新大潮就是一个很好的例子。2017 年，大家预期传统经济和商业会进一步紧缩，各个层面的人（各级政府、风

投家、企业家、科研机构）都把目光投向科技创新，视之为救命稻草。科技又一次承载了全社会的希望，以至于每当某个领域有些技术进展，不管是新能源、无人机、石墨烯，还是深度学习、人工智能，资本与人员就一窝蜂上，造成了科技界与创投产业界的一次又一次的“双踩踏事件”。

不可否认，知识改变命运，读书是实现社会阶层流动的通道（主要针对经济上处于底层和弱势的族群）。但是，由于历史的原因，在中国，人们常常把读书与做官（学而优则仕）、发财（创新创业）和做学问（走学术人生）三者混为一谈，将其过早地捆绑在一起。而且这是一种社会性的认知和期望，造成了相当严重的扭曲与错位。

我的观点不是反对读书人入仕和创富，后面我会对入仕和创富这两类价值观做评估与比较。这里先论述一个观点：**带着功利的目标，往往在科研的路上走不远，很难有成就。**

如果将学术人生比作 1 000 米赛跑，第一圈，很多学生都跑得不错，一路跑进名校读博士，发论文。可是，到第二圈，他们就会心神不宁、左顾右盼，最终离开赛道，被引导去做别的事情。这种引导往往来源于个人内心、配偶和家庭、社会和国家政策多方面的功利价值取向。

“老师，这个方向容易发表论文吗？”“老师，这个题目的论文引用率会高吗？”时常有学生会这样问我。我不责怪他们，因为这就是社会评价科研人员的标准。有时我会参与评选国家“长江学者”和“杰青”（国家杰出青年科学基金获得者）这样的评审，关于科研选题的两个评价标准是：“跟踪国际热点、争取弯道超车”“走产学研结合道路”。

大家或许觉得事情就该这样，可这种价值观可能是中国科研长久发展的一个根本性的障碍。如果在科研选题上被上述功利因素牵制，那就必然落于下风，而且总是处于一种追赶的落后位置。

我记得小学时上体育课打篮球，老师一开始就告诉我们：站好自己的位置，不要追着篮球满场跑，那样既耗体力又抓不到球，球转手的速度比你跑的速度快。这是一个基本的道理。科研何尝不是这样？

社会和亲属的各种功利观念的压力会造成不可忽视的负面影响，而且这种功利观念往往带有中国式的理解。十几年前，我刚到 UCLA 任教，当时我哥哥在地方政府工作，听说这是加州大学的一个分校，他在电话中就难掩失望：“哎呀，你怎么混到一个分校去了！”有一次聊起这个话题，我的一个博士生告诉我，他父母在单位都不好意思跟人说起他在这里上学。一提分校，就觉得人前矮三分，面上无光，这种误解很可笑。

我认为，这种全社会根深蒂固的行政等级观、面子观、急功近利的价值观是笼罩在学术思想上空的“雾霾”。这种“雾霾”全世界都有，但在中国这个非常世俗化的社会格外严重。它挡住了中国学生的视线，让他们只能看到眼前几米、几十米远的道路。

真正领先的科研与学问往往是超越时代的，有时同行都不理解其意义，更别说让社会上的其他人来评价了。在下文我会探讨学术人生的理想境界是“清风明月”。也就是说，夜深人静的时候，独自探索真理。

在这里举一个真实的例子。之前 UCLA 计算机系的一位印度籍博士生想要跟我做深度学习，他认为这个课题方向最热门。他读博士的 20 世纪 90 年代初是互联网发展的高潮时期，其中计算机网络最热门。但是等他读完博士，工作几年以后，工作就没有了，所以才想回炉重造。因此，没有必要一窝蜂选择热门的课题。

科学殿堂中的三种人

有这样一种说法：生于 20 世纪 60 年代后半期、70 年代前半期的中国人，是最幸运的。因为中国社会在 20 世纪 80 年代有相当正面的价值观，那个年代的人们充满理想，崇尚科学。那个时候大家谈论的是数学家陈景润这样自学成才的天才少年。当一名科学家是这一代人最崇高的理想。我本人也是带着这样的憧憬于 80 年代进入中国科学技术大学的。

其实，大家对那个时代的了解主要来自一些报告文学作家写的科学家的传说、片段性的闲闻轶事。真正的学术大师的人生是什么样子，当时整个中国社会可以说既“没有吃过猪肉也没见过猪跑”。而在我身边，就有几位对学术有理想的人。

2016年是杰出华人学者黄煦涛（Tom Huang）教授八十华诞，黄煦涛是继傅京孙之后，在计算机视觉、模式识别、多媒体等领域最资深的华人科学家。他与傅京孙的经历相似：出生于中国大陆，成长于中国台湾，去美国攻读电机博士，而且在20世纪70年代任教于普渡大学。黄煦涛于1980年起执教于伊利诺伊大学厄巴纳－香槟分校，从教50余年，他直接培养了研究生100余人，更不要提他的众多弟子培养的后辈，还有数不清的接受过他教诲与提携的学者。不过，我们不论年龄大小、学历高低，都叫他汤姆（Tom），平时没人称他黄教授，更没有听到谁称他黄院士。黄煦涛的高足、美国西北大学的吴郢教授道出了黄煦涛的学术人生之要义：淡泊名利、宁静致远、求道至简。[①]

据我的观察，这种学术精神其实在黄煦涛这一代其他大学者中相当普遍。我的同事朱迪亚·珀尔与黄煦涛同龄。朱迪亚十几年前就从UCLA名义退休了，在人工智能的研究从逻辑推理转轨到统计推理的过程中，他居功至伟。记得我刚到UCLA的时候，他还未曾得到应有的名誉。可各种名誉很快纷至沓来，包括图灵奖（计算机界的诺贝尔奖）和美国国家科学院院士。近几年朱迪亚在我主持的两个大项目

① 关于黄煦涛的学术人生，可以参读“视觉求索”公众号上的“缅怀Tom特刊”。——编者注

中有子课题，他拿的经费最少，但项目年度报告中“得奖”一栏就全靠他。而且他报告的论文数量超过课题组其他年轻教授，其中大多数论文还是单个或者两个作者。这让我叹为观止。朱迪亚在退休之后才得到了科学院院士的头衔，尽管他已经 80 岁了，但是一谈起工作就很有精神。朱迪亚这样的人并不把头衔当回事，广义模型理论创建者伍尔夫·格雷南德（Ulf Grenander）也是在 83 岁才得到了科学院院士的头衔。

2017 年，我的导师曼福德博士 80 岁了。他因数学研究成名，自从拿了菲尔兹奖后，各种国际大奖、荣誉更是源源不断，但他其实把名利看得很淡，一辈子自得其乐，居然都没有组建一个自己的团队。2008 年，他拿到以色列的沃尔夫奖，刚从时任以色列总统佩雷斯手中接过奖，转手就把奖金全部捐献给了巴勒斯坦的学校，惹得一些犹太人打电话找他理论。他本人倒是不反对拿奖，认为荣誉对于科研有正面的促进作用。很多年前他跟我讲过一句精辟的话：“很多人想成名，其实成名之后，你也就变成了一块破抹布。”

大数学家往往都不太懂得人情世故，而曼福德博士是一个例外。

对于学者以及科研动机的评论，最经典的莫过于爱因斯坦于 1918 年在物理学家马克斯·普朗克 60 岁生日聚会上的一次讲话。这次讲话的题目叫作《科研的原则》（*Principles of Research*）。将近 100 年过去了，他的观点还是那么引人深思。

爱因斯坦认为建造科学殿堂的有三种人。第一种人来做科学研究是出于他们超常的智力，科研就是他们擅长的一项体育运动，他们从中能得到快乐的经历并满足自己的抱负。第二种人出于纯粹功利的目的将他们脑力劳动的成果放到科研殿堂的祭坛之上。

接下来，爱因斯坦礼节性地表示这两种人都是优秀的科研人员，占大多数，而且对建造科学殿堂起到重要作用。毕竟这是公开的讲话。可他接着话锋一转。

> 但是，如果仅仅由这两种人来建的话，科学殿堂永远顶多也就是像一个森林那样蔓延生长，那里面除了各种爬藤，不会有其他东西。
>
> 这两种人可以变成工程师、官员、熟练的匠人或者科学家，这完全是根据环境不同而定的。

虽然爱因斯坦说的是物理学，但是与计算机科学的情况相似。20世纪90年代，我们认为计算机视觉应该像物理学那样追求大一统理论。当时很多人说，智能没有什么大一统理论，只要知道“兵来将挡，水来土掩”这样的工程法则就差不多了。20多年过去了，很多人并不知道计算机视觉理论框架其实有了长足的发展。当前，很多人不管什么理论，都以眼前的数据、性能为指导，搭建了一堆复杂的、无法解释的模型。他们认为这些模型是人脑没法理解的，所以也不需要解释。他们建造的难道不正是一片杂乱无章的森林？

接下来，爱因斯坦说，还有第三种人，他们当然是少数，普朗克就属于这一种。

> 第三种人中的大多数是多少有点怪、不善言谈、孤独的家伙。他们从事科学研究的最强动机是逃避个人生活的痛苦和悲摧，进入一个可以客观感知的世界，从嘈杂、狭窄的环境逃到宁静的山顶，来构造这个世界最适合于他的风范的、简约的、可以理解的画卷。

爱因斯坦用非常诗意的语言来描述这样的人，其实他自己就是这样的人。这种人醉心于追求世界的客观真理，他们有自己的审美。他们为整个领域定义了格局和框架，带来了学术的秩序与美学。

可以说，这应该是最高层次的科学家境界，这类人是真正的学术大师。

我观察身边的学者，第三种是少数，但他们的确是所在学科的脊梁、定海神针。而网上、社会上、业界走红的很多科研“牛人”，只不过是制造浮躁气氛的“营销大师”而已。英文过去有个词专门形容这类人，叫作 second-hand car salesman，就是“二手车经销商”，指把别人开过多年的车拿来，想卖个好价钱，于是把性能说得天花乱坠。

当然，在爱因斯坦那个时代，他不知道还有第四种人，就是成千上万在应试教育中过关斩将脱颖而出、被父母拔苗助长、被社会竞争一路赶鸭子上架的学子。他们来到科学殿堂门口的时候，简直有点晕头转向、不知所以。有博士生坦白说："老师，我真不知道我的兴趣是什么，也不知道我能不能做科研。"我问："那你怎么考入顶尖大学，并且以优秀成绩毕业的呢？"答案当然是，父母的期望和社会的竞争把他们推到了这一步。

具体到个人，每个人不一定属于一个固定的类别，他也许是以上几种类型的混合体，随着时间而变化。

如何引导那些有能力的学子走入科学殿堂，像前面提到的几位大学者那样在这条路上学术生命长青呢？这是我们作为博士生导师要面对的问题。我们所面对的最大困难就是本章开头讲到的：个人、配偶、家庭、社会中的功利思想和价值观。

到研究生阶段，学生的价值观基本成型了。作为教授，我们可以传授知识和技术，但是基本无法改变学生的价值观。最普遍的情况是，学生与导师变成学徒与老板的关系：我干活，你付助学金，毕业就两清。我的一些华人教授同仁读到这一段话时，告诉我深有同感，觉得现在的学生比前面几代更需要端正价值观，更需要解开心结。

我在这一部分既然谈学术人生，就是想试着探讨价值观。很多学生只对热门专业、工作感兴趣，而对根本性的东西视而不见。这里先讲一个大家熟悉的故事，来解说急功近利不是一个好的决策函数。

《射雕英雄传》中的江南七怪费尽千辛万苦，终于在大漠里找到了郭靖。七个人拿出浑身本事轮番教他，但进展甚微，大家垂头丧气准备放弃。道长马钰看不过，感念郭靖是忠良之后，半夜把郭靖叫出来，带到山顶上打坐调息。之后，郭靖武功精进。郭靖虽然天资平平，最后却广交大师，自己也练成了武学宗师，成为人生赢家。相比之下，天资聪颖、头脑万分灵活的杨康，却落得悲催结局。金庸小说其实是在传递正确的价值观。学术道路上的人生，与小说中的故事惊人地相似。

爱因斯坦说，从嘈杂、狭窄的环境逃到宁静的山顶。世界这么喧闹，一个领域内一年就有几千篇论文发表。你不在宁静的山顶打坐，气息没有调匀，怎么能看清楚科研的发展方向与脉络?

探讨思想自由的“清风明月”境界

与爱因斯坦所说的“宁静的山顶”的境界相似的，是中国士大夫所讲的“清风明月”境界。

公元 1081 年，被公认是宋代文学顶峰的人物苏轼，因为得罪了宰相王安石，44 岁的他被贬到湖北黄州任团练副使。这个头衔对于大文豪的确是一种屈辱，不过他刚刚从牢中出来，也算万幸。在黄州这里，他自号为“东坡”。苏轼在诗词歌赋、散文、书法、绘画方面都有极高的造诣，他在古代中国文学中的历史地位，基本与牛顿在西方科学中那种独步天下的地位相当。黄州临江有一段陡峭的山崖，由暗红色的砂石构成，叫作赤壁。后来长江改道，不再从那里经过。读起来很有气势的《念奴娇 · 赤壁怀古》是苏轼作为豪放派的代表作，而他的巅峰代表作是两篇《赤壁赋》。

我中学的时候读《赤壁赋》无法体会其意境，只觉得没有“大江东去，浪淘尽”那样的豪放气魄。过了 40 岁，我才突然领悟了这种意境。

成书于南宋的文学评论《风月堂诗话》中讲：“东坡文章至黄州以后，人莫能及。”他被朝廷贬逐，放浪于山水之间，与渔樵共处，来到了一个全新的时空。从数学上讲，这就是一个空间。这个空间有它独特的元素、结构、距离测度和美学。在这里，他的思想可以自由驰骋！儒、道、释各种念头在他胸中交汇激荡，他妙手偶得的文章，完全超越了之前文人墨客写的关于乡愁、思友、忠君的文字。

所以，在苏轼人生最不得志的时候，他同时达到了一个崭新的思想自由的境地，达到了他自己和中国文学创作的一个顶峰，自此成为永恒。

做学问的本质，就是登无人之境。在这一点上，文学（苏轼）与科学（爱因斯坦）是相通的。

当年轻的、默默无闻的爱因斯坦推导出狭义相对论，把分子、分母对消的那一刻，难道他的思想中不是电闪雷鸣？那种发现真理的成就感、持久的快乐、对人类不朽的贡献和意义，在我看来，超过奥运金牌，超过去纽约股票交易所敲钟。

在士与仕之间游走，技术与资本的博弈

如果说过去的文人学者是在“士”与“仕”之间游走与挣扎，那么现代科技工作者，特别是在我们这个具有应用前景的行业中的工作者，就是拿技术与资本博弈，希望在商业大潮中建功立业。这是21世纪以来的一个显著现象。每家公司都在思考如何定位其研发部门，既要吸引优秀人才，给他们思想和科研的自由，又要保证研发在短期时间内对于产品和市场的贡献。投资方也在找准定位，在贴近市场和追逐最新技术之间找到平衡点。

这些现象可以用“科研的路灯”与“双踩踏事件”来解释。

我最早是从南加州大学的研究神经、心理、智能的一个前辈迈克尔·阿尔比布（Michael Arbib）写的一本书里看到这个比喻的。在一个漆黑的深夜，你走在街上，看到一个人专注地趴在路灯下找东西。你停下来问他：“你在干什么？”他说：“我在找钥匙，钥匙丢了，没法回家。”你问：“你怎么确定你的钥匙就掉在这里了呢？”他答道：“我不知道，只有这里有光亮，我不在这里找，到哪里去找呢？”

科研很多时候是相当盲目的，多数人就是在错误的路灯下苦寻多年、一无所获。这个路灯代表一个科研的热点、方法或者数据。在现代社会中，信息、人员与资本的流动性急剧增强，对此一个贴切的喻体是舞台的聚光灯，灯光打到哪里，科研人员与资本就会一涌而上。这让我联想到小时候经历过的一个“踩踏事件”。

20 世纪 70 年代，社会上各种生活用品匮乏，洗衣粉、肥皂、白糖都买不到。有一次，我家所在的小镇里的供销商店有了一卡车物资，准备开一场“物资交流会”。消息一传出，十里八乡的人们都涌入这个小镇。各个村子派出青壮年，怀揣着亲戚凑出的十几元钱。几千人挤到供销商店门口，商店担心出现哄抢事件，不敢开门。我当时还是一个几岁的小孩，蹲在一个没人的窗子底下看热闹。突然，有人说这个窗口要卖肥皂粉，几百人就冲了过来，去抓窗子上的钢筋格子。有人踩到了我身上，我差点丧了命。幸亏镇上的妇女主任一声大喝，她声音洪亮，让蠢蠢欲动的人群突然愣住了。她把我拉了出来，那个情形现在还映在我记忆中。

2016 年在中国掀起的人工智能热潮，何尝不是这样一个踩踏事件？而且这次是双踩踏，窗户外面的人（业界、资本、外行、演说家），窗户里面的人（科研人员、创业人员、毕业的博士生），都冲向那个窗口。

值得考虑的是，如何保护自己才能不被挤到聚光灯底下，不在踩踏中丧命？

学界与业界，技术与资本，双方各有不同的目的和价值观，但是又相互需要，属于爱与恨交错的复杂关系。而且研究人员有很多种，资本也有很多种。他们之间的匹配是一个有趣的现象，这是博弈论研究的对象。当前局势还在急剧变化之中，博弈各方能否达到一个平衡，这个平衡会是什么，这些都不清楚。

学术人生的价值与评估：科研的三个时期

如果按照现代经济学的理论来思考人生价值的话，能不能用功利主义来估算人生的价值呢?

这要追溯到一位哲学家、现代功利主义的鼻祖边沁。顺便说一句，功利主义也可以算是当前人工智能中对于人和机器人的价值观建立数理模型的理论基础之一。边沁认为，人的一切行为都是被功利驱动的，功利可以兑换成价值（人民币、美元）。行为的价值也是可以计算的。简单来说，你开发一个产品、卖给多少人，每个人的生活品质提高了多少，产品被使用了多长时间，求和之后减去成本开销和投资人的利润，再乘上你对该产品贡献的百分比，就等于你贡献的价值。

当然，绝大多数创业公司的产品最后都是卖不出去的，也就是说，你的贡献值很可能是负数。所以，投资人说创业是有风险的，绝大多数人最后都会空手而归。

上面这个功利主义原理听起来很有道理，但我认为，它的问题在于："急功近利"只适合做短期、微观计算，不适合做长期的规划。究其原因有以下几点。

- 很多东西，整个社会当时看不到它的价值，前沿科学研究的对象往往就属于这一类。
- 有些东西是二阶的、间接的，比如孔子的思想、苏轼的诗词、爱因斯坦的世界观。这些都无法得到评估，当事人也不知道其重要性。
- 有些东西的影响在时间上是无穷的。无穷无法被估值。比如，出版商可能会告诉你，他们最挣钱的不是畅销书，而是经典名著。一本畅销书顶多流行几年，而经典则永远流传。

"急功近利"就好比优化计算中的搜索梯度上升（gradient ascent）法，这肯定不是一个最有效的算法。生物进化中的表型景观以及人生价值绝对是复杂的非凸函数。从长期来看，急功近利的人至少会遇到如下问题。

- 有些近期利益可能是虚幻的。比如，风口上的创业公司，估值很高，但很多过几年就会倒闭。成功的毕竟是极少数。
- 当你年轻的时候，很多公司可能愿意雇用你，等到你过了 35 岁，可能会出现一些意想不到的局面：你的上司是一个 20 多岁的年轻人，你得向他汇报；公司劝你离职，因为你的身体不再适合加班，家里有老人、小孩要照顾；你的工资太高，公司宁愿雇用刚毕业的人。

- 当周围的人知道你是一个功利主义者后，你的选择会越来越少。相反，如果你是一个热爱科学的人，周围就有很多人赏识、帮助你。

回到科研的价值定位与评价问题。我在哈佛大学读研究生的时候，隔壁的麻省理工学院就很热闹，特别是媒体实验室，常常在媒体上做宣传，让我们学生有些焦躁：虽然我们比他们做得更深刻，却总是被他们抢风头。有一次，我碰到机器人实验室的主任罗杰·布罗克特（Roger Brockett）教授，他是一个以工作严谨著称的控制论专家。我问他，我们实验室是不是也可以找媒体来宣传一下呢？

这又是一个令我印象深刻的时刻，我现在还记得当时的场景，就像发生在昨天一样。布罗克特停下来看着我，想了想，指着桌子上的一份《纽约时报》说："你看这头条新闻，它天天换。你再看教科书上的东西，它永远在那里。我们不要做上头条的东西，要做能进教科书的东西。"

这个谈话可以从一个侧面体现哈佛大学的风格和价值取向。顺便说一句，等我毕业一年多后，1997 年去了斯坦福大学计算机系人工智能实验室当讲师，发现那里的教授与媒体的关系更紧密，常常是文章还没发出来，就先上了报纸。我去面试的时候，基本每个教授都跟我讲他们开了哪家厉害的公司，对某某公司的贡献，等等。20 年后再回头看，那些公司早已倒闭。

然后，我对比两所大学的校徽，就一下子明白了（见图 8-1）。

图 8-1　哈佛大学和斯坦福大学的校徽

哈佛的校徽就像一本书，上面是拉丁文 VERITAS（真理），寓意为读书和科研的目的就是学习和发现真理。斯坦福的校徽是一个大写的 S，中间是具有地方特色的杉树，整体构成一个美元符号，这也许纯属巧合。当然，斯坦福大学也有不少人是做长远研究的，我说的只是一个总体的风气。

如果把一个学科或课题方向的发展按照时间顺序划分，可以分成三个时期，如图 8-2 所示：先是探索（清风明月时期），然后是有人进来开发（路灯时期），最后是人们开始跟风（踩踏时期）。一个学校、实验室往往有自己的定位和价值观。你在选择学校和实验室的时候，也需要考虑它是否与你自己的价值观匹配。

一个人的价值观决定了他选什么课、听什么讲座、读什么文章、选什么课题、思考什么问题。我们每天都在做选择，人们总是会选择自己的价值观能接受的东西，绝大多数人在这个选择的过程中放弃了学术。有人觉得自己不行，有人被各种眼前利益、机会吸引走了。

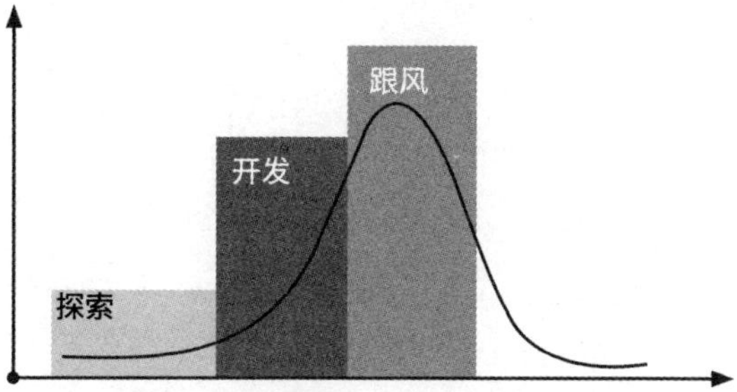

图 8-2 探索、开发、跟风的时间图

其实，在学术道路上成功与否，是由你自己的价值取向决定的。

最后，我给那些热爱学术、在学术道路上默默耕耘的大学生、研究生、科研同仁，送上李白、杜甫的佳句，与大家共赏同勉。

两岸猿声啼不住，轻舟已过万重山。

——李白

文章千古事，得失寸心知。

——杜甫

SCIENTIFIC MODELS IN CHINESE THOUGHTS

09

三十功名逐一统，八万里路怀家国

2002 年 7 月，33 岁的朱松纯来到 UCLA 担任统计系与计算机系长聘教授，站在太平洋边，他心里隐隐感到，此生怕是要在美国长待下去，“可能回不去了”。他想起了唐代诗人崔颢怀乡之作《黄鹤楼》中的名句“黄鹤一去不复返，白云千载空悠悠”。

没想到，2020 年 8 月，作为著名人工智能科学家，朱松纯放下他在海外的庞大实验室（当时他名下的博士生多达 37 名）与科研团队，回到了北京，在北京市与科技部的支持下，组建非营利性的新型研发机构——北京通用人工智能研究院，并担任北京大学讲席教授、清华大学基础科学讲席教授，引领中国在通用人工智能方向取得范式突破。

回国三年多来，朱松纯牵头创建的北京通用人工智能研究院，已经在通用人工智能的前沿领域实现了一系列的技术突破和原创性科研成果。

第一，通用智能体——小女孩“通通”惊艳亮相并于 2024 年 1

月 28 日展出，“通通”以原创的认知架构理论为顶层设计，由自主研发的学习和推理框架为底层支撑，拥有类人价值观，能自主生成任务，具备物理和社会常识，可保障复杂任务高效执行，其推理和决策过程透明、可解释。

第二，联袂北京大学发布了“通智测试”，定义了通用人工智能的三个基本特征，即实现无限任务、自主生成任务、价值驱动且能实现价值对齐。同时,“通智测试”从“视觉、语言、认知、运动、学习”五个能力维度及“初级自身价值、高级自身价值、初级社交价值、高级社交价值、群体价值”价值维度进行评价。

第三，发布通用人工智能科研平台“通境”，作为“AI+ 机器人”仿真练武靶场，集成了大规模场景生成能力，支持智能体的视觉 - 语言 - 运动联合解译，支持多类型机器人（人形机器人、复合协作机器人）的技能训练。

本章内容是关于朱松纯过往的经历、他对学术的态度以及人工智能发展、人才培养方面的深邃见解。

我的家庭教育与初等教育

现在回想起来，我父母没有特意培养我，在 20 世纪六七十年代，中国人整天忙于生计。上小学时，我中午放学回家，有时家里甚至没人做饭，我就背着书包回学校。

我母亲不识字，但人很聪明。由于她生活在一个大家族，因此对各种家庭纠葛、亲戚关系、人情世故很清楚，晚上一坐下来她就开始讲家长里短，分析得头头是道，这个习惯她一直维持到老。我每次回家看她，就坐在她身边，听她一遍一遍讲述小镇几百户人家的往事。这个麻雀虽小、五脏俱全的小镇，让我对中国的传统文化、社会习俗都有了较为深刻的体会，我上小学之前就懂得了这个纯朴而又充满矛盾的小社会。

我父亲读过 6 个月的书，能看报纸，会做账。他是镇上的供销商店经理，那时候不许私营，全镇只有一家商店。他一生精打细算，勤恳节俭，勉强维持一家生计。

我父母的善良对我产生了最大的影响。善良是人性中最柔弱也是最具威力的品格。我从小对底层人的痛苦感同身受，亲眼看到身边太多族人的悲剧而无能为力，这成为我奋斗的动力。

值得一提的是，20 世纪六七十年代，城里一些有文化的人，比如教师和医生，下放到我们小镇上。晚上没有电视，也没有其他娱乐方式，他们就聚在一起聊天，跟沙龙一样，有的时候有电，没电的时候就点个煤油灯。我父亲晚上要住在供销商店守夜，我上小学前每天陪着他，在一旁听他们聊天。他们聊各种国内外发生的事情。等到我上小学的时候，我对整个中国的社会结构、国内形势、世界局势，在潜意识中就有了一个大概的了解。

现在回想起来，我的经历挺奇特的。现在的小孩可能没有这么一个环境了，当然现在的小孩可以通过手机来了解世界，但网上的信息良莠不齐，而且他们上学后整天都在做作业，没法对自然环境、生产劳动、整个社会的传统文化、伦理、礼仪有切身的体会。

我的小学、初一、初二都是镇里的民办老师教的。所谓民办老师，就是农民：农民受了伤不能干体力活，就被安排来当老师。我们初二的时候学英语，却没有英语老师，代课老师把课本发下来，我们就自学单词，老师坐在门槛上，有些同学在教室里打牌。

到了初三，我开始去镇上的中学念书，那是高中部里面附带的一个初三班级——这时候才有正规的师范学校毕业的老师来教我。但课堂秩序有时很混乱，老师与学生之间也会发生冲突，大部分同学都没有什么理想追求。在镇里的那么多小学、初中同学里面，我是唯一一个考上高中的，其他同学都辍学回家或者去建筑工地打工，好一点的去读中专、去技校学烹饪。每当想起我的那批中小学同学、儿时朋友，我深刻认识到，教育质量差对社会造成了很大的损失！

后来，我到县城里就读鄂城一中（该学校后来升级为省重点鄂州高中），我是鄂州一中 86 届毕业生，也是鄂州高中第一届毕业生。我刚进入高中时，成绩没法跟城里同学比，但过了一个学期，我的成绩就是年级第一了。

现在有个词叫“小镇做题家”，我的确是在小镇长大的，但我在小镇里没做题，进城以后才开始做题的。

放弃保研资格，去哈佛大学追求人工智能统一理论

我当时在中国科学技术大学读的本科是五年制，该校是中国科学院直属大学。我的大学毕业成绩是全系第二名，能保研到中国科学院，里面有很多研究所和院士，我可以跟着院士读研究生。我事先已经读过相关导师的文章，知道他们较少从事人工智能领域的前沿研究，所以我决定申请出国留学。

其实，从大学一年级开始，我就花了很多时间，不是在上课，而是在寻找一个能让自己为之奋斗一生的学术方向。

毕业后，我们的系主任让我在实验室留着，继续申请出国，因为只有出国才有可能去研究这个问题，中国当时是真的没条件，没有导师在考虑我当时想做的人工智能那些问题。当然，现在的情况完全不同了，我们在北京通用人工智能研究院、北京大学、清华大学完全可以站到科学的前沿。

但出国这一条路，当时对我这个专业来说是很难走通的。我非常羡慕学生物、化学等专业的同学，他们毕业的时候整个班级都能出国，还拿着名牌大学的全额奖学金。但计算机专业基本上是没戏的，

因为当时中国在这个领域还很落后，而在美国这个专业已经很热门了，他们很少有奖学金给中国留学生。

那个时候的普通人工资是一个月几十元钱，自费留学基本上是一件不可能的事。但是，我非常想学人工智能，不学的话，感觉一辈子也就没有意思了。

我在哈佛第一年拿到了硕士学位，然后两年半拿到了博士学位，共发了 5 篇顶级刊物论文，提出了计算机视觉领域比较经典的模型和算法。我从哈佛毕业以后，到布朗大学、斯坦福大学、俄亥俄州立大学任职，三年多时间拿到加州大学的终身教职，一直到 2020 年全职回到中国，我的目标就只有通用人工智能统一理论。

我可以非常自信也非常自豪地说，从本科开始到现在，30 年来，我的梦想一直都是追求人工智能的统一理论，用一个统一的框架来解释和重建智能的各种现象。这是我出国的根本动机。

我的几次重大选择，不管是在就业还是研究领域上，都让很多人吃惊、困惑，他们会无端揣测我的动机。实际上我做出的选择都只围绕一个核心的目标，别人不理解是因为他们的价值判断、社会认知与我不同。

人的选择都是由各自的价值系统决定的。对我来说，决定回国前，我考虑的最根本问题有两个。

- 我是谁？我是一名中国人，我心里一直非常认同中国的文化，这是从小的环境造就的，更不用说当前国家需要我。
- 我要做什么？这一点我在读大学的时候已经非常清楚了。

鄂州一位老师送了我一幅字：“三十功名逐一统，八万里路怀家国”，这是我真实的写照（见图 9-1）。

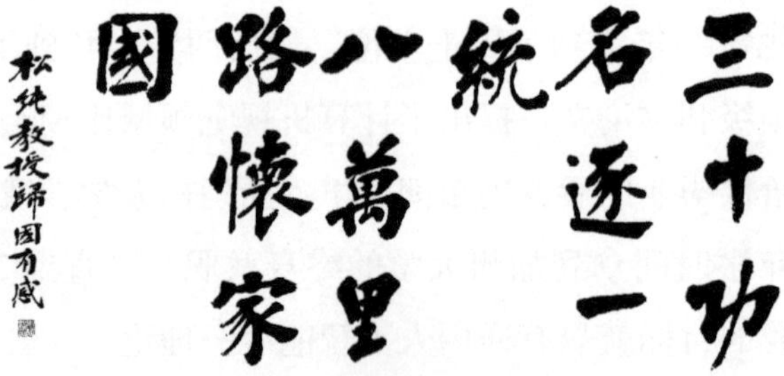

图 9-1　家乡鄂州的一位老师为我归国送来的一幅字画

导师的支持

20 世纪八九十年代，人工智能虽然陷入低潮，但是在美国波士顿地区，包括哈佛大学、麻省理工学院、布朗大学，是人工智能新思想的发源地。我导师早就明白，计算机视觉，甚至人工智能，不是靠证明定理就可以解决的，因此他带着我去向统计系教授请教，与语言学、心理认知科学、神经科学专业的人广泛探讨，这些学科都是哈佛的强项。他有时带我直接敲门，有时给我写一个字条，让我去找跨学科的大牌教授问问题，包括麻省理工学院、布朗大学的教授，他们都是各个领域中很有思想的人，而且都很敬仰我的导师，因此热情接待我。我是 1992 年 9 月 8 日到哈佛就读，1996 年 1 月 18 日博士论文答辩。毕业后，同年 7 月我导师和我一起加入了布朗大学的应用数学系广义模式理论组，这个组里的人都有非常原创的思想，这些经历奠定了我后来的学术观念。我们是最早做统计建模、数据驱动的人，一直到 2009 年左右，我才从这个框架跳了出来。

当时人工智能的大团队都在卡耐基梅隆大学、伯克利大学、斯坦福大学、麻省理工学院这种大的工程学校，他们有自己的人员体系，是一些很大的组织。而我是从哈佛出来的小众学派，我导师又是一个搞数学的“世外高人”，所以我可以说是单枪匹马。毕业的时候我导师跟我说：你要去找自己的同盟军。因为在这个领域，我算是后来者，而走在前面的人会提防我。

1997 年我离开导师的时候，有一件事让我非常感动。我要告别的时候，他在外地，就给我打了个电话，他说，你到我办公室把一个抽屉打开，那里面有一个文件夹，你把它拿出来，里面是一个研究项目的经费文件，账上大概还剩 20 多万美金。他说，你拿走，带到斯坦福大学去，你需要钱。他是做数学的，一直就没有多少经费。然后他给科研主管打了个电话，再发邮件抄送给我，他在邮件中说，这笔钱在我身上能发挥更大的作用。我每次谈起这件事，总是感动得流泪。我导师的品格，还有我周围其他教授的言行，对我影响很大，也坚定了我的学术信念与责任感。

到今天为止，他对我回国也非常支持和理解，因为他了解我的性格。他对我的支持是非常无私的，他希望有人来解决通用人工智能的理论框架问题。

卷积神经网络不是一个统一理论

卷积神经网络其实是一种执行层面的统计模型。作为一种模型与工具，它的各种结构如果设计好了，的确可以用到很多问题中，但这跟我们说的统一理论框架或者通用人工智能不是一码事。后者才是我过去 10 多年追求的，比如认知架构、价值体系，也就是说，从“理”到“心”的范式转换。

在我看来，在过去的 10 多年，深度学习的工作把很多学生引入了一个看似有效果的路径，但靠大数据和大算力的“暴力”办法来求解智能的本质问题，不符合我所了解的人类的智能机理与认知架构，这是一件需要在技术上做深入讨论才能够说清楚的事情，因此不在这里展开，而我和我的大多数学生没有去追逐这个热潮，这是需要巨大的战略定力的。

不随波逐流，是性格使然吗

如今，不管是老师还是学生，做科研喜欢一窝蜂上，什么热门就做什么，这是把科研当作一种职业、一个晋升通道，这让我非常困惑。

在我的科研生涯中，我见过很多研究生、研究人员，其中真正对科学有追求、敢于追求的人可以说非常少，大部分人把它看作一个职业、一个晋升通道，通过它一级级往上爬，而非试图理解问题本身。

爱因斯坦说做科研的人有三种：第一种人是因为科研是他的强项，因此他选择做科研；第二种人纯粹出于功利来做科研；只有第三种人，他做科研是希望能够构造一个简约的、符合自己风范的世界图像。科学研究需要这三种人，但我只认同第三种人，做科研的目标是为了理解，而不是为了拿学位。

我放弃保送研究生，放弃斯坦福职位，放弃美国实验室，不去追逐热点，坚持走一条与众不同的技术道路，这都是很多人觉得不可思议的，有人或许会揣测我有其他企图，但我其实就是想探索通用人工智能的理论，这也是我的初心。

既然我想研究这个理论，就必然要接触应用数学、统计学、心理学、认知科学、神经科学、机器人学等。我原来学的是计算机，后来我在应用数学系待过，然后又在统计系当教授，也兼职做心理和认知科学系的教员，还在航天航空系带机器人学方向的博士生。这几十年我一直在学习，寻找一个大的全景图。现在这些经历都派上了用场，我回国后推动成立了北京大学智能学院，规划了一个新的交叉学科课程体系，并联合北京大学创办“通班”，由此开始按照人工智能的“初心”培养第一代“科班出身”的通用人工智能本科生。

我认为通用人工智能是一门科学，因为智能是极其复杂的系统，人工智能是一个非常大的交叉学科。2022年教育部设置了“智能科学与技术”作为一级学科，与数理化、计算机等学科平行。社会上绝大部分人还认为智能是计算机的一个分支与应用，这是很不恰当的观点。而在人工智能领域，大部分人做研究只是针对其中一个局部的小问题，看不到全局。很多在我看来是非常直观的事情，别人却看不透，这一点也常常让我非常吃惊。一个研究人员如果缺乏对全局的了解，就缺乏对趋势的判断，就会导致我们所说的打篮球的情况：球（热点）在哪里，就赶紧去追那个球（热点）。

现在回过头来看，我要追求的这些目标可能跟我整个人生的经历和性格有些关系。我并非一个非常执拗或者偏执的人，在我身边长期工作的人也都说我很宽容，我只是不想浪费自己的人生。

人工智能这一波热潮，我们还在追赶吗

中国科研界有个说法，叫从跟跑到并跑，然后再到领跑，这是过去20多年做科研的思路。中国大学真正做科研的时间是比较短的，20世纪80年代，在我读大学的时候，老师并没有研究过操作系统、编程语言，只能照着外国教科书来翻译、讲解。

中国真正开始建设“研究型大学”是在1998年5月，国家提出建设世界一流水平的大学，然后开始增加科研经费。大部分老师专门做热门研究。大家本来就没有自己的阵地，自然也没法坚守，这是历史发展的一个必然阶段。但是，如果学术界形成了这种惯性，评价标准也按照这种定式，那就是一个相当严重的问题了。

2010年前后，开始有很多在海外名校任教的学者学成归来，尤其是生物领域，因为学生物的人是最早出国的，人也多，所以生物学科有好多知名教授回国。我们计算机与人工智能等专业，当年出国很难，但出国之后找工作比较容易，工资待遇也挺好，因此回来的人比较少。但这并非在责备谁，因为这就是现状。

谈“钱学森之问”，我们为什么培养不出杰出人才

“钱学森之问”的确是一个很严峻的问题，需要我们严肃对待。我在元培学院的开学典礼上做过一个报告，谈到了我对“钱学森之问”粗浅的理解。怎样培养出领军型的、堪当重任的战略性人才，是当下尤其重要的问题。顶尖人才的培养是一个全方位、复杂、缓慢的过程。

我对元培学院的学生说，从统计意义上讲，尽管他们都是高考万里挑一的佼佼者，但是20年、30年之后在社会上能够真正成为领袖人物的概率，可能不到1%。

为什么会这样？这可以由统计规律，即中心极限定理来解释，详见第 11 章。本质上这就是一个选择和被选择的问题。假设你的人生一共有 10 个重大的选择，你选对了七八项，就能成为一个了不起的人物；如果选对了四五项，也可能做出不错的成绩；如果选对了两三项，那就回归到一般人，泯然众生了。很明显，大部分人没有做出正确的选择。如果随大流是对的选择，那满社会都是领袖人物了。这反过来也说明，正确的选择往往与大众的认知是相反的，逆流而动需要超前的眼光、坚定的信念和行动的勇气。

是什么驱动了人的选择？当然是个人的价值观。我总结了个人价值观的三个要素，简称 SCI，详见第 11 章。

科研的职业化发展

科研职业化，这个改变要追溯到第二次世界大战之后，美国在第二次世界大战中看到了科技的重要作用，范内瓦·布什（Vannevar Bush）写了报告《科学：无尽的前沿》，由此成立了美国国家科学基金会（1950）、美国国防部高级研究计划局（1958）等机构，推动科学中心从欧洲转移到了美国。我认为这种机构有一个巨大的副作用，就是把科学职业化，很多不该来做科学的人都进来了，人越多，声音就越杂，就难以评价了。比如，现在某个人工智能领域的国际会议，每年收到一万多篇论文，会议组织者根本找不到足够合格的人来评审！因为评审是双盲随机的，一个专家教授写的前沿文章，可能由一个硕士生甚至本科生来评审。

要改变这个评价机制是很难的，虽然我们已经在局部做了一些修正，比如说目前国内出台了新的政策，鼓励像我们一样做新型研发的机构，但是引进新的管理机制、新的评价机制来做出改变，是任重道远的，关键是要下定决心，找到有效的办法。

我现在就对青年教授反复说，我评价你的时候，不是根据你的论文发表数量、引用率，或者职称，那些都是别人给你的评价，我有我自己的判断。我认为最重要的是看你选择了什么样的课题，这个课题有多大的意义。但是，我发现大家基本听不进去。

这是一个社会现象：一只鸟或者一条鱼处在一个大的群体中运动的时候，它是看不到远方的，它只看得到周围的鸟或鱼怎么动，然后跟着动。青年学者基本无法脱离群体的学术观和方法论。

另外，大量的研究工作客观来说是无意义的，至少在我们这个领域如此。这些工作比较适合作为学生的训练。

如何看待众多人工智能学院的成立

2022 年 9 月 13 日，教育部公布“智能学科与技术”专业成为新增的交叉门类的一级学科，这标志着这个学科正式成立了。其实北京大学应该是智能学科的诞生地，它于 2002 年成立了全球首个智能科学系，最早开始了“智能科学与技术”本科专业教育。我加入北京大学后，推动北京大学在 2021 年成立了智能学院，构建了完整的本硕博人才培养体系。

与社会认知中的“人工智能”专业不一样的是，北京大学的智能学科里有两个专业:“智能科学与技术”和“人工智能”。我们认为“智能科学与技术”专业是一门研究自然智能的形成与演化的机理，以及智能的理论、方法、技术和应用的基础学科，是一门新兴的交叉学科。因此，北京大学把这个专业放到了智能学院。

人工智能专业过去一直被看作计算机领域的应用技术与工程学科，20 世纪七八十年代人工智能热潮中具有代表性的是专家系统与知识工程。近年来，统计、大数据、深度学习的快速发展与普及应用，成为本次人工智能热潮的主要代表性技术，人工智能被赋予了新的内涵，很多人开始认为人工智能是一个赋能百业的技术。因此我们将人工智能定义为一个学科大交叉的阵地，也放在人工智能研究院，开展智能与文理医工的大交叉研究，比如人工智能艺术、计算社会、智慧法治、智慧医疗等。

为支撑“智能科学与技术”和“人工智能”两个专业的人才培养，我们在北京大学设立了两个人才培养旗舰班：通用人工智能实验班（简称“北大通班”）和北京大学智能科学与技术专业实验班（简称“北大智班”）。

“北大通班”授予人工智能学士学位，特色是“文理大交叉”，目标是打造“通用人工智能战略王牌军”，培养“通识、通智、通用”的世界顶尖复合型人才。

“北大智班”授予智能科学与技术学士学位，特色是“理工强基础”，目标是培养智能科学领域的新一代领军人物，引领智能科学前沿理论与技术应用的发展。

同时，依托清华大学自动化系，我们开设了通用人工智能因材施教计划。这三个班加在一起，每年就可以为国家输送上百名顶级人才，学生也在北京通用人工智能研究院开始科研实践活动。这是对国家提出的教育、科技、人才“三位一体”战略思想的最好实践。

中美人工智能差距之我见

几年前，有人认为中国的人工智能可能比美国强，因为在应用方面我们场景多、数据多。我们首先要看清楚人工智能这个领域有多大，现在国内做的深度学习只是其中一小部分而已，我认为它只是人工智能发展道路上的一次战役，而整个人工智能这场仗需要战略，需要更大的地图。

中国在人工智能领域和美国相比，有很多弱势，关键的问题是，美国在“下围棋”，中国在“打篮球”。这导致中国的原创性较弱，比如中国的学校和公司还在使用美国的开源代码。我们需要营造一个更好的学术氛围和评价机制，使得原创的东西能得到支持。

原创的东西之所以难以在中国生根发芽、发展壮大，除了有我前面说的历史发展阶段的因素，还因为我们这些老师也才刚刚学会做科研，历史太短。而且国内的评价体系还非常不完善，很难判断一个方向的真正价值。评选专家可能会看不出前沿项目的价值，很多原创的想法就会被埋没。

在这一点上，我们可以向美国学习，比如他们的科研项目管理机制。美国有一批资深的项目经理，他们自己不做科研，或者退出了科研岗位，他们没有自己的利益诉求，但是对所在领域的科研人员、思路、流派、国家需求，都有深刻的了解。战略性的项目由他们进行课题立项、选首席科学家和团队，而不是交给同行专家来立项与评审，这种机制避免了专家既是裁判员又是领队、教练员、运动员的情况——一流的运动员不一定是一流的裁判员，一流的裁判员不必是一流的运动员。

不过，从我回国几年的感受来看，国家在这方面改革的魄力非常大。比如，北京通用人工智能研究院就是一个全新的研发机构，在探索新型的科研模式。

国家发展到了一个新的历史时期，正在大力推动教育科研人才“三位一体”发展战略。这需要科研与教育工作者把握时代脉搏，需要广大学生、家长、配偶，乃至全社会共同努力，营造一个鼓励原创科研与前沿探索的社会大环境。

当下的人工智能热潮

我一直念念不忘大一统理论。智能包括各种现象（认知智能、感知智能、具身智能、心智、社会智能等），跟物理学中的各种现象（光、电、磁、重力等）是类似的。我相信在这么多复杂的、说不清楚的现象背后，一定有一个非常简单的、很美的数学理论，可以一并解释人类智能和人工智能。我在大学的时候就思考这个问题，30 多年过去了，到今天仍然在思考，这就是为什么我后来开始研究通用人工智能。现在人工智能领域很少有具有美感的模型，一些人工智能大模型也有点丑陋。这些模型是什么都还说不清楚，更不要谈美感。

我认为通用人工智能一定不是一个几万亿参数的大模型做出来的一个说不清楚的东西，它一定是一个非常美的、简单的东西。我相信它一定存在，所有的科学都追求用最简约的模型来解释纷繁复杂的现象。

科学的前沿与我们的机会

现在科学的前沿确实是在往信息科学、智能科学转移，从物理空间转向信息、思维和认知的空间，在这些新的空间，它们的复杂度、模型和物理模型显然是不一样的，这也是我们中国有望成为一个世界科学中心的机会。

我们希望北京成为世界的科创中心，这个科创中心必须有原创的思想、原创的技术路线，不再跟着人家的大模型、AlphaGo 跑。我们要有这种胆量、气魄与定力，在新的科学花园中构造自己的理论。我们这一代人有可能只是做转移和铺垫工作，但是我相信我们能够做成领先世界的成就，在通用人工智能领域做出可以贡献给全人类的成果。

SCIENTIFIC
MODELS IN CHINESE
THOUGHTS

10

晴耕科研，雨读金庸

“通班”的寒假作业

2020 年，新冠病毒蔓延，国际形势风云变幻，人工智能作为“第四次工业革命”的核心技术，超越学术、产业、经济，上升到国家安全的层面，成为国际竞争的前沿与制高点，而赢得这场科技竞争的关键在于人才。中国的顶尖大学从来不缺人才，缺的是具备国际视野、志趣高远、有家国情怀、可堪大任的杰出人才。

为什么我们培养不出杰出人才？这是大家熟知的“钱学森之问”，也是摆在教育工作者面前的极具挑战性的灵魂拷问。2020 年 8 月，我在美国学习、工作了 28 年之后回到北京，着手组建北京通用人工智能研究院，首要任务是建立一支战略人才队伍。11 月，我担任北京大学、清华大学教职，开始制定全新的本科－博士贯通的人工智能教程。

2021 年 1 月，北京大学元培学院成立了“北大通班”。4 月，清华大学依托自动化系设立了通用人工智能因材施教计划。摆在我面前的首要问题是，如何把这一批中国最聪明、最刻苦的学生培养成杰出人才、未来的学术领袖。

春节前我给北大通班同学布置了一个寒假作业：阅读金庸小说，每位同学选择一个最贴近自己性格与价值定位的武学高手，分析其成长历程。这时候，北大的林宙辰教授告诉我，有一个公众号 cellstell 专门谈金庸人物，作者徐鑫是一位生物学博士。我看了几篇文章后，感觉徐鑫写得非常好，就邀请徐鑫给通班同学做了一次以“从金庸武侠世界看学术人生”为题的讲座。

此后，我希望他把文章整理成一本书，系统地梳理金庸武侠世界中的人物性格、动机、武功、门派、师承与配偶选择，重点分析武学大师的责任担当、领导力、家国情怀的形成过程。徐鑫欣然应允，并迅速写出了一本数十万字、名为《晴耕科研，雨读金庸：从武侠世界看学术人生》的书。

徐鑫推演了金庸小说中的人物和事件“编年史”，并将其与中国历史背景相关联，与科学史上的人物事件作类比与映射，把武学大师的成长历程和价值取向蕴含在幽默风趣的文字之中。

我认为，这是一本奇书，是解答“钱学森之问”的另类答卷，值得广大家长、教师以及研究生、大学生、高中生阅读，体会其中的奥妙。

人生的参照

有人会问，难道让学生读科学家传记不是更好吗？我个人认为，科学家传记存在一些天然的不足。

首先是避讳问题。科学家传记的撰写常常由崇拜者、学生、朋友甚至亲人完成，这样的传记难免为尊者讳，是一定程度的选择性呈现，并不能揭示科学家真实的全貌。

其次是刻板单一。科学家传记为了突出科学家的杰出成就，常常强调其坚强与刻苦攻关的一面，而淡化其性格与人性中的负面成分。

只有将科学家放在具体时代、环境的激烈竞争中，才能避免对科学家的脸谱化描述，展现其面临的冲突与选择。相比之下，作为成功影响了几代中国人的文学作品，金庸的武侠小说以独特、夸张的手法描绘了波澜壮阔的历史，塑造了千奇百怪的武功、栩栩如生的人物、风格迥异的派系，并揭示了各种武功的创制过程、武学大师机缘与必然并存的成长历程，展现了不同派别之间争斗与合作的复杂关系。

特别值得一提的是，金庸小说之所以能获得社会大众的广泛共鸣，根本原因在于这些武侠故事中的各种选择背后传达了中华传统文化的价值观、人文关怀与家国情怀。读金庸小说常常让读者体会到道路的坎坷与残酷、获得警示、未雨绸缪。

我让通班同学读金庸小说，就相当于给学生“打精神疫苗”，让他们在未来的学术成长过程中，面对自己的每一个人生决策时有一个“参照物”。

当前应试教育培养出的学生，为了集中全部精力备考，被父母、老师很好地“保护”起来，整天刷题，对社会和人生知之甚少。家长和学校认为，把学生送到名牌大学就完成了任务，办完谢师宴就万事大吉。殊不知，学生进入大学后，面对各种困难和重要的选择时往往茫然若失。我认为，这就是我们的大学有这么多人才，却难以出现真正学术大师的一个主要原因。

杰出人才，尤其是大师，通常不是培养出来的。大师的出现，更多的是个人基于健全价值系统的主动选择。上了大学，一切才刚刚开始，从本科到博士要 10 年，获得正教授职位要 10 年，成为学术领袖估计还要 10 年。

在这 30 多年的时间中，一个人要经历很多，其成就是国际、国内、社会、家庭、配偶、朋友、个人等带来的必然影响和偶然因素叠加的结果，最终可以用一个统计求和来简单表述。大师的炼成，其实是基于在这 30 多年中正确三观的积极选择，从而对抗随机扰动的影响，避免平均化的回归，才最终脱颖而出，成为统计中的离群点。

既然大师的出现是基于价值系统的主动选择，那么价值系统的健康和积极就具有格外重要的意义。有了健康、积极的价值系统，就能有内驱力、洞察力，在选择上就不会随波逐流。

学术与江湖，聪明人与矢志不渝之人

进一步说，金庸小说中描绘的武侠世界和现实生活中的学术共同体可被看作数学上的同构映射关系。我很早就发现，武侠世界中的武学门派、武林人物、内功修为、外功招式、价值取向等无不与现实的学术世界高度相似。

很多人在学术成长中会经历“天花板”，可能的原因是什么呢？以慕容复为例，慕容复武功总是不能大成，固然有个人天分等方面的原因，但他对武功并无真正兴趣，而是汲汲于名利、心思不纯，乃至于患得患失，这些恐怕也是重要原因。

在学术成长的道路上，有时取得极大成就的往往不是最聪明的人，而是质朴坚毅、矢志不渝的人。以郭靖为例，郭靖武功震古烁今，固然与因缘际会的各种巧合有关，但他百折不回、孜孜不倦、朝夕不辍，才终于将各路武功融会贯通。

配偶常常对学术路径有巨大的影响。比如令狐冲受到任盈盈的积极影响终于笑傲江湖，另一个例子是游坦之遭遇阿紫的不良摆布而为天下人耻笑。

通过以上几个例子，我将对成长影响巨大的因素总结为三个：配偶、性格和兴趣，这是我心目中真正的SCI。

事实上，徐鑫在书中用金庸的武侠世界构建了更加宏大的学术映射。在上篇（“纵篇”）中，借助“天龙”“射雕”“神雕”“倚天”四个时代的武学发展脉络，演绎了现实学术的高峰与低谷及其背后的原因；在中篇（“横篇”）中，借助金庸武侠世界的横剖面，总结了具体学术的影响力、属性、冷门热门、有用无用等特点；在下篇（“外篇”）中，则借助金庸小说人物的个体选择，总结了在令人纠结的学术选择时刻的经验和教训。

为了更好地在金庸武侠世界与学术世界之间建立联系，《晴耕科研，雨读金庸：从武侠世界看学术人生》还精心选择了科学史上的事例。这些事例短小精悍，紧扣相关章节主题，辐射辽阔、异彩纷呈。作者在金庸的武侠世界和学术世界之间建立了同构映射关系，于谈笑之间自然揭示了学术成长的奥秘。

文学创作高于生活，但来源于生活。金庸的武侠小说能在一定程度上反映学术世界的真相。法国作家罗曼·罗兰说：“世界上只有一种英雄主义，就是在认清生活的真相之后依然热爱生活。”我希望中国所有聪慧而优秀的学生也具有这样的英雄主义气质，能在认清科研学术的真实之后，依然热爱科研，这样的热爱才是经得起时间考验的。

SCIENTIFIC MODELS IN CHINESE THOUGHTS

11

胸怀伟大理想，践行爱国情怀

培养具有国际视野和勇于担当的杰出人才

我们为什么培养不出杰出人才？这是钱学森在他晚年给我们的国家、社会、教育和科研界提出的灵魂之问。过去40年，中国的教育取得了长足的进步。最近有一份研究报告表明，2000年中国的理工科（STEM：科学、技术、工程、数学）博士毕业生是美国的一半，2007年中国的STEM博士毕业生超过美国，并预测2025年中国的年均STEM博士毕业生将是美国的2倍。从增量上看，中国的理工科科研人员已经达到了世界第一。但是，中国顶尖科研人员的存量还不够，原创性科技成果与科研人员的体量还不相称，这还需要一个较长的过程，要靠年轻的一代人继续努力。当今的世界正处在百年未有之大变局，中国正走向世界舞台的聚光灯下，中国科技已然跻身世界前列。通过几代人的积累，我们国家比以往任何时候都更具备条件，也有了足够的底气和信心：我们能够通过内生机制培养出具有国际视野和勇于担当的杰出人才与学术领袖。

首先，我们来分析一下成才的机遇与概率。

人才成长的“中心极限定律”

刚进入大学的大学生是 18 岁左右，拿到博士学位要 10 年左右，成为正教授还需要 10 年左右，要成为学术领袖估计还得至少 10 年。在今后这 30 多年的人生中，大学生要经历很多的事件。一个人的成就是各种国际、国内、社会、家庭、配偶、朋友、个人在 30 ～ 50 年内发生的随机事件和因素叠加的结果，这个过程可用一个统计求和公式来描述。

$$y=\alpha_1x_1+\alpha_2x_2+\cdots+\alpha_nx_n$$

比如，我们去天安门，一路上要受到交通灯、行人、车辆、交通管制、修路、事故等不可预知的随机事件的叠加影响。最后，行程的总时间 y 就是这些随机变量的加权求和（α 是系数）。

根据概率论的中心极限定律，当 n 足够大时，累积的结果必然会服从正态分布，也就是俗称的“钟形曲线”（见图 11-1）。

95% 的人位于正负两个方差之间［-2σ，2σ］，这是社会的大多数，他们是各行各业的主力军。2% 的人在［2σ，4σ］之间，属于百里挑一的优秀人才；只有少数人在 5σ 之后，成为万里挑一甚至百万里面挑一的杰出人才，他们是统计学中的“离群点”。比如北京大学的学子是从全国挑选出来的最优秀的一群大学生，站在一个很好的人生起点。如果未来他们随波逐流，就会回到普通人群中去；如果立志成为杰出人物，还需继续奋斗，要特立独行。

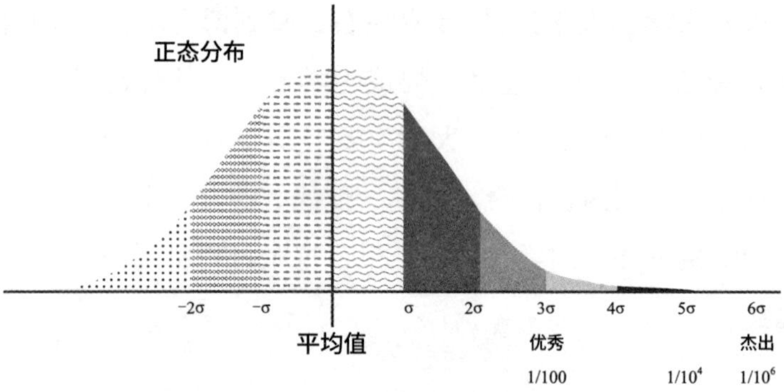

图 11-1 人才分布的钟形曲线

其次，我们来看看成才的基本要素。

成才的基本要素

中国有一句流传甚广的民间谚语：“一命二运三风水，四积阴德五读书。”所谓谚语，其实就是古人根据大量人生得失的例子总结出来的，现代的机器学习算法也是同样的道理。这个谚语可以使上一节的统计公式变得更具体一些。

公式中的五大因素是按照系数的大小来排序的（见图 11-2）。

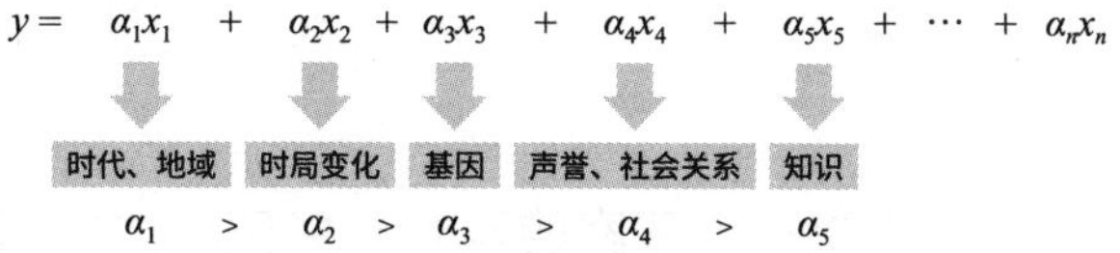

图 11-2 成才的五大要素

第一个因素 x_1 是指一个人出生的时代与地域，大背景是世界、国家和地域。美国有一项研究表明，根据一个人出生的地点和年份，就能较好地拟合出很多人成年后的社会阶层。

第二个因素 x_2 是指时势与时局。每个学科和行业都有它的发展规律和时势。通俗来说，即时来运转、时势造英雄，因此需要耐心等待，“风口”来了，才能乘风而起。个人的命运与国家、民族的命运是紧密相连的。以我的家庭为例，我父亲 18 岁的时候，抗日战争爆发，父亲流离失所；我哥哥 18 岁的时候，遇上了“文化大革命”，下放农村；我 18 岁的时候，遇上了改革开放；1992 年我到美国留学的时候，正好克林顿当选美国总统，开启了全球化进程。我们三人的命运与人生轨迹是非常不同的。到今天，某种逆全球化进程开启了，如同钟摆到达最高点之后，开始反向摆动。世界与中国都处在百年未有之大变局中，每一个学子都要审时度势，认真分析世界、国家、学科、行业的发展大势，选择适合自己特点、兴趣的学术道路和人生道路，不能盲目跟风，简单照搬 10 年前、20 年前的经验，因为上一辈人的路径并不一定适合当代学子的发展。

第三个因素 x_3 是指影响智商的基因。古代人不懂基因，无法解释很多因基因变化造成的后果。比如，自己家的后代很平庸，眼看隔壁家的后代却发达起来，百思不得其解，古人就将其归因为风水。

第四个因素 x_4 是指一个家庭的声誉、名望、地位和社会关系，它们决定了一个人能获得多少帮助。

第五个因素 x_5 是指知识，也指读书。用知识来改变命运，以勤补拙。前四类因素是先天的、外在的条件，只有读书是我们自身能够掌控的因素。这么说来，个人的努力是排在第五位的因素。这不是宿命论吗？并不是。首先，公式总结的是社会大多数人两个方差之间［-2σ，2σ］的人生规律，对于［2σ，6σ］之间的优秀、杰出人物是缺乏数据支撑的。其次，现代的读书和科研要经历 30 年左右，比古代的十年寒窗要长得多，要经历的变量也比古代多得多，因此累积效应会大很多。那么这一段人生的关键是什么呢？我认为是选择与被选择。

选择与被选择

在 12 年基础教育的过程中，学生的生活基本是被规划和被安排的，学生被家长精心照顾，上同样的课、读同样的书。今后的人生，包括大学选专业、选课，研究生选导师、选课题，最好是一人一道、特立独行。要完成从“高考骄子”到“杰出人才”的蜕变，就必须去探索科技的前沿，登无人之境，这是苏轼在《赤壁赋》中讲述的清风明月之意境。

过去的几十年，中国的科研基础薄弱，很多学科还处于填补国内空白、追赶前沿的状态，较少有科学家能够站到世界科技的前沿。我认为这是导致“钱学森之问”的主要原因。在我自己上大学的20世纪80年代，当时我想学习计算机视觉，国内就没有这方面的导师，我只能到图书馆查阅国外几年前开会的会刊。通过几代科技工作者的努力，中国科技已跻身世界前列。最近北京大学人工智能研究院引进了一批活跃在国际科研前沿的青年教授，学生今天就有机会进入科研前沿，元培学院有50多个专业方向，还有很多参与前沿科研课题的机会。如今学生面临的选择与机会远远多于过去，因此未来的几十年，决定学生一生的就是一系列选择与被选择的机会。

我认为“钱学森之问”有一个关键词——“培养”，这个词是不合适的。一般人才是可以培养的，杰出人才、学术大师不是培养出来的，要靠个人对道路的选择以及机遇。回顾我自己过去30年的学习生涯，经历了多次重要的选择与被选择。我长期坚定地走自己的道路，从不随波逐流，在人生和学术的道路上，常常逆大潮而行。我相信一个基本原则：当你真心选择了科学，科学最终会选择你，社会也一定会选择你！

人的一生，就取决于几次关键的选择，要有勇气和自信放弃眼前的利益，追求更高的目标；人生还取决于几次关键的被选择：被伯乐发现、被机构认定、被国家和社会选择，让你来担当大任。这一连串的选择与被选择就决定了你在［2σ，6σ］这一段人生道路能走多远，决定了你的人生高度。图 11-3 大体上就说明了人才正态分布的形成过程：大多数人太早选择了放弃，决定躺平，只有少数人有勇气选择去攀登远方的高峰。

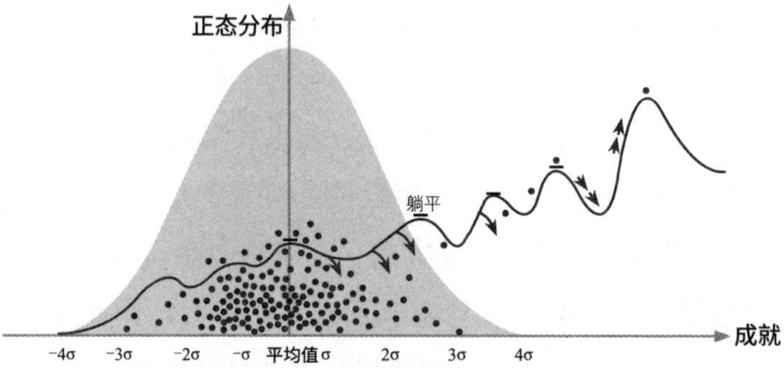

图 11-3 人才正态分布的形成过程

人才成长的关键指数：SCI 指数

到目前为止，我直接指导和联合指导的博士生和博士后已有 100 人左右了，间接影响的学生更多。绝大部分学生智力都没有问题，也很刻苦，但是，真正能坚持做科研的只有少数。对于影响选择与被选择的重要因素，我总结出一个人才成长的 SCI 指数。

- **S 是指 spouse，即配偶。**配偶和家庭的支持，是决定一个人能否杰出的关键。不少学生本来做科研做得好好的，很优秀，但是，受到配偶价值观的影响，最后放弃了科研。这是让我痛心疾首而又无能为力的事情。

- **C 是指 character，即性格。**性格决定命运，有几个关键性格非常重要：沟通能力、战略定力、百折不挠的毅力、敢于探索的勇气。我们很多家长希望自己的孩子平安幸福，最好不要经受风雨的洗礼，这是不现实的。
- **I 是指 interest，即个人的学术兴趣。**判断一个人是否能成为杰出人才，首先要看他做研究是利益驱动还是兴趣驱动。利益是短期的、外在的，只有兴趣是长期的内驱力。我希望每一位学生都能看清大势，发现自己的兴趣，找到属于自己的一条赛道。这条赛道最好能让你跑几十年，给你足够的时间和空间，赛道太短跟别人拉不开差距，跑到头又要转到别的赛道，这显然是不明智的。我们中国的家长都希望自己的孩子读名校，可是，如果孩子的兴趣没有被激发出来，或者与学校和专业不合适，是走不长久的。

践行家国情怀

最后我还想谈一下家国情怀。

学校给学生提供了美丽的校园环境，准备了精选的课程，配备了优秀的导师，学生可能有一种错觉，认为这一切都是自己争取来的，是因为自己赢得了高考或者学科竞赛应得的奖励和待遇。其实，单靠学费是完全无法支付这些费用的；这些优质的教学资源来自国家的期盼。作为国家的精英，学生负有巨大的责任。儒家思想认为知识精英应该具备“为天地立心，为生民立命，为往圣继绝学，为万世开太平”的家国情怀。否则，这个国家的未来何在？

有的批评意见认为，顶级高校的很多学生已经成了精致的利己主义者。作为导师，我们不能回避这个问题。从人工智能模型的角度看，精致的利己主义不是一个好的决策函数，是短视和缺乏勇气的表现，造成了一大批人才留在了国外，干着与他们的智商不相匹配的工作，远没有能够实现他们的潜能和人生价值。相反，那些勇于担当，把自己的人生目标与国家、民族命运相连的人，就有了持续奋斗的动力和勇气，这些人才会被国家和社会选择，来担当重任，实现更高的人生价值。作为学生，要有为国求学的志向、舍我其谁的豪情，义无反顾地投身于祖国需要的领域。

未来，中国必将回到世界舞台中央，北京也一定会成为国际科技创新的中心，那必将是这一代人身处科研一线、引领世界科技风骚的时候。

SCIENTIFIC MODELS IN CHINESE THOUGHTS

结　语

开展有组织科研，实现原创性、引领性科技创新

当前，我国科技创新进入重要的战略转型期，从过去以跟跑、补短板为主，转向强调原创性、引领性的科技创新。回国两年多来，我切身体会到国家对于实现科技自立自强、建设世界一流研究型大学、培养科技战略人才的急迫需求。为此，国家出台了一系列举措，包括科技评价“破五唯”，开展有组织科研，以及科技、教育、人才“三位一体”的强国战略等。

党的二十大报告指出，要以国家战略需求为导向，集聚力量进行原创性、引领性科技攻关，坚决打赢关键核心技术攻坚战。人工智能是科技创新的前沿阵地、国际竞争的战略领域，科技部建立了“顶层目标牵引、重大任务带动、基础能力支撑”的国家科技组织模式，瞄准一系列前沿领域，其中就有人工智能。2023 年，北京市人民政府印发了《北京市加快建设具有全球影响力的人工智能创新策源地实施方案（2023—2025 年）》，提出了北京市未来人工智能发展目标。

2022 年 8 月，教育部印发了《关于加强高校有组织科研　推动高水平自立自强的若干意见》，就推动高校充分发挥新型举国体制优势，加强有组织科研做出部署。为什么要进行有组织科研？如何组织？如何摆正“有组织科研”与“自由探索”的关系？下面我谈一谈个人的心得体会。

重大基础性、原创性科学成果“难产”的几个原因

纵观世界科技 1900—2020 年的发展史，前 60 年涌现了众多基础性、原创性、颠覆性的重大成果，如相对论、量子力学、信息论、DNA 双螺旋结构的发现，以及原子弹、计算机的发明。这些重大成果重塑或创造了一批新的学科，产生了新的高精尖技术，形成了新的先进生产力，建立了科技制高点优势，乃至推动了世界科学中心的转移。但在后 60 年，相关成果的重大性、基础性、原创性显著不足，而是以大量填补式、可预见、渐进式的成果为特征，缺乏同等重量级的颠覆人类认知的突破。

为什么近年来科研人员成倍增长，经费越来越多，科研条件越来越好，却产生不了根本性的科学发现？归纳起来，我认为是以下三个主要因素发生了改变。

一是科研驱动力发生了改变。历史上每次国际格局发生重大改变的关键时期（如第一次世界大战、第二次世界大战、冷战），都催生了重大科技成果的出现。究其原因，国家前途和民族命运驱使各国必

须面向国家战略需求，并以此为指引有组织地攻关根本性的问题。而在和平时期，以过去 10 多年人工智能的繁荣为例，产业研发与资本介入产生了大量的科研工作人员，国际、国内互联网巨头的研发都聚焦在诸如搜索、推荐、内容制作、美颜、聊天等应用。学界普遍认为，这一次深度学习的热潮并没有根本性的理论突破，而是依赖数据和算力的优势提升了系统的性能，在一些应用问题上起到了“临门一脚”的效应。大量应用型、渐进式科研成果淹没了学术界真正需要的从事人工智能基础理论和系统框架研究者的声音。当前，人工智能领域的激烈竞争已经超越了学术、产业、经济，上升到国家安全层面，有组织科研反映了科研驱动力的重要转变，国家需求是新时期人工智能发展最大的驱动力。

二是科研组织模式发生了改变。从文艺复兴到第二次世界大战前，科学研究的主阵地在欧洲，这个阶段科研还没有完全职业化。例如，通过豌豆实验发现生物遗传学规律的孟德尔是一位神父，爱因斯坦发现相对论的时候还是瑞士专利局的一名技术员，科学家大多是凭着自己的兴趣进行探索。第二次世界大战后，美国引领了科研范式的转变。范内瓦·布什撰写了《科学：无尽的前沿》作为美国科技政策的指导思想，推动成立了美国国家科学基金和美国国防部高级研究计划局等机构，资助研究型大学的师资建设与人才培养，使得美国迅速摆脱对欧洲基础研究以及科研人才的依赖，推动了世界科学中心向美国的转移。但是，我们也要看到，近年来这种科研组织模式的弊端也日益凸显，科学研究成了一种职业，“写本子”“数论文”的文化日盛，科研工作者群体越来越大，而科学研究越来越同质化，日趋“内卷”，产生了显著的“马太效应”。特别是自从2005年H指数诞生以来，大多数科研人员所从事的不再是好奇心驱动的自我激励与自我实现型的脑力劳动，不再是特立独行地去研究根本性问题、探索新领域，而是更关注于抢占细分研究领域（圈地）、快速且碎片化的知识生产（发表）和占领话语权（抢注），关注影响因子、引用率等简单便捷的指标，“科学家处于一个玩自拍的年代”，出现了“对房间里的大象视而不见，满墙角找老鼠抓”的现象，这是导致原创性重大科学发现匮乏的一个重要原因，为此国家提出了“破五唯”的评价体系。

三是科学问题的复杂度发生了改变。西方科学在早期的探索中普遍使用的是“还原论”模式：问题越分越细，以小团队的形式展开研究。在20世纪初，这种模式取得了巨大成功，大多数获得诺贝尔奖的研究聚焦单点问题，多由小团队（PI制[①]）完成。但是，当前世界面临的诸多战略性、前瞻性的科技问题，如面向能源的核聚变、面向生命健康的生物技术、面向心智和思维的智能科学等，都呈现出了复杂巨系统的特性，具有非线性、突变和涌现等特征，这使得传统还原论科学范式和PI制的科研组织模式难以应对。就好比对于一个需要1 000个变量才可以刻画的方程组，人们无法分离出3个变量用“还原论”模式来求解。针对复杂巨系统，需要“系统论”思维方法。比如，我们所从事的通用人工智能研究，其目标是要实现具有自主感知、认知、决策、学习、执行和社会协作能力，符合人类情感、伦理

① PI制是一种科研组织管理模式，英文原文为principal investigator，常译为“学术带头人制”“项目负责人制”等。——编者注

与道德观念的通用智能体。智能体在日常生活中，同时需要诸如计算机视觉、自然语言、机器学习、认知推理、机器人学、多智能体等众多的能力，既要考虑客观的物理环境与数据，又要考虑主观的价值、心智与意识，这就要求统一的理论框架来支持大量的智能现象。这些不是靠几个人推理几条数学公式、证明几个定理就可以解决的。

钱学森说过：搞导弹不是靠一两个科学家，要靠一支有理论基础又有实践经验的研究队伍。创造通用智能体的复杂度比制造导弹的复杂度要高得多，迫切需要跨领域的交叉研究，以系统论、整体论思维开展有组织的团队科研攻坚，进而实现有全球影响力的原创性突破。

以有组织科研破解制约原创性、基础性科技突破的因素

面对当今科学的复杂巨系统特点，需要新的科研战略思维、科研范式和组织模式，这是世界科技发展面临的重大挑战，也是我国科技发展的战略机遇。历史上，世界科学中心经历了从意大利到英、法、德，再到美国的迁移历程，每次都伴随新的科技领域与学派的兴起。我国提出“有组织科研”的一大目标是在新兴战略领域成为下一个世界主要科学中心和有全球影响力的创新策源地。今天人类正在跨入智能社会，人工智能正是这一新兴战略领域，我们必须把握智能学科发展的规律，提出自己独特的哲学思想、学术纲领，原创的科研路径、技术路线，高效协调的科研组织模式。我认为，以有组织科研为引

领，要重点突破三个方面。

一是站在新的历史转折点，凝聚新的战略驱动力，形成新的战略思维。

回顾我国现代科技发展史，大体可划分为三个阶段。

第一阶段以 1978 年全国科学大会的召开为标志，我国科技工作迎来了“科学的春天”，开启了新一轮出国访问学习热潮，跟踪研究外国技术发展，如国家高技术研究发展计划（863 计划）的制订等。在这一阶段，我国的高校，特别是在新兴战略科技领域，基本没有开展前沿研究的基础。

第二阶段的标志是 1995 年，国家决定实施“211 工程”，这是新中国成立以来由国家立项、在高等教育领域进行的规模最大、层次最高的重点建设工程。1999 年，国务院批转教育部制定的《面向 21 世纪教育振兴行动计划》，决定“创建若干所具有世界先进水平的一流大学和一批一流学科”，“985 工程”正式实施。2015 年 8 月 18 日，中央全面深化改革领导小组第十五次会议审议通过《统筹推进世界一流大学和一流学科建设总体方案》，推动实现我国从高等教育大国到高等教育强国的历史性跨越。从“211 工程”到“双一流”，我国立足科技人才的培养，“跟跑”世界科技发展。

第三阶段到来的标志是，自 2018 年以来，国际竞争由贸易战转向科技制高点与顶尖人才的争夺。其显著特点是由国家战略需求推动科技、教育、人才统筹布局，集聚力量进行原创性、引领性科技攻关，为科技注入新的驱动力。经过前面40年的发展，我国科技水平整体上已接近国际前沿，以人工智能领域为例，根据AIRankings指数，中国在人工智能核心领域的学术论文发表数量已经达到世界第二位，在体量上仅次于美国，并形成了局部优势，比如北京位列以研究者数量、科研论文数量为指标的城市科研实力排行榜全球第一名。

站在新的历史转折点上，必须有新的战略思路。如果继续沿用过去“跟跑—并跑—领跑”的路线，就会形成一种“打篮球”的科研模式。篮球代表科技热点，控球方始终是科技强国，我们的队伍一直追着篮球满场跑。表面上，我们是在追逐国际前沿热点，但是随着篮球的频繁传递、热点的不断转换，我们不但会在追逐热点的过程中失去战略定力，而且频繁更换方向与技术就会让队伍跑散。更重要的是，控球方已经完成了软硬件生态布局，形成了新兴产业“卡脖子”势态。

在第三阶段，需要放弃“打篮球”的战术，学会“下围棋”。不谋全局者，不足谋一域。在角逐科技制高点的进程中，我们要敢于采取“你打你的，我打我的”的战略思想。汉代霍去病奇袭匈奴，深入敌后、出奇制胜，取得辉煌战果，其根本原因在于开创了与匈奴非对称的作战策略，从全面的被动防御转为针对关键领域的主动进攻。我们要从忙于“补短板”的防御战略转为“构筑长板”的进攻战略。

以人工智能研究为例，通用人工智能是智能科学的初心，也是终极目标，是科技制高点，也是必经之路。为此，我们从通用人工智能发展的全局出发，系统提出以下几点。

- “为机器立心”，融合客观的“理”与主观的“心”的哲学思想。
- 以“小数据、大任务”的技术范式，不去“跟跑”当前以“大数据、大算力、大模型”为特征的人工智能热点。
- “纵向贯通、横向交叉”的科研组织模式。要以强大的战略定力，独辟蹊径，探索一条自己的发展道路。

二是坚持自由探索与有组织科研的结合，孕育新的科研范式。

“自由探索”和“有组织科研”并不是对立关系，而是局部和整体的关系。

首先，自由探索是有组织科研的重要组成部分。我们要充分认识到“无用之用，方为大用”，要从国家安全和战略的角度，探索“无人之境”，关注“地平线上的黑点”，鼓励从 0 到 1 的原始创新。对于不确定性高、基础性强的研究，建立起鼓励冒险、允许失败的自由探索机制。新时期的有组织科研不应该局限于类似“两弹一星”的大科学工程，而是面对复杂巨系统的科学问题，开展原创性、引领性的科技创新，因此自由探索是不可或缺的组成部分。

其次，有组织科研是以国家战略需求为导向，从更高的视角谋划全局，协调好计划性和探索性科研任务的合理布局，整合优势资源，形成高效的组织体系和架构，避免各自为政、盲目内卷、无序发展。打个比方，自由探索产出的是“珍珠”和“宝石”，而有组织科研则是把“珍珠”串成“项链”，把“宝石”镶嵌到科学的“王冠”上。

有组织科研需要建立多元评价与激励机制。

- 客观定量标准与主观定性标准相结合，要避免简单数论文、算因子、记工分，破解无序“内卷”“打篮球”产生的“马太效应”，关键要看所研究问题的重要性和研究方法的原创性与引领性。
- 团队整体评估与个人贡献相结合，要把重要战略资源向优秀团队、有组织科研倾斜，同时对团队不同的分工要有不同的考核与激励方式。
- 短期目标与中长期目标相结合，让科研人员能够坐“冷板凳”。

有组织科研需要鼓励科研人员敢于突破现有思维框架、科研范式与科研共同体生态文化的束缚。在有组织科研的平台上，面向世界科技前沿与国家重大需求，做出原始创新和重大突破。

三是以有组织的科研模式打通“产学研”创新链条。

“产学研”（产业界、学术界、科研界，简称“产学研”）是创新链上的三个不同阶段，要真正打通这个链条是极其困难的，因为这些阶段有着迥异的科研文化与群体。一般来说，大学里崇尚自由探索式的研究，瞄准的是 5 ～ 10 年之后的目标；产业界的应用型研发瞄准的是 1 ～ 2 年之内的产品；科研院所的使命是连接这两端，集中力量进行科研攻关。第二次世界大战之后，美国建立了一批国家实验室来集中攻关涉及国家战略的重大问题，同时由于科技寡头企业享有全球高额垄断利润，有能力建立高度创新的研究院，承担连接作用。例如，贝尔实验室、IBM 研究院、帕罗奥多研究中心等，随着垄断利润的消失，这些研究院都纷纷退出了历史舞台。近年来，随着经济、产业、人才等基础的提升，我国开始布局一批国家实验室，重组全国重点实验室，有远见卓识的地方政府开始建立新型研发机构。

有组织科研需要利用中国新型举国体制的优势，纵向贯通产学研、横向实现大交叉，在共同的目标下，形成“纵横交织”的创新联合体。下面，我以通用人工智能学科建设为例，探讨一个“四级架构”。

第一级是大学的 PI 制。例如智能学院等，以教授为核心，带领研究生、博士后在有组织科研的统领下开展自由探索。通用人工智能是一个庞大的、多学科交叉的科研领域，为自由探索提供了广阔的空间。

第二级是大学内的研究中心或重点实验室。例如人工智能研究院，聚集了兴趣相投或者互补的多个 PI 团队，形成领域优势力量或者跨领域的交叉研究中心。顶尖大学的使命是探索前沿科技，其人员编制与实验室空间毕竟是十分有限的，不适合在校内搞大规模的工程团队，要继续发展就需要寻求第三级，即校外新型研发机构的帮助。这一点也有例外，比如我国一些工程类大学就可以以举校之力做大工程。

第三级是校外新型研发机构。例如北京通用人工智能研究院，负责搭建科研集成平台，打造原创的通用人工智能系统与平台。

第四级是院企联合实验室。研究院与大型央国企合作建立了一批院企联合实验室，对接央国企所承担的国家重大需求，解决有组织科研成果在转化过程中的难点与痛点。

有组织科研需坚守教育、科技、人才“三位一体”的理念

有组织科研还要建设一支顶尖的、多样化的人才团队，要以激动人心的战略目标、独树一帜的学术纲领来聚集队伍。党的二十大报告提出教育、科技、人才“三位一体”的强国战略，首次将三者统筹考虑，并将其提到了前所未有的高度。这三者的关系是：教育体系支撑人才队伍，人才队伍支撑科技创新，科技创新支撑国家战略。以有组织科研实施科技创新战略，必须有教育教学和人才培养等工作的强力支撑。

过去40年，我国在教育领域取得了长足的进步。研究表明，2000年中国科学、技术、工程和数学领域博士毕业生是美国的一半，2007年该数字就超过了美国，研究预测2025年中国在上述领域培养的博士毕业生将是美国的2倍。尽管我国培养的人才规模总量庞大，但国家前沿科技领域的人才依然呈现紧缺现象。据人力资源和社会保障部统计，在全球人工智能人才储备中，中国只有5%左右，人工智能的人才缺口超过500万，供求比例为1∶10，供求比例严重失衡。可见，相比欧美国家，跨学科复合型人才的匮乏将成为制约我国人工智能产业发展的首要瓶颈。

自我回国几年来，我们通过海外引进、交叉聚合、内生培养，打造了一支高水平的人才队伍，在产学研链条的不同位置协同配合、形成合力。我们探索形成了三个“一体化”的教育和人才工作理念。

- 人才聚集采用“引才、用才和育才”相结合的一体化工作思路。
- 构建了全球首套本博贯通的通用人工智能“一体化”培养方案和课程体系，建立了具有广泛社会影响力的“北京大学通用人工智能实验班”和“清华大学自动化系通用人工智能因材施教计划”，着力培养“通识、通智、通用”的世界顶尖复合型领军人才。
- 打通了从“通班”到“通院”科研实践的“一体化”人才培养路径。

当前，我们正处在中华民族伟大复兴的战略全局和百年未有之大变局交织的历史时期，我国科技工作在历经 1978—1998 年、1998—2018 年两个时期的快速发展之后，从跟跑、并跑发展到了世界科技的前沿。站在新的历史转折点，需要我们审时度势，凝聚新的战略驱动力，形成新的战略思维，创建新的科研模式。我们必须下决心破解制约原创性、基础性科技突破的因素，坚持自由探索与有组织科研并重，创新多元化的科研评价与激励机制，攻克当前科学领域面临的复杂巨系统问题，实现原创性、引领性的科技创新。

致 谢

SCIENTIFIC MODELS IN
CHINESE THOUGHTS

《为人文赋理》一书来源于我在不同场合的讲话稿、公众号的文章。由于本书内容跨度很大，我在写作过程中得到了来自各界的无私支持和帮助。在此，谨向为本书的完成付出心血和智慧的朋友表示最诚挚的感谢!

特别感谢北京大学的郝平书记和中央民族大学强世功校长（时任北大社科部部长），他们对于横跨人文社科与理工科的学术思想交流给予了极大的鼓励，也给了我很多启发性的建议和支持。

感谢武汉东湖高新区国家智能社会治理实验基地北京大学开放课题。

感谢徐鑫博士的辛勤付出，他在北京大学访问期间，用一年的时间帮助我梳理思路、整理文字。没有他的辛勤工作，这本书是无法完成的。

感谢北京通用人工智能研究院国际交流部的马煜曦、陈珍、张杨、董亦飞和陈大鑫等人协助章节的编辑和校对工作。

感谢湛庐文化的编辑在协助本书的修改和完善过程中，精益求精，完善制图，使其最终达到出版标准。

最后，我向所有关心通用人工智能的发展，特别是在我回国的四年中，帮助我工作与生活的各级领导、家人和朋友表示衷心的感谢！

参考文献

1. Liu et al. *Treatment of Obesity With Celastrol* [J]. Cell, 2015, 161(5):999–1011.
2. 贾平凹 . 高兴 [M]. 杭州 : 浙江文艺出版社，2022.
3. 梁漱溟 . 东西文化及其哲学 [M]. 北京 : 商务印书馆，2010.
4. 胡适 . 中国哲学史大纲 [M]. 北京 : 民主与建设出版社，2017.
5. 田建荣 , 尹达 . 我国文理分科长期存在的原因探析 [J]. 河北师范大学学报（教育科学版）, 2015, 17(03): 5–8.
6. Hamlin, J. K., Wynn, K., & Bloom, P. *Social Evaluation by Preverbal Infants*[J]. Nature, 2007, 450(7169): 557–559.
7. Warneken, F., & Tomasello, M. *Altruistic Helping in Human Infants And Young Chimpanzees*[J]. Science, 2006, 311(5765): 1301–1303.

8. [以色列] 尤瓦尔 · 赫拉利 . 人类简史 [M]. 北京 : 中信出版集团 , 2017.
9. [美] 马丁 · 诺瓦克 . 超级合作者 [M]. 杭州 : 浙江人民出版社 , 2013.
10. Noonan, J. P. *Neanderthal Genomics And The Evolution of Modern Humans*[J]. Genome Res, 2010, 20: 547–553.
11. Herrmann Esther et al. *Humans Have Evolved Specialized Skills of Social Cognition: The Cultural Intelligence Hypothesis* [J]. Science, 2007.317 (5843): 1360–1366.
12. Saxe, R., & Kanwisher, N. *People Thinking About Thinking People: The Role of The Temporo-parietal Junction in "Theory of Mind"*[J]. Neuroimage, 2003, 19(4): 1835–1842.
13. Blanke, O., & Arzy, S. *The Out-of-body Experience: Disturbed Self-processing at The Temporo-parietal Junction*[J]. Neuroscientist, 2005, 11(1): 16–24.
14. 许宏 . 最早的中国：二里头文明的崛起 [M]. 北京：生活 . 读书 . 新知三联书店，2021.
15. 汤用彤 . 汉魏两晋南北朝佛教史 [M]. 上海 : 上海人民出版社 , 2015.
16. 费孝通 . 中华民族多元一体格局 [M]. 北京 : 中央民族大学出版社 , 2018.
17. 傅斯年 . 民族与古代中国史 [M]. 上海 : 上海古籍出版社 , 2012.
18. 许理和 . 佛教征服中国 [M]. 南京 : 江苏人民出版社 , 2019.
19. 葛兆光 . 中国思想史 [M]. 上海 : 复旦大学出版社 , 2013.

20. 冯友兰 . 中国哲学简史 [M]. 北京 : 北京大学出版社 , 2013.
21. 季芳桐 . 伊儒会通研究 [M]. 银川 : 宁夏人民出版社 , 2015.
22. 沈文基 . 幻方丛林 [M]. 北京 : 科学技术文献出版社 , 2018.
23. 孙光圻 . 中国古代航海史 [M]. 北京 : 海洋出版社 , 2005.
24. Akin, A., & Mumford, D. “Yu laid out the lands:” georeferencing the Chinese Yujitu [Map of the Tracks of Yu] of 1136[J]. Cartography and Geographic Information Science, 2012, 39(3).
25. [晋] 郭璞 . 图解葬书 [M]. 北京 : 华龄出版社 , 2010.
26. 孙熙国，董艺 . 大道之源，《易经》[M]. 北京 : 中国民主法制出版社，2009.
27. [唐] 孔颖达 . 周易正义 [M]. 北京 : 中国致公出版社 , 2009.
28. 胡阳，李长铎 . 莱布尼茨二进制与伏羲八卦图考 [M]. 上海 : 上海人民版社，2006.
29. [德] 荣格 . 东洋冥想的心理学，从易经到禅 [M]. 北京 : 社会科学文献出版社 , 2000.
30. [美] 朱迪・亚珀尔 . 为什么 [M]. 北京 : 中信出版集团 , 2019.
31. 巴布・艾俊 , 朱松纯 . 蒙特卡洛方法与人工智能 [M]. 北京 : 电子工业出版社 , 2024.
32. 杨儒宾 . 五行原论 [M]. 上海 : 上海古籍出版社 , 2020.
33. 黎靖德 . 朱子语类（理学丛书・全 8 册）[M]. 北京 : 中华书局 , 2020.
34. [美] 大卫・马尔 . 视觉：对人类如何表示和处理视觉信息的计算研究 [M]. 北京 : 电子工业出版社 , 2021.
35. Zhu, S., & Mumford, D. *Prior Learning and Gibbs Reaction-*

Diffusion[J]. IEEE Trans. on Pattern Analysis and Machine Intelligence, 1997, 19(11): 1236-1250.

36. [意] 尼科洛 · 马基雅维里 . 君主论 [M]. 北京 : 商务印书馆 , 2017.
37. Hong, Y., Si, Z., Hu, W., Zhu, S., & Wu, Y. *Unsupervised Learning of Compositional Sparse Code for Natural Images Representation*[J]. Quarterly of Applied Math, 2014, 72: 373-406.
38. Wei, P., Zhao, Y., Zheng, N., & Zhu, S. *Modeling 4D Human-Object Interactions for Joint Event Segmentation, Recognition, and Object Localization*[J]. IEEE Trans on Pattern Analysis and Machine Intelligence, 2017, 39(6): 1165-1179.
39. Zhu, Y., Zhao, Y., & Zhu, S. *Understanding Tools: Task-Oriented Object Modeling, Learning and Recognition*[C]. Proc. of IEEE Conf. on Computer Vision and Pattern Recognition (CVPR), 2015.
40. Shu, T., Thurman, S., Chen, D., Zhu, S., & Lu, H. *Critical Features of Joint Actions that Signal Human Interaction*[C]. 38th Annual Meeting of the Cognitive Science Society (CogSci), 2016.
41. 廖文豪 .《汉字树 3：植物里的汉字之美》[M]. 北京 : 北京联合出版社 , 2018.
42. 李泽厚 . 中国近代思想史论 [M]. 北京 : 三联书店 , 2008.
43. 赫克托 · 麦克唐纳 . 后真相时代 [M]. 刘清山 , 译 . 北京 : 民主与建设出版社 , 2019.
44. 杨权 . 新五德理论与两汉政治 [M]. 北京 : 中华书局 , 2006.
45. 邵雍 . 皇极经世 [M]. 上海 : 上海古籍出版社 , 2017.

46. 陈阳 , 添翼 . 皇极经世书中的中国大历史观 [M]. 上海 : 上海书店出版社 , 2017.

47. 许钦彬 . 解读推背图 [M]. 北京 : 社会科学文献出版社 , 2016.

48. 雾满拦江 . 烧饼歌中的历史 [M]. 郑州 : 河南文艺出版社 , 2008.

49. Peng, L., Li, M., Lu, J., & Zhang, Z. *History Dynamics of Unified Empire in China* (770 BC to 476 BC)[J]. CAAI Transactions on Intelligence Technology.

50. Peng, L., Zhang, Z., Liu, C., & Li, M. *Unification Conditions of Human Civilization Patterns: Based on Multi-agent Modeling of Early Chinese History* (770 BC to 476 BC)[J]. Archaeological and Anthropological Sciences, 2022. DOI: 10.1007/s12520-022-01650-y.

未来，属于终身学习者

我们正在亲历前所未有的变革——互联网改变了信息传递的方式，指数级技术快速发展并颠覆商业世界，人工智能正在侵占越来越多的人类领地。

面对这些变化，我们需要问自己：未来需要什么样的人才？

答案是，成为终身学习者。终身学习意味着永不停歇地追求全面的知识结构、强大的逻辑思考能力和敏锐的感知力。这是一种能够在不断变化中随时重建、更新认知体系的能力。阅读，无疑是帮助我们提高这种能力的最佳途径。

在充满不确定性的时代，答案并不总是简单地出现在书本之中。“读万卷书”不仅要亲自阅读、广泛阅读，也需要我们深入探索好书的内部世界，让知识不再局限于书本之中。

湛庐阅读 App：与最聪明的人共同进化

我们现在推出全新的湛庐阅读 App，它将成为您在书本之外，践行终身学习的场所。

- 不用考虑“读什么”。这里汇集了湛庐所有纸质书、电子书、有声书和各种阅读服务。
- 可以学习“怎么读”。我们提供包括课程、精读班和讲书在内的全方位阅读解决方案。
- 谁来领读？您能最先了解到作者、译者、专家等大咖的前沿洞见，他们是高质量思想的源泉。
- 与谁共读？您将加入优秀的读者和终身学习者的行列，他们对阅读和学习具有持久的热情和源源不断的动力。

在湛庐阅读 App 首页，编辑为您精选了经典书目和优质音视频内容，每天早、中、晚更新，满足您不间断的阅读需求。

【特别专题】【主题书单】【人物特写】等原创专栏，提供专业、深度的解读和选书参考，回应社会议题，是您了解湛庐近千位重要作者思想的独家渠道。

在每本图书的详情页，您将通过深度导读栏目【专家视点】【深度访谈】和【书评】读懂、读透一本好书。

通过这个不设限的学习平台，您在任何时间、任何地点都能获得有价值的思想，并通过阅读实现终身学习。我们邀您共建一个与最聪明的人共同进化的社区，使其成为先进思想交汇的聚集地，这正是我们的使命和价值所在。

图书在版编目（CIP）数据
为人文赋理 / 朱松纯著 . — 杭州 : 浙江科学技术出版社 , 2025. 1.（2025. 3 重印）— ISBN 978-7-5739-1634-1
Ⅰ. B2-39
中国国家版本馆 CIP 数据核字第 2024AB2325 号

书　名　为人文赋理
著　者　朱松纯

出版发行　浙江科学技术出版社
地址：杭州市环城北路 177 号　邮政编码：310006
办公室电话：0571－85176593
销售部电话：0571－85062597
E-mail:zkpress@zkpress.com
印　刷　河北鹏润印刷有限公司

开　本	710mm×965mm　1/16	印　张	21.75
字　数	302 千字	插　页	4
版　次	2024 年 12 月第 1 版	印　次	2025 年 3 月第 2 次印刷
书　号	ISBN 978-7-5739-1634-1	定　价	99.90 元

责任编辑　余春亚　　责任美编　金　晖
责任校对　张　宁　　责任印务　吕　琰